राहुल श्रीवास्तव

राहुल श्रीवास्तव का जन्म 9 दिसम्बर, 1977 को इलाहाबाद, उत्तर प्रदेश में हुआ। शुरुआती पढ़ाई इलाहाबाद में ही हुई। इलाहाबाद विश्वविद्यालय से बी.कॉम. और भारतीय फ़िल्म एवं टेलिविज़न संस्थान, पुणे से फ़िल्म सम्पादन में पोस्ट ग्रेजुएशन डिप्लोमा किया। उनकी कहानियाँ 'हंस', 'नया ज्ञानोदय', 'बनास जन', 'समालोचन' और 'वनमाली कथा' आदि पत्रिकाओं में प्रकाशित हुई हैं। कई विश्वविद्यालयों और संस्थानों में वे अतिथि अध्यापक रहे हैं।

उन्होंने अब तक डेढ़ सौ से अधिक विज्ञापन फ़िल्मों का निर्देशन और लघु फ़िल्म 'इतवार' का लेखन एवं निर्देशन किया है। इस फ़िल्म को लघु फ़िल्म श्रेणी (सर्वश्रेष्ठ पुरुष अभिनेता) में फ़िल्म फेयर पुरस्कार मिला। पाँच से अधिक फ़ीचर फ़िल्मों का सम्पादन भी उन्होंने किया है। 'साहेब, बीवी और गैंगस्टर' के लिए 'APSARA' अवार्ड द्वारा सर्वश्रेष्ठ सम्पादक के लिए नामांकन।

ई-मेल : rahuldadda@gmail.com

पुई

राहुल श्रीवास्तव

लोकभारती पेपरबैक्स

लोकभारती पेपरबैक्स में
पहला संस्करण : 2024

लोकभारती पेपरबैक्स : उत्कृष्ट साहित्य के लोकप्रिय संस्करण

लोकभारती प्रकाशन
पहली मंजिल, दरबारी बिल्डिंग, महात्मा गांधी मार्ग
प्रयागराज-211 001
द्वारा प्रकाशित

शाखाएँ : 1-बी, नेताजी सुभाष मार्ग, दरियागंज, नई दिल्ली-110 002
अशोक राजपथ, साइंस कॉलेज के सामने, पटना-800 006
1, अनमोल सोराबजी सन्तुक लेन, धोबी तलाव, मरीन लाइंस, मुम्बई-400 002

वेबसाइट : www.lokbhartiprakashan.com
ई-मेल : info@lokbhartiprakashan.com

बी.के. ऑफसेट
नवीन शाहदरा, दिल्ली-110 032
द्वारा मुद्रित

मूल्य : ₹250

PUI
Stories by Rahul Shrivastava

ISBN : 978-81-19996-64-3

मेरी ज़िन्दगी के ऑटो को दुनिया की भीड़ और भसड़ से
सुरक्षित निकाल लाने के लिए ऑटो के तीनों पहियों
रुचि, सिआ और स्वरा के नाम

क्रम

तालियाँ

मुझे लगा था कि वो आज तो मिलने आए होंगे, मन तो नहीं था कि इतनी आसानी से उनसे मिला जाए इसलिए सोचा कि बाहर लगी कुर्सियों या बेंच को, दीवार की तरफ़ घुमाकर रख दिया जाए, पर दीवार अगर धसककर बैठ गई तो बेंच टूट जाएगी। थकन, दीवारों का दिखने लगा था और ऐसा लगता था कि अगर उन दीवारों से पूछ लिया जाए—बैठना चाहेंगी आप?

वो बिना सोचे-समझे धसधसाकर बैठ जाएँगी और अगर वो बैठ गईं तो झुर्रियों से भरा ये भवन भी बैठ जाएगा। मुझे अपने कमरों की दीवारों से नफ़रत थी, कभी भी नहीं लगने दिया कि मैं अपने कार्यालय में बैठा हूँ। ये दीवारें, बूढ़ी चाचियों और मौसियों की तरह फुसफुसाती रहतीं, जो भी इनको एक साड़ी और ब्लाउज का कपड़ा थमा दें उसी के गुण गाने लगतीं। पिछले अधिकारी ने न जाने क्यों वो पीला डिस्टेंपर पुतवा दिया था, और इन बूढ़ी मौसियों को वो पाउडर पसन्द आया अपने चेहरे पर, बस उसी अधिकारी की फ़ोटो सीने पर टाँग अजीब-अजीब से मुँह बनाकर मुझको चिढ़ाती। मैंने भी कार्यभार सँभलने से पहले सोचा कि इनको वापस पुतवा दूँ, पीला रंग, पीलिया की याद दिलाता। दीवारों पर ज़्यादा काम करने से डर लगता, कहीं इन्होंने आख़िरी साँस ले ली तो पूरा ज़िम्मा मेरे सिर पर होगा। क्योंकि ये बूढ़ियाँ घुटने तक हमेशा गोली रहतीं। एक अजीब सा भोथरपन हवा में बैठा रहता। कोई कुछ भी कर लें पर सूखी दीवार और हल्की हवा असम्भव-से कार्य थे जिसका प्रमाण-पत्र शहर के लगभग सभी कारीगरों ने दे दिया था।

"ज़्यादा सोचेंगे साब तो ये पूरा ऑफ़िस ही गिराना पड़ेगा...।"

ये चेतावनी कम और चुनौती ज़्यादा थी। अगर इस शहर का न होता तो शायद ज़्यादा इज़्ज़त मिलती, पर सब साले जानते थे कि जो कल तक बैक स्टेज पर समोसा और चाय लाता था वो ही आज सांस्कृतिक केन्द्र का अधिकारी बन गया है। मैं गलियारे के बिलकुल बीच में चलता क्योंकि बेंचों का मुझे लँगड़ी मार देने का ख़तरा था, ये ख़तरा तो कई चपरासियों से भी था पर वो दुबले थे और मैं मोटा। मोटा तो वो किनारे रखा घड़ा भी था जो न जाने कितनी बार मेरे रास्ते में आ चुका था। हर बार, हर दिन नये ताव पर तैयार मिलता। मैंने उसको कई बार रुककर-घूरकर समझाया, पर शहर ही ऐंठबाज तो घड़ा क्यों सीधा रहता। बड़ी मुश्किल हो गई थी, जिसको भी काम बोलो वो 'हाँ' या 'जी' भी ऐसे बोलता जैसे तमंचे या कट्टे में आख़िरी गोली भर रहा हो।

उस 'हाँ' या 'न' के पीछे छुपी हिंसा को ध्यान में रखते हुए मैंने कभी भी ये नहीं कहा, कि दिया हुआ काम कितनी देर में करना है, बस कट्टे में गोली भरने की आवाज़ को समझ लेता और इससे पहले कि फायर हो वापिस अपनी मेज़ पर पड़ी फाइलों में यूँ देखता जैसे उन फाइलों से गुप्त सुरंग मेरे घर के आँगन तक जा रही होंगी। ऐसी सुरंग के बारे में कई बार सोचा और एहसास हुआ, अगर ऑफ़िस भूतल पर होता तो सुरंग खोद लेता पर पहली मंज़िल पर सुरंग का ख़याल बड़ी ही बेवक़ूफ़ी का है। सुरंग में आने-जाने से ट्रैफ़िक का बवाल बच जाता क्योंकि सुरंग की दीवारें, इतिहास गवाह रहा है कि हमेशा से सगी रही हैं, वरना घर, महल और ऑफ़िस की दीवारों ने बड़े-बड़े फ़साद करवा दिये। जितने भी राजा-महाराजा आज तक सुरक्षित बचे हैं वो सिर्फ़ इसलिए क्योंकि सुरंग की दीवारें, मेरे कमरे की बूढ़ी दीवारों की तरह न तो पंचायत करतीं और न ही किसी की तस्वीर सीने पर टाँग कर मुस्कुरातीं।

18 दिन पहले पदभार मिला। मौसम ठंड का—मैं मौसम का बहुत ध्यान रखता हूँ—आप कितनी भी पार्टी करिए अगले दिन खाना सड़ेगा नहीं, इसलिए पैदा भी ठंड में हुआ और शादी भी ठंड में की। इस शहर में ठंड में खाने का मज़ा कुछ और ही है और शायद इसीलिए इस शहर से दूर कभी जा भी नहीं पाया। जब नौकरी सोची तब भी इसी शहर का ख़याल आया। अजीब शहर है ये, अगर मैं उलटे क़दम भी ऑफ़िस जाऊँ तो शहर सही दिशा में ही चलता दिखेगा।

इस छोटे से शहर के लोग भी बड़े जीवट और ढीठ। आप उलटे चलोगे तो ये रुककर-पीछे घूमकर, जब तक आपको आपके चमन चूतिये होने का एहसास न दिला दें तब तक मानेंगे नहीं।

"अबे उलटे जा रहा हूँ जाने दो, तुमको क्या पड़ी है भई!"

पर ये साले ऐसे अज्जर हैं कि हाथ में घड़ी पहने रहेंगे तो भी सामने वाले से बात छेड़ने के लिए पूछ लेंगे, आपकी घड़ी में क्या टाइम हो रहा है?

पूछने को तो ये भी पूछ सकते थे कि, क्या टाइम हुआ है? पर नहीं What is the time by your watch का विशुद्ध हिन्दी अनुवाद इनके जीवन की बोरियत का सहारा है।

आप समय न बताइए तो—"भैया टाइम बता दोगे तो क्या घिस जाओगे?"

आप समय बता दीजिए तो—"नहीं यार! हमारी घड़ी में कुछ और बज रहा है, आपकी फास्ट तो नहीं है?"

हाँ! मैं फास्ट करके रखता हूँ जिससे कि समय से पीछे न होने पाऊँ जब भी समय सोचता कि उसमें आगे निकलने का दम है, मैं पहले से तैयार मिलता। समय पहुँचता, रुकता फिर कुछ भद्दी-सी गालियाँ बुदबुदाकार आगे भागता।

जीतने के नशे से ज़्यादा हराने का दम्भ मज़ा देता।

इसलिए जब बाप और चाचा बोले, एक्टिंग करोगे तो तिलक का थाल लेकर 'कोठा पारचा' के सिग्नल पर मूँगफली बेचनी पड़ेगी, अमिताभ बच्चन के बाप हरिवंश राय न होते तो ससुरे को आटे-दाल का भाव पता चलता।

मूँगफली कभी बादाम नहीं और दुनिया का हर एक्टर अमिताभ बच्चन नहीं।

मैंने नाटक नहीं छोड़ा पर अक्सर ही मूँगफली बेचने वाले से मूँगफली ख़रीदते समय पूछ ही लेता, एक्टर बनोगे?

वह पेपर के कोने को खोलते-खोलते, उसमें मूँगफली भरते-भरते हँस देता। उसके दोहरा-तम्बाकू के बारीक कणों से भरे दाँतों के बीच से भूरी-काली ज़बान कुछ बोलने को बाहर आती पर पैसे हाथ में देते ही अन्दर चली जाती और फिर से दाँतों के बीच में फँसे तम्बाकू के टुकड़ों को खोदने में लग जाती। मूँगफली वाली ज़बान को तो फिर भी कुछ काम था पर मेरे बाप और चाचा सुबह-सुबह ब्रश ही इसीलिए करते क्योंकि उनको दुनिया के ऊपर हिन्दी के सभी मुहावरों का प्रयोग करना होता था। कुछ बिना क्रम के :

"नाच न आवे आँगन टेढ़ा।"

"जो साले 98 प्रतिशत से कम नम्बर लाएँ, सबको फेल कर देना चाहिए।"

"हमको न सिखाओ हमने उँगली से बच्चे नहीं पैदा किये हैं।"

एक्टिंग करना बेहतर था, उनको जवाब देने से, पर दोनों साले रोज़ नये चक्रव्यूह रचते और मैं हर दाँव से आगे, क्योंकि समय से आगे रहना मेरा शौक़ था।

मेरे शो के दिन साइकिल का टायर भद्द-सा सोया मिलता पर मैं आज तक नहीं भकभकाया, लगा रहा देबू दा के साथ। बड़े ग़ज़ब के इनसान थे देबू दा। जब पहली बार मिला, वह बेंच पर बैठे कई बच्चों को यह समझा रहे थे—

"देखो! तुम सब थिएटर करना चाहते हो कि हीरो बनना?"

इस अजीब सवाल का जवाब आप किसी भी रूप में दे दीजिए, देबू दा अपने पुराने सवाल पर आ जाते

देबू दा : "दादा साहब फाल्के का पूरा नाम बताओ?"

"देबू दा, प्यार से पूरा देश उनको दादा साब ही बुलाता है..."

देबू दा : "हमने सवाल देश से पूछा है कि तुमसे?"

"श्री दादा साहब फाल्के..."

देबू दा : "दो पड़ाका मारेंगे लोट जाओगे हमको लपझट समझ रखा है? जाओ, निकलो नहीं होगी रिहर्सल। बनना है हीरो पर सिनेमा के बाप का नाम नहीं जानते। अम्मा से पूछ आओ, अपने बाप का नाम पता है कि नहीं...!"

ऐसे ही जब मन आता गरियाते, जब मन होता रिहर्सल करवाते। जिसको रहना हो रहे और जिसको जाना हो चला जाए। उनको आज तक फ़र्क़ नहीं पड़ा। उनके साथ कार्यशाला में काम करने का लालच हर किसी को था और बड़े नाटक को उस जीवन्तता के साथ अगर किसी में करने का दम रतन थियम के बाद था, तो वह देबू दा थे। ऐसा नाटक जमाते कि दर्शक बँध जाते। जो पैसा जुगाड़ कर लाते सब लगा देते। किस-किस कोने से सरकारी अनुदान निकाल लाते, प्रायोजक ढूँढ़ लाते, किसी के पल्ले नहीं पड़ता।

'देबू दा'—तद्भव रूप में 'देबूदा'—को थिएटर में क़दम रखने वाली हर पीढ़ी ने अपनी तरह से अलंकृत किया। जब मैं शहर छोड़कर गया था उनका नाम 'देबूदा जी' था और अब जब लौटा हूँ तो 'सर वेदाजी' हो गया है। पूरा विश्वास है कि अगर यूँ ही शहर में कार्यशाला करवाते रहे 'सर्वेजी' या 'सरदाजी' भी हो जाएगा, पर ऐसा होने में अभी कई दशक बीतने थे और जितने दशक बीत चुके थे उसका शायद ही कोई असर मेरे ऊपर पड़ा हो...।

तालियाँ

मैंने सोच लिया है, मैं देबू दा ही बोलूँगा। देबू दा ने हमेशा से मुझे थिएटर से भगाने की कोशिश की, पर मुझे उनको भी हराना था। हराना मेरी चारित्रिक मजबूरी का सौन्दर्य बोध था।

देबू दा भगाते, और मैं रुआँसा लौट आता उनका दोहरा-गुटका बँधवाए। देबू दा की सुबह, ब्रश करने से पहले मसाला और फिर दाँतों के बीच से मलवा निकालने का सन्तोष, चाय नहाकर पीना और नाश्ते में मटर की कचौड़ी, अरहर की दाल के साथ खाना है। इतना सुनिश्चित जैसे चम्पक की कहानियों में चीकू खरगोश का नाम चीकू। इस नाम को बदलने के डर से रुडयार्ड किपलिंग ने जंगल बुक में खरगोश के चरित्र को लिखा ही नहीं। खैर मटर या आलू की कचौड़ी के साथ अरहर की दाल का शौक़ सिर्फ़ देबू दा को था। पर थे कमाल के एक्टर, जिस नाटक पर बैठ जाएँ उसमें अपने ही नहीं सारे किरदारों के संवाद याद कर लेते। शो के दिन ऐसी एक्टिंग करते कि दर्शक बीच शो में ही तालियाँ पीटने लगते। इन ताली पीटने वालों को मैं हमेशा से ही शक की निगाह से देखता आया। बड़े भोथर क़िस्म के लोग होते हैं। उनके लिए नाटक समझ आने का मापदंड तालियाँ हैं। स्टेज पर एक्टर सबसे संजीदा सीन भी करेगा तो ये साले अवाक् रह जाने का भाव भी तालियों से प्रस्तुत करते। कई बार बैक स्टेज से उन चूतियों को ताड़त रहता कि आख़िर सीन के बीच में ताली शुरू किसने की। अगर मैं उनको ढूँढ़ भी लेता तो पीटने का प्लान स्थगित कर देता क्योंकि शो के बाद देबू दा उसी शख़्स के साथ शरीर का हर एक अंग हिला-हिलाकर कर हँस रहे होते। पहले शक था पर जब देबू दा को शो और परफॉरमेंस के नाम पर पैसे लेते देखा तो यकीं हो गया कि तालियों और देबू दा में सेटिंग है। उन पैसों से देबू दा ने न कार ख़रीदी और न घर बनाया पर वो सबके लिए बेहतरीन दारू और खाने का इन्तज़ाम कर लाते।

'बेहतरीन' बहुत ही भ्रामक शब्द है, इसका अहसास देबू दा द्वारा लाई गई दारू को देखकर किसी भी भाषाविद् को हो जाता। पर देबू दा किसी भी तरह की दारू के नशे में अपने अब तक के सभी नाटकों का अजीब खिचड़ी परफॉरमेंस देते, कुछ ऐसा—

"उमंगों भरी उम्र है, पूरे आलम को फ़तह करने के ख़्वाब देखने की उम्र है, मैं भी जब पहली मर्तबा दौलताबाद आया था तो ये गीत सुनते ही आँखों

के आगे छा जाती है विलेज लाइफ़, देहात की ज़िन्दगी झुटपुटा मीठी-मीठी ऊँघ और हमें गोद में लिटाए माँ, सब समाप्त हो गया कुचले हुए साँप सा...। जैसा है मेरा मन, वन में इस भयानक वन में भूल नहीं पाता हूँ कि कितनी बार कहा है भैया विलोम ज़्यादा ऊँचे मत चढ़ा करो। भीगे दिनों में फिसलकर गिरे और गिरे खाईं में। याद है आपको याद है? जब पिछली बार हमारी भेंट हुई थी तो ठीक यही बात उस समय भी मैंने कही थी। बहरहाल इस गणित की पहेली में कुछ नहीं रखा, बात इतनी है कि विभाजित होकर मैं आप में से हर एक व्यक्ति हूँ।"

देबू दा जब तक बोलते तभी तक पीते भी थे, पीना ख़त्म होने तक बोलते थे पर पूरी दारू वो कभी नहीं पी पाए क्योंकि दारू की बोतल ख़ाली होती थी, पर उसमें दारू की जगह हमेशा बनी रहती थी। कई बार सोचा कि मैं भी पी लूँ पर देबू दा को सँभालने में ही सारी शाम निकल जाती। उनके पीने के तरीक़े में चखना, दारू, बीड़ी, खाना और उलटी का एक सिलसिला था। दारू, चखना और खाना आपस में क्रम बदल सकते थे पर उलटी हमेशा दरवाज़े के बाहर दबे पाँव खड़े रहती और तभी आती जब देबू दा मुँह फाड़-फाड़कर उसे आवाज़ देते। हर चीज़ पर ऐसा नियंत्रण देबू दा की ख़ासियत थी। ऐसा नियंत्रण उनका स्टेज पर भी था।

अगर वह ख़ुद स्टेज पर हैं और शो चल रहा है तो अब यह उनके मन पर था कि कब अगला एक्टर घुसेगा। जब तक उनका मन होता वो किरदार की आवाज़ बन्द नहीं होने देते। नाटककार ने क्या लिखा है इससे देबू दा का सम्बन्ध सिर्फ़ रिहर्सल तक होता, शो के दिन अपने मन से लाइनें बड़बड़ाते रहते जब तक थक न जाते या जब तक दर्शकों से तालियाँ न बजवा लेते। अगला अभिनेता नेपथ्य में खड़ा गालियाँ बकता रह जाता, क्योंकि जब तक देबू दा थकते, नाटक के आगे बढ़ने का कोई मतलब नहीं था। कई बार तो दूसरे अंक में इतनी तालियाँ बजवा लीं कि दर्शक उठ खड़े हुए और मैं बैक स्टेज से उद्घोषणा करता रह गया कि अभी तीन अंक बाकी हैं। उधर देबू दा दर्शक दीर्घा में उतर चुके थे, सबने कई बार सोचा कि इनके साथ अगली बार न कार्यशाला करेंगे, न ही कोई नाटक पर अगर किसी ने बहस करने की कोशिश की भी तो बड़े ही प्रबल शब्दों में शुरुआत करते अपनी बातों की, 'शे' और 'कास्त्रो' का नाम तो ऐसे लेते जैसे उनके साथ खिचड़ी (मकर संक्रांति) पर पतंग उड़ाई हो।

तालियाँ

न खिचड़ी पर पतंग, न होली पर रंग, न दिवाली पर पटाखे, बस आए दिन उपवास रखते और अक्सर दारू और बीड़ी की प्रतियोगिता करवाते, अकेले जो रहते थे। अकेले रहना उनकी क़िस्मत में ही रहा होगा, वरना इतनी सुन्दर बीवी छोड़कर नहीं चली जाती। उनकी बीवी को शायद ही किसी ने देखा होगा पर उपमा अलंकार का प्रयोग सबको आता था और जिसने जैसी दुनिया देखी वैसी परिकल्पना—मधुबाला, क्लेओपेट्रा, मर्लिन मुनरो, शकुन्तला इत्यादि याद किये गए। उनकी बीवी को मैंने भी नहीं देखा था पर सुना है कि हाई कोर्ट के जज की लड़की थीं, सुन्दरता की तुलना में श्रीदेवी और ऐश्वर्या राय भी शामिल थीं। जब कार से उतरती तो कभी भी अपनी नज़र ऊपर नहीं करती कि किससे आँखें मिल जाएँ और वो इसको मौन स्वीकृति मान ले।

शहर में कइयों ने कइयों को कइयों के कहने पर कट्टे सटा दिये। गणना मुश्किल थी कि शहर के मर्दों में उनके देवर ज़्यादा थे कि जेठ, पति तो लगभग सभी थे, उनके पिता और भाई को छोड़कर। पुलिस भी मनाती कि, इसकी शादी हो जाए और ये शहर से जाए वरना जज की लड़की के पीछे आए दिन बवाल, पर जिस दिन उसने देबू दा से शादी की उस दिन पुलिस को ज़रूरत से ज़्यादा तकलीफ़ हुई। सारा दिन जज साब ख़ुद पुलिस लेकर अपनी लड़की ढूँढ़ते रहे। कई पेंटर, थिएटर करने वाले और समाजसेवी निपट गए, कुछ गाँजा पीते पकड़े गए तो कुछ मलिन बस्ती में नुक्कड़ नाटक करते हुए, पर पकड़े वे भी गए जिनकी अम्मा ने पिछले साल, लाल रंग के ऊन से स्वेटर बुन दिया था। इस दौरान एक सब्ज़ीवाला भी पकड़ा गया जो लाल गाजरों से भरे ठेले पर सोया था। उस दिन शहर में कोई सिग्नल लाल नहीं हुआ पुलिस के लिए। वैसे यह सब मैंने देखा नहीं सिर्फ़ सुना है क्योंकि जब मैं देबू दा से मिला वो अकेले ही रहते थे अपने कमरे (कमरेनुमा घर) में, जहाँ घुसना निषिद्ध था। निषिद्ध नहीं भी होता तो भी किसी के लिए उनके घर में झाँकना असम्भव था। छत जैसे हड़प्पा-मोहनजोदाड़ो की खुदाई में निकली थी। पूरी छत के चारों तरफ़ 10 फुट ऊँची दीवार थी। जिसके अन्दर अनुमानतः 100-200 किरमिच (कैनवस) की गेंदें और कम-से-कम 270-271 पतंगें कट के गिरी होंगी। संख्या में इतनी सूक्ष्मता इसलिए क्योंकि इस साल मकर संक्रांति के पहले तक देबू दा 250 पतंगें बोलते थे पर मकर संक्रांति पर लगभग 20-21 पतंग लूटने वाले लड़कों से उनकी लड़ाई हुई थी। मकर संक्रांति के आसपास कभी सूर्य ग्रहण नहीं लगता पर सुना है

127 साल बाद ये घटना घट रही थी। उस दिन ग्रहण लगा था और देबू दा ने निर्णय लिया था कि जब तक ग्रहण लगा है रिहर्सल नहीं होगी। ग्रहण का ही असर रहा होगा कि मैंने उनको सलाह दे डाली—"देबू दा गेंदें और पतंगें आपको हम सबमें बाँट देनी चाहिए, रिहर्सल तो आपकी छत पर भी की जा सकती है।"

देबू दा शायद इस बात पर उतना ध्यान नहीं देते पर ग्रहण के सूरज की रोशनी कम हो रही थी। जब मैंने बात ख़त्म की, नाटक के सभी साथी मुस्कुराए और छत की खुदाई के लिए अपनी दाँतों की कुदाल निकाल ली। जैसे छत पर पहुँचकर राखालदास बनर्जी ख़ुद माल्यार्पण करके इन सबका स्वागत करेंगे। यह ज़रूर है कि अगर मैं छत पर घुसने में कामयाब हो जाता तो राखालदास बनर्जी द्वारा की गई मोहनजोदाड़ो की खुदाई से कम श्रेय मुझे न मिलता। पर मिला क्या?

'कोर्ट मार्शल' नाटक में जो एक सिपाही का किरदार मिला था वो भी देबू दा ने यह समझाते हुए दिया कि—

"अगर करना ही है तो रामचन्द्र का रोल करना, सिपाही बनने में क्या है!"

वापस बैक स्टेज पर चाय की केतली और समोसे का पैकेट थमा दिया, अगर मेरे बाप-चाचा मुझे देख लेते तो वे जीत जाते। पर चाय, समोसा और जलेबी हीरा हलवाई बेचता था मैं नहीं। मैंने भी सोच लिया था कि 10 नाटकों का प्रमाण पत्र मिल जाए तो 'राष्ट्रीय नाट्य विद्यालय' की परीक्षा में बैठ जाऊँ। देबू दा क्या चाहते थे, यह समझ के बाहर था। 'राष्ट्रीय नाट्य विद्यालय' से पढ़ाई करके वापस शहर आ गए थे, न मुम्बई गए और न दिल्ली में रहे। न घर, न बच्चे, किरायेदारों से किराया मिल जाता और छत तो उनकी थी ही। देबू दा ने जो नाटक लिखा अगर स्टेज पर आ गया तो इतिहास, बवाल, फट, गदर ऐसा बहुत कुछ हो जाएगा। वो नाटक गंगा किनारे अकबर के किले पर होगा, दर्शक नाव में बैठकर नाटक देखेंगे। यहाँ तक शायद सच रहा होगा क्योंकि देबू दा ऐसा सोच सकते हैं पर उसके बाद जो भी सुना वो निश्चित ही इस शहर की मनुष्य प्रजाति का दिमागी गुब्बारा था। कुछ कलाकार तो नदी के उस पार से संवाद बोलते हुए, नदी में कूद जाएँगे फिर तैरते हुए आएँगे, घोड़े किले के ऊपर से कूदेंगे। नाटक का बजट बहुत बड़ा था पर देबू दा ने सोच रखा था कि वो नाटक करना है। मैंने कई बार बोला—"देबू दा, एक बार वो नाटक की रीडिंग करवाइए न!" उस दिन उन्होंने समझाया—'अ' श्रेणी के इनसान

को हमेशा 'अ' श्रेणी के इनसान के साथ शारीरिक सम्बन्ध बनाने चाहिए, 'अ' श्रेणी की किताबें पढ़नी चाहिए और उसी श्रेणी का खाना भी खाना चाहिए।

फिर मेरे कन्धे पर हाथ रखकर बोले—"वतन के रखवाले' फ़िल्म देखी? देख लो एक्टिंग सीखनी है तो।"

बहुत बुरा लगा और मैंने 'वतन के रखवाले' की जगह 'संसार' पिक्चर देख ली।

देबू दा को वह भी पता चल गया। थोड़ा मुस्कुराए—जब दो 'राष्ट्रीय नाट्य विद्यालय' वालों से एक्टिंग सीख ली तो अब क्या बचा है इस शहर में सीखने को, आगे निकलो, क्यों शहर में ज़िन्दगी ख़राब कर रहे हो।

फिर बहुत देर तक वे बहुत कुछ बोलते रहे जिसका भावार्थ यही सिद्ध करता रहा कि मेरा अपमान करने का हक़ देबू दा को ऊपर वाले ने दिया है। देबू दा का अहंकार बड़ा विचित्र था पर मुझे हारना नहीं था। वहाँ से निकलते वक़्त उनके पैर छुए और उन्होंने भी बड़े प्यार से सीने से लगाकर आशीर्वाद दिया, उनको शायद लग चुका था कि मैं अब वापस नहीं आऊँगा। उनके यहाँ से बैक स्टेज छोड़कर पहले तो ख़ुद को विश्वास नहीं हुआ, पर जब एक नाटक लिख डाला तो मेरे पिचके हुए आत्मविश्वास में बहुत हवा भर गई। शहर जानता था कि मैं देबू दा के स्कूल का छात्र हूँ, इसलिए छोटे-मोटे नाटक खड़ा करने में पैसा मिलना मुश्किल नहीं हुआ। उस नाटक में मैंने ख़ुद निर्देशन किया, प्रकाश संयोजन और संगीत भी ख़ुद ही दिया। उस नाटक के बाद मैं कभी भी देबू दा से नहीं मिला और यह भी समझ आ गया कि देबू दा कला के नाम पर कुछ ज़्यादा ही घमंडी थे वरना नाटक तो मैंने भी किया, प्रायोजक भी मिल गए। सिर्फ़ अपने को कलाकार समझना और बाकियों को उल्लू, दिल्ली में या मुम्बई में भी उल्लुओं की कमी नहीं होगी पर मुझे क्या करना था। दिल्ली पहुँचकर 'राष्ट्रीय नाट्य विद्यालय' में प्रवेश लेना था। कई साल कोशिश की फिर समझ आ गया कि इस 'राष्ट्रीय नाट्य विद्यालय' में भी एक नहीं, साले 8-10 देबू दा बैठे हैं। ख़ुद बहुत बड़े एक्टर थे तो यहाँ पढ़ा क्यों रहे हो, पर मेरा प्रवेश नहीं लिया तो नहीं। आख़िरी बार तो मैं रो पड़ा साक्षात्कार के बाद। सच्चाई का एहसास जल्दी हो गया और उधर मेरा छोटा भाई बैंक पीओ की परीक्षा में सफल हो गया था। करा उसने—भरा मैंने, फिर तो दिन रात पढ़ाई की और सच बता रहा हूँ कि नाटक करना क्या, देखना भी छोड़ दिया।

कइयों ने कहा जब सरकारी नौकरी की परीक्षा ही देनी है तो दिल्ली रहकर क्या फ़ायदा अपने शहर ही आ जाना चाहिए पर हराने का दम्भ जो पाला था। ऐसा नहीं है कि मैं बीच में कभी शहर वापस नहीं गया पर कभी किसी को पता नहीं चलने दिया। छोटे भाई ने आश्वासन दे दिया था कि जब तक मेरी नौकरी नहीं लग जाती और मेरी शादी तय नहीं हो जाती वो 'गर्लफ्रेंड' नामक सर्वनाम से काम चलाएगा। पिछली बार गया था लिखित परीक्षा उत्तीर्ण करने के बाद, मौक़ा देखकर मेरे बाप ने मेरे चाचा के कहने पर मेरे चाचा के ससुराल में एक लड़की देखकर शादी तय करवा दी। मेरे बाप का मानना था कि अगर इंटरव्यू तक रुक जाते तो शायद रिश्ता और बढ़िया मिल जाता। बढ़िया का मतलब पैसों से था, लड़की सिर्फ़ वही सही होती है इन बूढ़ों के लिए जो बच्चा जन सके बाकी उनका किसी चीज़ से मतलब नहीं था। जब भी शहर जाता अपनी ज़िद में कभी भी देबू दा से मिलने नहीं गया। कइयों से पता करता रहा उनके बारे में और बस यही पता चला कि अब तक देबू दा को उस गंगा किनारे वाले नाटक के लिए कहीं से भी पैसे या प्रायोजक नहीं मिले, उल्टा अब तो उनके यहाँ कार्यशाला में आने वाले लड़के भी बहुत कम हो गए हैं। देबू दा ने पिछले पाँच सालों में एक भी नाटक नहीं किया होगा पर वो अभी भी उस नाटक को लेकर काफ़ी उत्साहित रहते हैं। ये सब सुना ही है, क्योंकि मेरे हिसाब से तो देबू दा को अब कोई नहीं पूछता।

अब जब मुझे नौकरी मिल चुकी थी वो भी उसी शहर के सांस्कृतिक केन्द्र में जहाँ पर एक शो लगवाने के लिए लोगों की घिस जाती थी। मेरे साले के साढ़ू के पापा ज़िन्दगी भर राज्यमंत्री रहे थे। वे शायद कैबिनेट मंत्री बन जाते पर उनके अन्दर भी देबू दा बैठे थे। एक दिन एक गाँव में थे और प्रेस के सामने एक दलित के हाथों खाना लेने से मना कर दिया था। सबने भरसक समझाया कि घर जाकर डेटॉल से कुल्ला कर लेना पर वो नहीं माने तो नहीं माने। फिर भी ट्रांसफर इत्यादि करवा सकते थे। उनकी कृपा थी कि मुझे अपने ही शहर में एक ऐसा पद मिल गया जिसको पाने के लिए कोई मरा नहीं जा रहा था। मेरे जीवन का उल्लेख न तो विस्मरणीय है और न ही यह सब बताकर इस कहानी का कोई फ़ायदा होना है। जितना बताना था उतना बता दिया पर जबसे पद सँभाला मेरा बहुत मन कर रहा था कि देबू दा से एक बार जाकर मिलूँ। अक्सर उनके घर के पास से गुजरा, रास्ता उधर से नहीं जाता था फिर भी कार उधर घुमा ली।

सोचा कि अगर दिख गए तो नमस्ते बोल दूँगा पर ख़ुद मिलने नहीं जाऊँगा। अब तो अक्सर ही उस रास्ते से जान-बूझकर गुज़रता और जब-जब उस रास्ते पर होता मुझे वो सारी बातें बारीकी से ध्यान में आने लगतीं। मुझे देबू दा की बुराइयाँ साफ़-साफ़ दिखने लगी थीं। जिस बात पर मैंने आज तक ध्यान नहीं दिया था वह भी मुझे याद आने लगी थीं, जैसे उन्होंने अन्य कलाकारों को कभी न कभी कुछ पैसे दिये भी थे, पर मुझे आज तक एक चवन्नी भी नहीं थमाई थी। हमेशा मज़दूर की तरह काम करवाया, कभी एक रोल भी नहीं दिया। मैंने उनके लिए कभी बुरा नहीं सोचा पर शायद अच्छा कलाकार और एक अच्छा इनसान बहुत अलग चीज़ें थीं। मैं शायद अच्छा कलाकार नहीं था पर इनसान...!

मैंने अपने एक पुराने दोस्त को एक दिन ऑफ़िस बुलवाया। जितनी जल्दी वह आ गया उसको देखकर, उसके इतनी जल्दी आने के कई कारण हो सकते थे :

उसके बैंक में कोई काम नहीं था, उसे मेरे साथ बैठकर ख़ुराफ़ात करनी थी या फिर उसे भी किसी नाटक के लिए अनुदान चाहिए था। मैंने सिर्फ़ देबू दा बोला और उसने पलट के पहला सवाल पूछा—"तुमने देबू दा को कुछ पैसे तो नहीं थमा दिये?"

मुझे अपना पद याद आ गया—"उल्लू समझे हो? कहाँ बैठा हूँ देख नहीं रहे?"

इससे आगे की बातें करने के लिए मैं उसे ऑफ़िस के बाहर मुख्य सड़क पर ले आया, चाय—बिस्कुट के बहाने। उसने फिर बहुत लम्बी बातचीत की और ट्रैफ़िक का शोर, चायवाले के स्टोव का शोर, रिक्शेवालों की घंटियों के बीच भी सब कुछ ठीक से सुनाई दे जाता पर इतना कुछ दिमाग़ में घूम रहा था कि—सठिया, कोर्ट केस, मकान, पतंग, गेंद, बीवी, रंडी, ठड़क, अद्धा, पौवा, भीख, उधार, चूतिया, मेहनत की कमाई, जज, फाइल, सांस्कृतिक केन्द्र, दसों चक्कर ही सुनाई पड़े। वह दोस्त शायद बहुत देर तक लगातार बोला होगा और मैंने उसके अर्द्धविरामों को 'हूँ-हाँ' से भरा था।

मेरे दिमाग़ में सिर्फ़ एक ही बात घूम रही थी देबू दा के उस नाटक का क्या हुआ? कभी किया कि नहीं? उनको किसी ने अनुदान दिया कि नहीं? अगर मैं बता दूँ कि अब मेरे हाथ में है उनके नाटक का अनुदान स्वीकार करना तो क्या वे आकर माफ़ी माँगेंगे?

मैं तो बोल दूँगा कि अगर आपको एहसास हो गया है तो वही बहुत है।

बोलने को तो वे भी बोल सकते हैं कि भूल जाओ 'लेखक', जिस समय तुम मेरे साथ काम कर रहे थे मेरी ज़िम्मेदारी थी तुम्हें सिखाने की इसलिए हमेशा सख्ती से पेश आता था।

"सख़्ती तो ठीक है पर इस तरह बेइज़्ज़ती करना—'वतन के रखवाले' देख आओ। इस बात का क्या मतलब था?"

"तो क्या बोलता, वैसे भी उस समय ऐसी ही फ़िल्में आती थीं।"

"पर आपने वो रोल क्यों छीन लिया?"

"अब तुम हुज्जत पर उतर रहे हो। मुझे लगा तुमसे अच्छा कोई कर सकता है तो दे दिया। वैसे भी तुम प्रशासन में अच्छे थे, बैक स्टेज में और आज देखो तुम वही काम अच्छा कर रहे हो।"

"मतलब आपको पता था कि मैं एक्टिंग नहीं कर पाऊँगा?"

"क्या तुम नाटक का अनुदान दिलवा पाओगे?"

"मुझे पता था कि..."

"क्या पता था?"

" 'कर्मा' देबू दा 'कर्मा', सब घूमकर वहीं आते हैं।"

दोस्त वहीं बैठा रहा और मुझे देखता रहा और फिर अपने आप शुरू हो गया...।

"किरायेदारों ने मकान के नीचे वाले हिस्से पर क़ब्ज़ा कर लिया था और देबू दा कोर्ट केस लड़ रहे थे। उसी छत के एक कमरे में रहते थे। चले जाओ लगता है तुमको बहुत याद आ रही है उनकी? ले चलें क्या तुमको?"

वह अजीब तरीक़े से हँस-हँसकर बोल रहा था जो कि मुझे अच्छा नहीं लगा और मैंने उसे ऑफ़िस से जाने को बोल दिया मुझे लगा था कि शायद उसे बुरा लगेगा पर उसे बुरा नहीं लगा। मैं सरकारी ऑफ़िस में बैठा था इसलिए, वह हँसता हुआ ही गया और वापस मिलने का वादा करके। उसके जाते ही मैंने अलमारी से देबू दा की फाइल निकाली और निर्णय लिया कि आज यह नाटक पढ़कर ही घर जाऊँगा। मैंने तुरन्त ही पढ़ना शुरू कर दिया और रात साढ़े दस बजे तक लगातार पढ़ता रहा। क्या विस्तार था, ऐतिहासिक पर प्रासंगिक भी, हिन्दू की भी जलती और मुसलमान की भी। अकबर की ज़िन्दगी को ऐसा घुस के निकाला था कि 'मनु शर्मा' इस नाटक तो पढ़ते ही 'अकबर की आत्मकथा' लिखने बैठ जाते। इतनी निर्भीक सोच पर मुझे भी लग गया

कि अगर ये नाटक मैं करवा देता हूँ तो निश्चित तौर पर बहुत नाम होगा। मैंने अपने चपरासी से बोला कि वो देबू दा को बुला लाए पर यह न बताए कि मैंने बुलाया है। बस इतना बोल दे कि सांस्कृतिक केन्द्र के कार्यकारी अधिकारी ने बुलाया है। मुझे लगा था कि देबू दा दौड़ते हुए आएँगे पर उन्होंने कहला भेजा कि दो दिन बाद आ पाएँगे। मैंने भी सोच लिया था कि अब तो स्क्रिप्ट में बदलाव करवाकर रहूँगा, सामने से बुलाया जा रहा है और उस पर...!

अगले दो दिन मैं दिन भर सारे 'क्रमचय व समुच्चय' लगाता रहा कि अगर वो ये बोले तो मैं उनको वो बोल दूँगा, कभी ख़ुद ही नम्र पड़ जाना तो कभी ख़ुद थोड़ा आक्रामक। धीरे-धीरे दो दिन भी बीत गए और पता चला कि दो दिन बीतने में दो दिन ही नहीं लगते कभी कभी ज़्यादा भी लग जाते हैं। इस बार दो दिन बीतने में आठ दिन लग गए पर देबू दा नहीं आए। मैं बहुत चिढ़ा बैठा था और इस चक्कर में ऑफ़िस का काम भी ठीक से नहीं कर पा रहा था। मन-ही-मन उनसे मुलाक़ात और लड़ाई का ताना-बाना और ज़्यादा जटिल हो गया। मैं तो अब उनको कुर्सी पर भी बैठने नहीं दे रहा था। मेरे चलते लाखों-लाखों का अनुदान मिल सकता था पर उन्हें तो पता नहीं है कि मैंने बुलाया है फिर क्यों नहीं आए। मतलब उन्हें सांस्कृतिक अधिकारी के पद की भी गरिमा नहीं है? मतलब सरकार पागल है जो इतने इम्तिहान लेती है और फिर चयनित करती है, इतने पढ़े-लिखे लोगों को...पहले राजा-महाराजा अपने राज्य के कलाकारों को वजीफा देते थे जिससे कि वे अपनी कला का रियाज़ कर सकें। वही परम्परा तो है, हमें अच्छे कलाकारों को पालना होगा, उनको प्रश्रय देना होगा। देबू दा अच्छे नहीं बेहतरीन कलाकार हैं और मैं अब ख़ुद उनको जाकर मिलूँगा। ऑफ़िस और दोस्त को बोलकर रखा था कि पता करें कि वो घर के बाहर कहाँ मिलेंगे। बोल दिया था कि ऑफ़िस कार्यकाल के समय में ही मिलना चाहूँगा। घर जाने से डर ही लगता था, अगर घुसने भी दिया तो कहीं अकेला पाकर इज़्ज़त न उतार दें।

मैंने उनके घर की तरफ़ से आना बन्द कर दिया था। रास्ता लम्बा ही पड़ता था। एक दिन बैंक वाले दोस्त ने बताया कि अगर देबू दा को देखना है तो सिविल लाइन्स में उस इडली-साँभर वाले की दुकान पर चले जाओ दिख जाएँगे। इडली-साँभर की दुकान और उसके आसपास कलाकारों और बुद्धिजीवियों का जमघट सालों से लगता आया है।

मैं कार न लेकर जान-बूझकर एक रिक्शे पर बैठ कर गया जिससे कि मैं छुपकर दूर से उन्हें देख सकूँ। रिक्शेवाले से बोल दिया था कि दो सौ मीटर पहले हो रोक लेना।

मैं चुपचाप हाथ में चुरमुरा लिए धीमे-धीमे इडली साँभर की दुकान की तरफ़ चलने लगा। मैं नहीं चाहता था कि देबू दा मुझे देखें या पहचानें। देबू दा पेड़ के नीचे आधा खड़े और आधा बैठे हुए से थे और बड़ी ही बुलन्द आवाज़ में कुछ बोले जा रहे थे। मुझे लगा शायद चुनाव की तैयारी में हैं पर जैसे-जैसे पास चलता गया वो आवाज़ सम्राट अकबर के चरित्र में बदलती गई। दाढ़ी से चेहरा भरा हुआ था, कपड़े भी लस्त-पस्त ही थे पर देबू दा के चेहरे में एक चमकीला रुआब था। पेड़ की टहनी को लेकर जब हवा में हाथ ऊपर करते तो लगता जैसे शमशीर हवा में लहरा रही हो। इतना सम्मोहक अभिनय कि चाटवाला गरम तेल में टिक्की नहीं डाल रहा। इडली कुकर में पड़ी थी, कुकर की सीटी उछली पर बिना आवाज़ भाप निकल गई, सड़क पर किसी ने हॉर्न नहीं बजाया। देबू दा ने पेड़ की छनती रोशनी को ही स्टेज की लाइट मान लिया था। जब कोई ख़ास भाव देना होता तो उस लाइट में आ जाते और फिर घूमकर फुटपाथ को अपना स्टेज बना देते। किनारे खड़े दो ऑटो रिक्शा के बीच उनका नेपथ्य था, किसी ने नाटक के बीच में ताली नहीं बजाई पर जैसे ही अकबर अपने सिंहासन (साइकिल रिक्शा) पर बैठकर फूट-फूटकर रोता है, नाटक समाप्त। लोग तालियाँ बजाए जा रहे थे, और अचानक वापस सड़क का शोर प्रभावी हो गया। किसी ने दौड़कर एक कुर्सी लगा दी। देबू दा थककर बैठ गए थे, भुट्टे की रेहड़ी वाले ने देबू दा को भुट्टा सेंक कर दिया तो इडली वाला एक प्लेट डोसा, चाटवाला करेला दही ले आया। मैं वहीं पास में एक पेड़ के नीचे खड़ा था और उम्मीद में था कि शायद देबू दा की नज़र जाएगी और मैं आगे बढ़कर मिल लूँगा पर देबू दा बहुत आत्मीयता से सबके साथ खा रहे थे और बातचीत कर रहे थे। प्रस्तुति के बाद अभिनेता के लिए दर्शकों के प्यार से बड़ा नशा क्या होगा। देबू दा ने बहुत शौक़ से खाया। कई बार मन किया कि आगे बढ़कर देबू दा को नमस्ते बोल दूँ पर तब तक देबू दा जा चुके थे। नहीं! देबू दा तो बहुत पहले ही जा चुके थे और कुछ लोग मुझे घूमकर देख रहे थे क्योंकि मैं बड़ी देर से मंत्रमुग्ध तालियाँ बजा रहा था।

पुई

पुई अक्सर ही इतनी सुबह उठ जाती थी। उसका न सोने का वक़्त था और न जागने का। जब दादी थपकी देते-देते थक जातीं तो दादी ख़ुद सो जातीं और जब उसके पापा पीठ सहलाते-सहलाते थक जाते तो वह सो जाते। पुई इस सबके बाद भी सो जाए इसका कोई भरोसा नहीं था। वह दोनों के सोने के बाद उनको ताकती रहती, थोड़ा-सा हँस देती या फिर काग़ज़ को तोड़-मरोड़ के कुछ ऐसा बना देती जिसमें उसे पापा या दादी दिखते और फिर वह और ख़ुश हो जाती। रात को वह सोएगी कमरे के अन्दर पर सुबह कहाँ उठेगी ये किसी को पता नहीं रहता। पुई को छत पर जाना सबसे ज़्यादा अच्छा लगता क्योंकि मकान से लगा नीम का पेड़, पुई के साथ काफ़ी झुक कर खेलता था। पुई नीम के पत्तों से कई बार ग़ुस्सा हो चुकी थी कि वे बहुत कड़वे थे। पुई जैसे पेड़ों को समझाती, वैसे ही पुई को उसके पापा का रोज़ सुवह उसे समझाना भी अच्छा लगता। चन्दन स्टेशन निकलने से पहले उसे रोज़ समझाता कि कैसे उसे दादी को परेशान नहीं करना है, कैसे उसे अपने आप ब्रश करना है और पुई अपनी चिरपरिचित मुस्कान के साथ यूँ सिर हिलाती जैसे उसे रोज़ ये सुनना अच्छा लगता।

चन्दन बार-बार पूछता—“ठीक है?”

पुई बिना आवाज़ गर्दन हिलाती, पहले-पहल तो एक दो बार ही हिलाती पर अब इतनी ज़्यादा बार सिर हिलाती कि चन्दन भी समझ चुका था कि पुई अपनी धुन में है और वह कितना कुछ सुन रही है या अनसुना कर रही है सिर्फ़ वही जानती है। न जाने कितने सालों से चन्दन इसी उधेड़बुन में था कि क्या वाकई पुई कुछ सुन नहीं सकती। डॉक्टर ने बोला था कि वैसे तो कोई

कमी नहीं दिखती पर हो सकता है कि माँ के न होने के कारण उसने अपना कुछ ऐसा मैकेनिज्म बना लिया हो।

अब तो सात साल की हो गई थी और कोई कारण नहीं बचा था कि वह बोले न, पर सिर्फ़ गर्दन हिलाकर वह अपनी ज़िन्दगी में मस्त थी। पुई अगर बोलती नहीं थी तो रोती भी नहीं थी पर दो साल पहले रोई थी, जब पुई ने ग़ुस्से में दादी को किसी बात पर एक कटोरी फेंक मारी थी और चन्दन ने पुई को खींच के थप्पड़ मारा था, वह दिन शायद आख़िरी दिन था जब पुई रोई थी। चन्दन कई दिनों तक अपने-आपको कोसता रहा, खाना नहीं खाया कि शायद इससे प्रायश्चित हो जाए। उसे पता था कि अपराध हुआ है पर अब न वह दिन वापस आने वाला था और न वह उठा हाथ। पुई के गालों पर पड़े उँगलियों के निशान शायद उसी दिन ग़ायब हो गए थे पर चन्दन को अपने हाथों में अजीब-सा कम्पन महसूस होता, वैसा ही जैसा स्टेशन पर खड़े हुए तेज़ रफ़्तार ट्रेनों को हरी झंडी दिखाते हुए। बड़ा मुश्किल होता था अपने आपको सँभालना, जब तेज़ रफ़्तार ट्रेन उस छोटे से कस्बे के छोटे से स्टेशन से गुज़रती, कभी-कभी लगता स्टेशन भरभराकर गिर पड़ेगा।

चन्दन इतने सालों से स्टेशन मास्टर था फिर भी ट्रेन के गुज़रने का कौतूहल जाने कैसे आज भी उसमें बरकरार था। ट्रेन के डिब्बों को गिनना, अन्दाज़ लगाना कि अगले स्टेशन पर कितने बजे तक पहुँच जाएगी या फिर अपने को शीशे में एक बार चेक करना, इससे पहले कि वह बाहर खड़े होकर हरी झंडी दिखाए। इस स्टेशन से गाड़ियाँ कुछ ज़्यादा ही तेज़ गुज़रतीं, क्योंकि स्टेशन बहुत छोटा था और दिन में एक ही पैसेंजर ट्रेन रुकती थी। इसी कारण से वह स्टेशन बहुत ख़ाली रहता, न चाय बिकती और न पूड़ी सब्ज़ी। जो पैसेंजर ट्रेन आती उस पर चढ़ने या उतरने वाले हर आदमी को चन्दन और चन्दन को हर आदमी जानता था। वैसे भी उस स्टेशन से ट्रेन पकड़ने वाले मुसाफ़िर टिकट की अनिवार्यता से सहमत नहीं थे। अगर समय पर तनख़्वाह न आती या फोन न बजता तो यही लगता कि शायद सरकार स्टेशन बनाकर भूल गई।

चन्दन को घर से ज़्यादा स्टेशन पर मज़ा आता, वह यूँ ही अकेले घंटों बैठा रहता और गणित के उन सवालों को याद करता, जिन में ट्रेन की लम्बाई और गति का स्टेशन के प्लेटफ़ॉर्म की लम्बाई से अनोखा सम्बन्ध था। जैसे यदि ट्रेन की लम्बाई 80 मीटर है और वह 90 किमी प्रति घंटे की रफ्तार से

जा रही है तो 67 मीटर के स्टेशन को पूरा पार करने में कितना समय लेगी। ऐसे सवाल चन्दन अपने-आपसे भी पूछता पर ज़िन्दगी, गणित के सवाल की तरह कभी हल नहीं हो सकती, सापेक्ष गति उसके जीवन की ठहर गई थी। वह अपने आपको वो प्लेटफार्म मान चुका था जिस पर से पुई की माँ की ट्रेन हमेशा के लिए गुज़र चुकी थी और वह ट्रेन कभी वापस नहीं आने वाली थी। दादी और पुई मालगाड़ी के डिब्बे की तरह उसके प्लेटफार्म पर खड़े हैं, और चन्दन को पता था कि एक दिन दोनों मालगाड़ियाँ अपने-अपने गन्तव्य पर निकल जाएँगी। स्टेशन पर दिन भर में दसियों ट्रेनें निकलतीं पर उस शोर में दिन भर रहने के बाद भी चन्दन को पुई की आवाज़ के लिए तड़पन होती।

चन्दन अक्सर पुई को गोद में लेकर टहलाता, उससे बेकार की बातें करता, कभी ट्रेन की, कभी स्टेशन की और कभी स्कूल की, पर पुई को इस सबसे कोई फ़र्क़ नहीं पड़ता था। पुई की सबसे गहरी दोस्त थी चुनमुन तितली, चुनमुन और पुई घंटों साथ खेलते। चुनमुन जैसे पुई को जानती थी इसलिए उसे ख़ुश करने के किये कभी आराम से उसके हाथ आ जाती और उसकी हथेली पर चिपकी रहती और कभी जब पुई बहुत रंग-बिरंगी फ्रॉक पहन लेती तो चुनमुन उस दिन जलन के मारे उसके हाथ न आती। चुनमुन तितली को अपने से ज़्यादा रंग कहीं भी देखने में अच्छे नहीं लगते। पुई ने चुनमुन को बता रखा था कि उसे स्कूल जाना बिलकुल अच्छा नहीं लगता है पर अगर चुनमुन साथ आएगी तो वह स्कूल जाएगी। स्कूल में सभी उस बिन माँ की बच्ची को कुछ न बोलते और इस तरह पुई ने अपने लिए ऐसी दुनिया रच ली थी जहाँ उसे कोई परेशान नहीं करता। पुई बड़े आराम से नये-नये दोस्त बना लेती और जो कहना होता अपनी कॉपी में टेढ़े-मेढ़े लिख देती, कभी ब्लैकबोर्ड पर भी लिख देती और इस तरह पूरे क्लास को पता था कि उसकी दोस्त तितली का नाम चुनमुन है। पुई जाने कौन सी सांकेतिक भाषा में इशारे करती और चीटू-पीटू, दोनों गोरैया उसके सिर पर आकर बैठ जातीं। पुई को पता चल जाता, कब चुनमुन ग़ुस्सा है क्योंकि उस दिन चुनमुन गन्दे-काले कपड़े पहनकर आती पर पुई उसी तरह से उसके साथ खेलती जैसे वह हमेशा खेलती आई थी। पुई ने बड़े सधे तरीक़े से अपनी दुनिया और पापा-दादी की दुनिया के बीच एक अभेद्य दीवार बना रखी थी।

पुई की दादी की दुनिया चन्दन और पुई तक ही सिमट कर रह गई थी, पहले तो वह अपनी बहन से मिलने भी चली जाती थी पर जब से बहन मर गई दादी ने घर से निकलना बन्द कर दिया था। दादी को मोह तो दोनों से था। एक तरफ़ उनका अपना बेटा और दूसरी तरफ़ उनकी पोती, पर दादी चाहकर भी पुई को वह प्यार नहीं दे पाती जिसकी वह हक़दार थी। उन्होंने बहुत कोशिश की थी कि बिन माँ की बच्ची को गले लगा ले पर न पुई ने वह मौक़ा दिया और न दादी का धैर्य अब उस माँ जैसा रह गया था। दादी फिर भी अपनी ज़िम्मेदारी पूरी करती, चाहे वह खाना बनाना हो या फिर पुई को नहलाना और पुई हमेशा मुस्कुराती हुई गर्दन हिलाती पर दादी कभी कभी चिढ़ जातीं और चिल्ला पड़तीं—"गर्दन न हुई, मन्दिर का घंटा हो, एक बार हिल गया तो हिलता ही रहेगा।"

पुई इस पर और ज़्यादा गर्दन हिलाती और दाँत निकाल का मुस्कुरा देती पर आवाज़ न निकालती। दादी के कई सपने थे पर अब उन्होंने सपने देखने बन्द कर दिये थे। अब उन्हें लगता था कि जितना अधिक बुरा सोचो उतना कम बुरा जीवन में होगा। इसलिए अब वह अपनी मौत का सोचतीं, चन्दन की नौकरी छूट जाने की बात सोचतीं। कभी सोचतीं कि अगर पुई कहीं खो गई तो उसको ढूँढ़ने की कोशिश करेंगी या फिर ख़ुश हो जाएँगी। खोज के वापस लाने पर वही दिनचर्या निभानी पड़ती। अगर खो गई तो शायद चन्दन भी उसको खोजने रोज़ निकलेगा और उसकी ज़िन्दगी को कोई मक़सद मिल जाएगा। अभी तो बिना उद्देश्य जिए जा रहा है। दादी ने सबसे ज़्यादा बुरा वक़्त तब देखा था जब पुई को पैदा करने के बाद उसकी माँ ने जैसे बिस्तर पकड़ लिया, और कुछ ही महीनों में वह चल बसी। दादी के हाथ इतना बड़ा काम था, एक रोती बिलखती बच्ची को सँभालना।

दादी अब अपना काम ख़त्म करके मोबाइल में लग जातीं। दादी ने दिन रात मोबाइल पर वीडियो देखने शुरू कर दिये थे। सबसे ज़्यादा तो मज़ा दादी को मोबाइल पर फ़ोटो खींचने में आता और काम ख़त्म करने के बाद अपना सारा समय मोबाइल पर आए सन्देशों को पढ़तीं। दादी को किसी ने बता दिया था कि अब मोबाइल पर लड़कियाँ भी मिलती हैं शादी के लिए और दादी कोई भी बटन दबाकर लड़कियाँ देखती रहतीं। फिर अचानक एक दिन दादी ने व्हाट्सएप पर ग्रहों और कुंडली से सम्बन्धित

जाने क्या पढ़ लिया कि उनके दिमाग़ में बैठ गया कि शायद यह ग्रहों का खेल है और चन्दन की कुंडली में कुछ समस्या है। यह बहुत रोचक होता है कि यदि आपको विश्वास हो जाए कि आपकी कुंडली या जन्म-मरण के हिसाब-किताब में कोई खोट है तो दुनिया का कोई धर्म ऐसा नहीं है जो अपना ज्ञान का पिटारा खोलकर न बैठ जाए और आपको एक ऐसी दुनिया और शक्तियों का भरोसा न दिलवा दे, जिसके बारे में आप आमतौर पर कभी सोचने की कोशिश भी नहीं करते।

इस बार दादी के कहने पर चन्दन पास के मिश्रा जी से मिला जो कि चलाते तो आटा चक्की थे पर कुंडली बड़ी बढ़िया देखते थे। कुंडली देखने का इतना शौक़ कि कोई कभी भी पहुँच जाए तो उसी हालत में ऊपर से नीचे आटे के सफेद आवरण में ढके निकल आते। माथे पर आए पसीने की वजह से पूरे सफेद चेहरे पर ललाट पर लटका एक लाल तिलक बड़ा सुन्दर दिखता। अपने बालों से आटा झाड़ते हुए उन्होंने पता कर लिया कि आख़िर समस्या की जड़ क्या है।

चन्दन के किसी पूर्वज ने किसी पानी के पात्र में मूत्र-विसर्जन कर दिया था और वही कारण है परिवार के सभी दुखों का।

बहुत बड़ा सवाल था कि गिलास में यह हरकत की गई थी या भगोने में या फिर किसी बड़े पात्र में। मिश्रा जी ने कई बार ऊपर आसमान की तरफ़ देखा फिर पन्ने पलटे। जब मिश्रा जी ऊपर देखते तो आसपास वाले आँखें भींचकर चमकते सूरज की तरफ़ देखकर यह अन्दाज़ लगाने की कोशिश करते कि आख़िर मिश्रा जी को ग्रह दिख कैसे जाते हैं। इस बात पर सर्वसम्मति थी कि कुछ ही लोग होते हैं जिन पर भगवान का वरदान होता है। और तभी मिश्रा जी बोले—

"किसी कुएँ में मूत्र विसर्जन किया गया था...।"

मिश्रा जी एक गूढ़ विराम लेते जैसा कि अक्सर बड़े-बड़े नेता अपने भाषण में लेते हैं। जब मिश्रा जी को विश्वास हो गया कि दादी और चन्दन उस पूर्वज की खोज में खो चुके हैं, उन्होंने तुरन्त कुंडली के अगले ख़ाने को काम पर लगाया।

चन्दन की पत्नी की अकस्मात मृत्यु का कारण भी काल सर्प योग की पूजा न करवाना है।

मिश्रा जी को अचानक पूरा इतिहास याद आ गया और उन्होंने दादी पर कटाक्ष किया कि उनके समझाने के बावजूद दादी ने पैसे बचाने की कोशिश की और पूजा नहीं करवाई, परिणाम सामने है। ऐसा विश्वास बहुत कम देखने को मिलता है, अपने विचारों को लेकर। दादी अपने ऊपर इतना बड़ा आरोप नहीं ले सकती थीं इसलिए आँचल को अँगुलियों के कोर से पकड़ते हुए दादी ने रोने की कोशिश की। अगर पुई होती तो दादी के इस नाटक पर हँस देती पर कोई नहीं हँसा और दादी ने फिर अपनी बात रख दी—

"पंडी जी! आप जानते नहीं किस तरह से बिना एक रुपये दहेज के शादी की है और उस पर पूजा कहाँ से करवाते?"

दादी को इतना बड़ा आरोप अपने सिर लेकर चलने में तकलीफ़ होती और इसीलिए उन्होंने तड़ से अगला कथन जड़ दिया—

"वैसे भी आजकल के लड़के इन सब चीज़ों को अन्धविश्वास मानते हैं।"

मिश्रा जी चक्की की चेन में तेल डालते हुए उस शोर में लगभग चिल्लाते हुए बोले—"वह तो लड़का है, तुम क्यों नहीं कुछ बोली? तुमने ग्रहों से दुश्मनी ले ली?"

दादी, मिश्रा की इस आदत से बहुत परेशान थी कि वह बिना नीचा दिखाए किसी को अपने दरवाज़े से जाने नहीं देते। दादी को इससे ज़्यादा अपनी फ़ज़ीहत नहीं करवानी थी इसलिए दादी ने आत्म-समर्पण के विचार से पूछ लिया कि आख़िर समाधान क्या है? मिश्रा जी ने काफ़ी आसान तरीक़ा बताया। हर शनिवार ट्रेन की पटरी पर एक छोटा-सा लोहे का टुकड़ा रखना है। ट्रेन के उस पर से गुज़रते ही वह लोहा चुम्बक बन जाएगा। उस चुम्बक को बाल्टी में डालना है और उस पानी से नहा लेना है। चन्दन को लगा कि जैसे आज पहली बार उसकी स्टेशन पर की गई सालों की नौकरी का सही फल मिला है। दादी को लगा यह चुम्बक की बात आज तक किसी ने बताई क्यों नहीं? उन्होंने चन्दन की तरफ़ बहुत उम्मीद के साथ मुस्कुरा कर देखा और चन्दन ने भी भरोसा दिखाया कि ये रास्ता तो बहुत आसान है। पर बिना कुछ बात किये चन्दन और दादी को इस बात से ख़ासी उलझन हुई कि ऐसा कौन सा पूर्वज रहा होगा जिसने पानी में पेशाब कर दिया।

पुई अक्सर हफ़्तों स्कूल नहीं जाती। दादी और चन्दन भी उसे मनमानी करने देते क्योंकि वैसे भी स्कूल जाकर क्या पढ़ेगी जब वह किसी से बात ही नहीं करती।

अब एक नई समस्या और थी कि पैसेंजर ट्रेन 9 से 10 बजे के बीच आती और चन्दन तभी नहा सकता था जब ट्रेन उस लोहे के ऊपर से गुज़र जाए। ट्रेन का टाइम तो नहीं बदला जा सकता था इसलिए चन्दन ने अपनी दिनचर्या में भारी बदलाव किया। अब वह तैयार होकर स्टेशन आता कुछ काम निपटाता और जैसे ही लोहा चुम्बक में परिवर्तित होता, मतलब ट्रेन स्टेशन से चली जाती, चन्दन नहाने के लिए घर की तरफ़ भागता। जब से चुम्बक के पानी से नहाना शुरू किया था, चन्दन को अपने आप में कुछ बदलाव-सा लगा था और उसने सोचा कि इसी बहाने सब कुछ ठीक करके देखते हैं। उसने पुई से नये सिरे से बात करने की कोशिश की। पुई को अब समझाना कम कर दिया और उसके साथ ज़्यादा बातें करनी शुरू कर दी। बिना इस बात की परवाह किये कि वह गर्दन हिला रही है या नहीं। अब चन्दन ख़ुद पुई को स्कूल छोड़ता जिससे कि उसकी स्कूल जाने की आदत बनी रहे। पुई भी किसी चीज़ का प्रतिरोध नहीं करती और रोज़ अपने पापा के साथ स्कूल जाती। चुम्बक का कमाल ही कहना पड़ेगा कि अब पुई का मन स्कूल जाने में लगने लगा था पर स्कूल जाने का असली कारण तो था पुई की नई टीचर।

उस छोटे से स्कूल में अंग्रेज़ी पढ़ाने के लिए शहर से एक नई टीचर आई थी, ये टीचर देखने में टीचर ही दिखती थी पर बहुत कम उम्र की लगती थी। रोज़ सुबह 9 बजे की पैसेंजर ट्रेन से आती और शाम को 3 बजे तक स्कूल से निकल जाती जिससे कि वापसी की ट्रेन पकड़ सके। पुई में यह बदलाव अचानक आया और इसलिए दादी और चन्दन का विश्वास मिश्रा जी के ऊपर बहुत बढ़ गया। दादी ने यह भी सोचा एक बार कि चन्दन से बोलकर दो चुम्बक बनवा ले और वह भी चुम्बकीय पानी से नहा लें पर ये डर था कि कहीं कोई चीज़ उलट हो गई तो मिश्रा जी बहुत चिल्लाएँगे। इसलिए दादी ने बिना चुम्बक ही नहाना जारी रखा। पुई अब रोज़ स्कूल जाने में ग़ज़ब का उत्साह दिखाती। अपने आप तैयार होना, अपना बैग काँधे पर टाँगकर आँगन में तैयार मिलती। चन्दन यह बदलाव देखकर बहुत ख़ुश होता। उधर स्कूल में न सिर्फ़ पुई, बल्कि सभी बच्चों में बहुत उत्साह था नई टीचर को लेकर। नई टीचर का कपड़े पहनने का ढंग, बातों का ढंग और सबसे प्यारा था टीचर का बात-बात में अंग्रेज़ी के शब्दों का प्रयोग करना। पुई को ऐसा लगता कि पूरी क्लास ख़ाली पड़ी है और टीचर उसको, चुनमुन और चीटू-पीटू को पढ़ा रही हैं।

टीचर ने चुनमुन को डाँटा कि वो अपने हाथ-पैर बहुत हिलाती है और चीटू-पीटू लगातार अपनी गर्दनें। पुई को हँसी आ जाती ये देखकर कि क्लास में सिर्फ़ वो और उसके दोस्त पढ़ रहे हैं। टीचर जैसे ही कॉपी में कुछ देखने के लिए झुकी चुनमुन ने पूरे ब्लैकबोर्ड को लाल रंग का बना दिया और उस पर पीले रंग से A B C D लिख दिया। टीचर को भी आश्चर्य होता कि आख़िर पुई सोचती क्या रहती है पर मुश्किल था उसके मुँह से कुछ सुन पाना या जान पाना।

टीचर को वैसे सभी इंग्लिश टीचर बुलाते थे पर पुई ने चुनमुन से राय ली कि टीचर का क्या नाम उचित रहेगा। अगली सुबह चुनमुन, चीटू-पीटू छत पर पहुँचे नीम के पेड़ के पास। नीम के पेड़ पर गोल-गोल सुन्दर फल आए थे।पुई को हमेशा से नीम का पेड़ बहुत पसन्द था। फिर कुछ देर की गहन मंत्रणा के बाद पुई के मुँह से एक शब्द धीमे से निकला—नीमा। चीटू-पीटू ने चीं-चीं करके नाम का अनुमोदन किया पर चुनमुन को न जाने क्या हो गया था वो उड़कर चली गई, पुई ने भी ज़्यादा कोशिश नहीं की। जब से टीचर आई हैं चुनमुन कुछ ज़्यादा ही नख़रे दिखाने लगी है। पर जैसे ही पुई ने अपनी कॉपी में नीमा टीचर की तस्वीर बनाई चुनमुन वापस आ गई और उसने अपने डैने झटक-झटककर उस चित्र में रंग डालने की कोशिश की और बाकी कसर पुई ने क्रेयॉन्स के रंगों से पूरी कर दी।

नीमा टीचर स्कूल की निर्धारित साड़ी पहने रोज़ सुबह 9 से 9:30 के बीच स्टेशन पर उतरती और फिर एक किलोमीटर टहलते हुए स्कूल आती। उस दिन पुई ने अपनी बनाई हुई तस्वीर नीमा को तब दिखाई जब वह अकेले थी। नीमा ने प्यार से पूछा ये कौन है, पुई और चुनमुन को पता था कि ये तो नीमा का चित्र है और दोनों को बहुत आश्चर्य हुआ कि आख़िर नीमा टीचर को कैसे अपना नाम नहीं पता। दोनों ख़ूब हँसे और थोड़ी देर में नीमा टीचर भी हँसने लगी।

चन्दन को रोज़ आने वाली इस टीचर से बात करने का नैसर्गिक मन हुआ। कुछ तो आकर्षण था एक पढ़ी लिखी महिला का, कुछ एक ख़ास यात्री होने का और सबसे बड़ा कारण था कि यही वह टीचर है जिसके लिए पुई अब स्कूल में बहुत रुचि दिखाती है।

चन्दन को पहली बार मिश्रा जी पर भरोसा हुआ था और चुम्बक का असर उसके जीवन में पड़ने लगा था। सबसे ख़ुशी की बात तो चन्दन के लिए

यह थी कि जिस पैसेंजर ट्रेन के नीचे लोहा रखता था उसी ट्रेन से नीमा आई थी और ऐसा लगा जैसे ग्रह कुछ करवट ले रहे हैं। पुई का ख़ुश रहना और स्कूल जाना, अक्सर मुस्कुराते रहना। चन्दन को लगने लगा कि अब वह दिन दूर नहीं जब पुई बोलेगी।

अगर हमारे पास सवाल न हों तो हम जवाब न ढूँढ़ें और अगर जवाब न खोजने हों तो किस काम के हैं ज्योतिषी? कुछ जवाब तो अब चन्दन को मिश्रा जी से ही पूछने थे पर कुछ सवाल ऐसे थे कि उनके जवाब चन्दन ख़ुद निकाल सकता था। इतनी शिक्षित और अच्छी दिखने वाली नीमा आख़िर इतनी दूर से क्यों आती है पढ़ाने, जब कि वह कहीं भी चाहे तो पोस्टिंग ले सकती है? पर यही बात नीमा भी चन्दन से पलटकर पूछ सकती थी। चन्दन को भी पहली बार एहसास हुआ कि उसको भी तो इस स्टेशन पर नौ साल हो गए हैं और इस दौरान न उसने कभी तबादले की कोशिश की और न ही उसका तबादला हुआ। चन्दन को जब रेलवे की नौकरी मिली थी तो अपने गाँव में जो भी ज़मीन थी उसका विवाद चाचा लोगों के साथ निपटाकर, ज़मीन बेच-बाचकर इस स्टेशन पर आ बसा था। फिर शादी और पुई, इन सबके बाद इस जगह से कहीं जाने का मन भी नहीं हुआ और क़िस्मत भी थी कि ऐसा स्टेशन मिला था जहाँ भूल के भी कोई ट्रेन नहीं रुकती थी इसलिए कभी किसी और ने उस स्टेशन पर पोस्टिंग के लिए रुचि नहीं दिखाई और बस चन्दन वहीं का होकर रह गया।

शादी की शुरुआत में तो चन्दन अपनी पत्नी के साथ रात भर स्टेशन पर टहलकर बातें करता, कभी ट्रेन पर कविता होती और कभी पटरियों पर चाँदनी रात में टहलना। यह संयोग ही था कि चन्दन की तरह पुई की माँ, ख़ुशबू, को भी स्टेशन पर समय बिताना अच्छा लगता, तेज़ भागती ट्रेन की आवाज़ में ज़ोर से गाने गाना और फिर पटरियों पर लेटकर अगली ट्रेन के आने का इन्तज़ार करना। चन्दन को एहसास नहीं था कि स्टेशन यूँ उन दोनों की ज़िन्दगी में प्यार लाएगा। यह प्यार ही था कि अब चन्दन स्टेशन पर बैठे-बैठे कविताओं की किताब पढ़ता रहता, यदि कोई व्यस्त स्टेशन होता तो शायद सुरेंद्र मोहन पाठक या जेम्स हेडली चेज भी मिल जाते पर ग़ज़ब का भूला बिसरा स्टेशन था। गाँव ख़ाली-सा हो गया था, सब शहर में जा बसे थे कुछ अधिया के मजदूर और बूढ़े और वह भी जिनकी नौकरी तहसील या

पोस्ट आफिस में थी, वही रह गए थे। जब यात्री ही नहीं बचे तो ट्रेनें रुकनी बन्द होती गईं। अब तो सिर्फ़ एक ट्रेन ने इज़्ज़त बचा कर रखी है, बीच में एक बार चन्दन को सुनाई पड़ा था कि एक दिन निरीक्षण होगा अगर यात्री नहीं दिखे तो उस आख़िरी ट्रेन का रुकना भी बन्द हो जाएगा। बहुत दौड़ा था चन्दन आस-पास के गाँवों में और बहुत से लोगों को बतौर सवारी लाया, ट्रेन रुकी, अधिकारियों ने देखा और बस काम हो गया। पर उस दिन ट्रेन में सभी चढ़ गए थे बेटिकट और शाम तक वापस भी आ गए।

चन्दन उस स्टेशन को छोड़कर किसी और स्टेशन पर जाने की बात से डरने-सा लगा था और अब तो इतनी यादें जुड़ चुकी थीं कि स्टेशन, घर सब कुछ जुड़े-जुड़े से लगते थे।

दादी ने मोबाइल पर एक दिन पढ़ा कि देश 2014 में आज़ाद हुआ है। दादी चकरा गईं और बेचैन हो गईं।उन्हें लगा कि अब उनकी याद रखने की शक्ति क्षीण होने लगी है पर उनको विश्वास था कि जब तक हड्डियों में दम है वह सब सँभाल लेंगी क्योंकि यही उनकी क़िस्मत में लिखा था। अगल-बगल देखतीं तो कभी अकेले में रो लेतीं, बुढ़ापे में ऐसे दिन किसी को न देखने पड़ें। दादी सोचती थीं कि अगर बहू होती और सेवा न करती तो पड़ोस में जाकर उसकी बुराई कर आतीं, पर किसी के साथ बैठना इसलिए भी बन्द-सा हो गया था कि कुछ बताने को था ही नहीं दादी के पास। जो औरतें निकलती थीं उनकी क़िस्मत में साधारण घर थे। किसी की बहू बहुत खाना खाती थी जबकि बेटा बहुत कम, किसी की बहू दिन भर टीवी में घुसी रहती थी और इन सबके साथ आस-पास चर्चाओं का माहौल गर्म रहता। दादी इस सुख से वंचित थी और मिश्रा जी के पास जाकर ही उनको सन्तोष मिलता था क्योंकि उन्होंने बताया था कि चन्दन की कुंडली में केतु का प्रभाव चल रहा है और कभी भी शुक्र का लग्नेश शुरू हो सकता है। जैसे ही यह शुरू होगा चन्दन के जीवन में सभी सुख आ जाएँगे। शुक्र बोलते हुए मिश्रा जी थोड़ा कनखियों से देखकर मुस्कुराए भी थे। जब दादी ने पुई की कुंडली भी बनाने को कहा तो मिश्रा जी भमक गए और बोले—

"बच्चों की कुंडली नहीं बनाई जाती पर जन्म दिन और समय के आधार पर यही कह सकते हैं कि किसी म्लेच्छ से बचा कर रखना, कटा हुआ सर्प दिख रहा है कुंडली में।"

दादी ने अपने बारे में तो भूलकर भी नहीं पूछा। जाने कब जाने की बात निकल आए और अभी तो पुई बहुत छोटी थी। दादी कुछ ऐसा जादू चाहती थी कि जिस दिन पुई बड़ी हो जाए दादी परलोक के लिए निकल लें पर ये उनके नियंत्रण में नहीं था। इसलिए जितना टल जाए ये बात उतना ही बेहतर थी। वैसे मिश्रा जी ने कह भी रखा था कि यदि 60 के बाद कुंडली देखो तो भगवान रुष्ट होकर काल को आदेश दे देते हैं कि उस बेचैन आत्मा को जल्दी बुला लिया जाए। दादी को मरने का डर नहीं था पर पुई और चन्दन का अकेले रह जाने का डर बहुत था।

चन्दन को तो स्टेशन से कई उम्मीदें लग गई थीं, एक तो लोहे का चुम्बक बनाना था और अब नीमा का भी एक इन्तज़ार-सा था। चन्दन ने जो सबसे पहले ध्यान से देखा था वह ये था कि नीमा हमेशा मुस्कुराती रहती थी। चन्दन ने नीमा को कभी भागते या हड़बड़ाते नहीं देखा, ट्रेन लेट भी हो जाए तो उतने ही शान्त क़दमों से निकल जाती। चन्दन ने कई बार सोचा कि रास्ता रोककर बताए कि वो पुई का पिता है और उससे बातें करे, चन्दन को ये भी बताना था कि अब पुई में बदलाव आ रहे हैं पर जाने क्या सोचकर उसके क़दम ठिठक जाते।

स्कूल के द्वारा निर्धारित नीली रंग की साड़ी सफेद ब्लाउज और लगभग एक-सी दिखने वाली नीमा रोज़ समय पर आ जाती। चूँकि बच्चों की अध्यापिका थी तो हो सकता है कि उसका स्वभाव ही ऐसा था कि वह हमेश एक निश्चित-सी मुस्कान के साथ किसी के भी अभिवादन के लिए तैयार रहती।

चन्दन को अब अनुशासन से काम करता, सुबह उठता, स्टेशन जाता, ट्रेन का इन्तज़ार करता, चुम्बक बनाता और नीमा को ट्रेन से उतरते हुए देखता। किसी दिन ट्रेन देर से आए तो चन्दन को बहुत खीज होती। अब चन्दन के दिल में डर समाने लगा था कि अगर नीमा नहीं आई तो पुई फिर उदास रहने लगेगी। अब नीमा को पढ़ाने तो आना ही था पर इस तरह की आशंकाएँ चन्दन को जबरन सताती। चन्दन अब ज़्यादा ध्यान से नीमा को देखता तो पता चलता कि नीमा काजल बहुत गहरा लगाती है, इसका कारण हो सकता है उसकी आँखों का छोटा होना हो पर काजल गोरे से चेहरे पर बहुत अलग दिखता। चन्दन पहले तो अपने ऑफ़िस से ही उसे देखता पर अब अक्सर किसी-न-किसी बहाने से बाहर आ जाता और एक मुस्कुराहट

से औपचारिकता की परम्परा शुरू हो गई। अब तो चन्दन को यह भी पता चलने लगा था कि सोमवार को नीमा से किस इत्र की ख़ुशबू आ रही होगी और बुधवार को किस इत्र की। शनिवार और रविवार को जब कोई ख़ुशबू नहीं आती थी तो चन्दन को पुई की माँ, ख़ुशबू, बहुत याद आती थी, उसे लगता था कि अगर कुछ साल का साथ और होता तो रेलवे की नौकरी का फ़ायदा लेता और उसके साथ न जाने कितनी यात्राएँ करता।

चन्दन को बहुत शौक़ था घूमने का और उसने कभी नहीं सोचा था कि वह एक नौकरी और एक स्टेशन में यूँ बँधकर रह जाएगा। बचपन में तो दादी चिल्लाती भी थी कि चन्दन के पैर में शनीचर है, पर उनको नहीं पता था कि शनीचर पैर में नहीं कुंडली में था।

इस शुक्रवार पुई स्कूल से जल्दी आ गई और साथ में नीमा भी आई। दादी पहली बार नीमा से मिली थीं और पुई नीमा की गोद में थीं। नीमा ने बताया कि पुई का पैर लकड़ी की बेंच से घिस गया था और थोड़ा-सा ख़ून निकल आया। दादी ने तुरन्त चन्दन को फोन कर दिया और चन्दन स्टेशन से भागता हुआ आया। नीमा को चन्दन का चेहरा देखकर हँसी आ गई और उसने बताया कि पुई के पैर में सिर्फ़ खरोंच आई है, ख़ून बहा नहीं सिर्फ़ थोड़ा लाल-सा दिख गया है इसलिए वो उसे ख़ुद घर ले आई। जब तक चन्दन ने पैर साफ़ करके दवाई लगाई, दादी ने चाय चढ़ा दी। नीमा मना करती रही—"अरे अम्मा पुई रो रही थी इसलिए इसको लेकर आ गई अभी स्कूल वापस जाना है सब इन्तज़ार कर रहे होंगे।"

दादी—"तुम बैठो बेटा, अब पहली बार कोई टीचर घर आई हैं हमारे, नाश्ता तो करके ही जाना होगा।"

दादी ने कढ़ाई भी चढ़ा दी और ट्रे में पकौड़ी और चाय आ गई। नीमा ने सबके साथ नाश्ता किया और चाय पीने के बाद ख़ुद अन्दर तक ट्रे रखने गई। दादी को बड़ा अच्छा लगा कि पुई की टीचर ने इस अपनेपन से उनके साथ चाय पी थी। चन्दन जब नीमा को दरवाज़े के बाहर तक छोड़ कर आया तब दादी ने झिड़की लगाई, हम सोचे तुम बेचारी को छोड़ आओगे, पैदल ही जाने दिया?

चन्दन को लगा कि पाप हो गया पर अब पीछे जाकर बोलना भी अच्छा नहीं लगता। उस पर से शायद वो अब तक आधे रास्ते पहुँच गई होगी और

नहीं भी पहुँची तो बीच रास्ते में बाइक पर बैठाते तो हो सकता है आस-पास के लोग दस बातें बनाएँ और फिर नीमा बुरा मान जाए। उधर दादी पुई को गले लगाए, जाने क्या सपने सँजोए मुस्कुराए जा रही थीं। उन्होंने तुरन्त जाकर श्रीकृष्ण भगवान के आगे दिया जलाया और मन-ही-मन कुछ माँगकर चुप हो गईं। वे नहीं चाहती थी कि उनकी इस इच्छा पर किसी की नज़र लगे इसलिए दादी सिर्फ़ बुदबुदाई थीं और आख़िर में 'माँ' शब्द ही शायद श्रीकृष्ण भगवान सुन पाए थे। फिर उन्होंने मोबाइल की स्क्रीन पर बने बाँसुरी वाले को माथे से लगाया और व्हाट्सएप खोल कर बैठ गई।

इस शनिवार और रविवार को पुई चन्दन के साथ स्टेशन पर ही रही और दिन भर कॉपी में टेढ़ी-मेढ़ी लाइन खींचकर कभी ट्रेन जैसा कुछ तो कभी चन्दन के चेहरे जैसा कुछ बनाती रही। ख़ुशबू के जाने के बाद से चन्दन ने कभी छुट्टी के बारे में सोचा भी नहीं। बीच में रात की ड्यूटी सँभालने के लिए एक और स्टेशन मास्टर की नौकरी लगी थी, पर उसने अपना तबादला करवा लिया और उसके बाद से चन्दन एक गार्ड के साथ सब सँभाल लेता। पुई चन्दन के साथ पूरा दिन स्टेशन के एक छोर से दूसरे छोर घूमती, चन्दन को पुई से बातें करते हुए न जाने कितनी बातें बनानी पड़ती और पुई किस बात पर खिलखिला देगी ये उसे नहीं पता था पर काफ़ी देर बात करने के बाद चन्दन को एहसास हुआ कि वह सिर्फ़ नीमा की बातें ही बता रहा था—

"जानती हो पुई, एक दिन नीमा टीचर ट्रेन से उतरीं पर ट्रेन में उनका बैग छूट गया, मैंने ट्रेन को डाँटा, तुम क्यूँ चल दी जल्दी में। ट्रेन रोने लगी और फिर भाग के वापस आई और बैग दिया फिर छुक-छुक करते भाग गई। पुई बहुत हँसी ये सोचकर कि ट्रेन रो रही थी।"

पुई ने रविवार रात एक रोती हुई ट्रेन बनाई और पूरी रात चुनमुन उसके चित्र में न जाने कौन-कौन से रंग भरती रही। पुई को देखकर अच्छा लग रहा था कि चुनमुन इतनी मेहनत कर रही है पर जब सुबह उठी तो सारे रंग ग़ायब। पुई ने स्कूल जाने से पहले रोती हुई ट्रेन के आँसू काले बनाए क्योंकि ट्रेन जब साँस लेती है तो काला धुआँ निकलता है इसलिए आँसू भी काले होने चाहिए। आज चन्दन को स्टेशन पर नीमा नहीं दिखी और इस चक्कर में नहाते समय भी उसका मन स्टेशन पर लगा रहा। पुई पूरे दिन स्कूल में वो चित्र लेकर नीमा का इन्तज़ार करती रही पर नीमा नहीं आई।

सोमवार को लकड़ी की ख़ुशबू वाला इत्र लगाकर आती थी नीमा और यह बात याद करके चन्दन को कुछ अजीब-सा लग रहा था। मंगल को मोगरा का दिन था पर वो दिन भी ख़ाली गया और फिर बुधवार को जब बेला की ख़ुशबू स्टेशन पर नहीं आई और पुई भी स्कूल नहीं गई तो चन्दन ने स्कूल जाने का निर्णय लिया। स्कूल में जाकर पता चला कि मिस चौधरी टीचर ने घर पर किसी फ़ंक्शन के चलते छुट्टी ली है। पहले तो चन्दन का दिल धक से बैठ गया कि कहीं नीमा की शादी तो नहीं हो रही फिर लगा अगर शादी कर रही होती तो शायद और लम्बी छुट्टी लेती। चन्दन को इस बात से खीज हो रही थी कि जिसको रोज़ सुबह उसने इतने प्यार से नमस्ते कहा और जिसके लिए उसकी पुई इतना ख़ुश रहती थी वो नीमा चौधरी क्या एक बार बताकर नहीं जा सकती थी? आज चन्दन को पता था कि उसका मन काम में नहीं लगेगा और उसने निर्णय लिया कि जैसे ही नीमा वापस स्कूल आती है वो इस बार खुल के बात करेगा। पर नीमा नहीं आई उस पूरे हफ़्ते और घर पर भी सब शान्त और उदास रहा।

चन्दन फिर से स्कूल गया तो उसे पता चला की इंग्लिश की टीचर मिस चौधरी ने अपना ट्रांसफर करवा लिया है और अब वो अपने घर के पास ही किसी स्कूल में पढ़ा रही हैं, चन्दन के कई बार विनती करने के बावज़ूद नीमा का नम्बर तो नहीं पर उसके नये स्कूल का पता मिल गया। चन्दन ने निर्णय लिया कि वो नीमा से मिलने उसके नये स्कूल जाएगा और उससे बात करेगा, समझाएगा कि पुई को कितनी ज़रूरत है उसकी और उसके बिना कैसे पुई का मन नहीं लगता।

नहीं! ये नहीं बोल सकता, वो बोलेगा कि कैसे पुई ने स्कूल जाना छोड़ दिया है और एक टीचर होने के नाते उसका फ़र्ज़ है कि बच्चे स्कूल आएँ और इसके लिए वह हर सम्भव कोशिश करे।

वो याद दिलाएगा कि कैसे बृहस्पतिवार को चमेली की ख़ुशबू जो उसको ख़ास पसन्द नहीं है फिर भी उसने कभी बोला नहीं क्योंकि शुक्रवार की गुग्गुल उसको बहुत पसन्द है। पर वो बुरा भी मान सकती है इसलिए इत्र की बात नहीं करूँगा, बस ये बोलूँगा कि पुई ने अपनी माँ को नहीं देखा और पहली बार उसके चेहरे पर यह ख़ुशी दिखी है पर नीमा पलटकर बोल सकती है कि—

"तो मैं क्या करूँ मैं टीचर हूँ उसकी माँ नहीं बन सकती।"

"क्यूँ नहीं बन सकती? मैं आपको ख़ुश रखने की पूरी कोशिश करूँगा।"

"क्या लगा रखा है आपने? आप क्या शादी का प्रस्ताव लेकर आए हैं?"

नहीं ये नहीं बोल सकता पर यह तो कह ही सकता हूँ कि,अम्माँ अब बूढ़ी हो चली हैं और उनके बाद पुई को देखने वाला कोई नहीं है।

पर नीमा क्या करे?

मैं जबरन ही इतना ग़लत सोच रहा हूँ और हो सकता है कि वो भी पुई को बहुत प्यार करती हो और वो इन्तज़ार में रही हो कि मैं एक दिन आगे बढ़कर उससे बोलूँगा कि आप यहीं रह जाइए, इसी स्कूल में पर ये बात सिर्फ़ मुस्कुराने से तो समझ नहीं आएगी।

चन्दन नीमा के नये स्कूल पहुँचकर बहुत देर तक बाहर टहलता रहा, उसे बहुत अटपटा लग रहा था ऐसे जाकर नीमा से बात करने में, चन्दन ने कई बार सोचा कि वापस लौट चले पर फिर लगा कि रोज़ स्टेशन छोड़कर आ नहीं पाएगा इसलिए आज बात कर ही लेनी चाहिए। काफ़ी देर इन्तज़ार के बाद जब नीमा लंच ब्रेक के दौरान क्लास से बाहर निकली तो चन्दन जाकर मिला। नीमा थोड़ी देर के लिए तो सोच में पड़ गई कि आख़िर चन्दन कैसे यहाँ आ गया। चन्दन ने बहुत ही सहजता से बताया कि उसे पता चला कि उसने ट्रांसफर ले लिया है।"

"घर से बहुत दूर पड़ता था और रोज़ ट्रेन से आना-जाना भी आसान नहीं था।"

"वो समझता हूँ पर बच्चे आपको बहुत याद करते हैं।"

"पुई कैसी है?"

"उसने तो फिर से मुँह बना लिया और अब स्कूल भी नहीं जाती "

"अरे! बहुत छोटी है और आप लोग कुछ ज़्यादा ही दुलार भी करते हैं। बच्चों को थोड़ा प्यार और थोड़ी डाँट चलती है।"

"नहीं वो उसकी माँ नहीं है तो बड़ा अजीब सा लगता है और इस चक्कर में उसे कभी डाँट पाने का ख़्याल ही नहीं आया।"

"पर उसकी ड्रॉइंग बहुत अच्छी है, आप उसे ख़ूब रंग लाकर दीजिएगा। "

नीमा बात को किसी मोड़ पर लाकर ख़त्म करना चाह रही थी।

"पर मैं ये कहना चाह रहा था कि पुई आपको बहुत याद करती है और स्कूल में आपके बिना...।"

"याद तो उसकी आती है, न जाने मेरी कितनी फ़ोटो बनाई थी। एक काम करती हूँ इस रविवार उससे मिलने आती हूँ। अभी जाना होगा वरना लंच का टाइम निकल जाएगा।"

चन्दन का रास्ते भर का रियाज़ धरा का धरा रह गया था। वापसी के रास्ते में उसका दिमाग़ बिलकुल ख़ाली था, न कुछ सोच पा रहा था और न ही कुछ योजना बना रहा था। चन्दन का घर जाने का मन भी नहीं था क्योंकि घर जाकर दादी ज़रूर पूछेंगी और पुई किसी-न-किसी कोने से खड़ी सुन रही होगी कि उसकी नीमा टीचर कब आएँगी। चन्दन बहुत असहाय महसूस कर रहा था और आज गुज़रती ट्रेनों ने भी उसको आकर्षित नहीं किया। उसे लग रहा था कि वो किसी मालगाड़ी के गार्ड के डिब्बे में बैठकर निकल जाए। मालगाड़ी जिसको समय से पहुँचने की जल्दी न हो, जो हर गाड़ी को आगे जाने का मौक़ा दे और कोई कभी न पूछे कि मालगाड़ी आख़िर जा क्यूँ रही है। उसको अपना जीवन मालगाड़ी की तरह लम्बा और उदासीन दिख रहा था। उसने जाने क्या-क्या सोच डाला था और नीमा ने तो ऐसे बात की जैसे उसे कोई फ़र्क़ ही नहीं पड़ता हो। चन्दन को अपने आप पर भी ग़ुस्सा आ रहा था कि उसे ऐसे मिलने नहीं जाना चाहिए था पर वो तो मिल आया था। वैसे नीमा ने तो अच्छे से ही बात की, फिर क्या था जो चन्दन को जीने नहीं दे रहा था। चन्दन को उम्मीद थी कि जैसे वो नीमा की ख़ुशबू याद रखता आया था, उसे लगा था कि शायद नीमा भी पुई और उस स्टेशन की कुछ यादें अपने पास समेटे होगी पर नीमा बिलकुल मुक्त थी।

पुई छत पर नीम की कोंपलें बिन रही थी और अपने फ्रॉक में समेटे हुए थी जब चन्दन घर लौटा। पुई चुपचाप अपनी दादी की गोदी में आकर बैठ गई। चन्दन नीमा के बारे में कोई बात नहीं करना चाहता था पर दादी को जानना था कि क्या बात हुई। चन्दन का चेहरा देखकर दादी ने कुछ नहीं पूछा पर खाना खाते-खाते चन्दन ने बस इतना बताया कि अगले रविवार नीमा आएगी। पुई को ये सुनाई पड़ा था और पुई मुस्कुरा दी।

उस दिन पुई ख़ुश थी, चुनमुन और चीटू-पीटू साथ आए, क्योंकि उसकी नीमा टीचर मिलने आने वाली थी। पुई ने नीमा के ढेर सारे चित्र बनाए, कहीं नीमा के बाल लम्बे थे तो कहीं नीमा गंजी थी। कहीं नीमा के हाथ में गिलास था तो कहीं रंग। चन्दन की ज़िन्दगी में कोई परिवर्तन नहीं आया था।

उसने चुम्बक से नहाना नहीं छोड़ा था क्योंकि जो अब तक जो भी हुआ था उतना ही सही पर चुम्बक काम आया था और पुई पहले से ज़्यादा ख़ुश रहती थी।

आज रविवार को चन्दन ने स्टेशन से पूरे दिन की छुट्टी ली। घर पर सफ़ाई की और दादी ने बोला कि आज लौकी के कोफ़्ते बना लेगी जिससे कि नीमा खाना यहीं खाकर जाए। चन्दन ने सोच लिया था कि अगर वो आज नहीं बोल पाया तो कभी नहीं बोल पाएगा। अपना घर है, खाना खा-पीकर मौक़ा मिलते ही वह आज एक बार पूछ ही लेगा कि क्या नीमा पुई को अपनाना चाहेगी। दादी सब समझ रही थीं और उन्होंने सीधे नहीं पर घुमा-फिराकर यही बताने की कोशिश की कि अगर नहीं लिखा होता तो वह क्यूँ आती यहाँ। उस पर से वो तब आई जब मिश्रा जी ने चुम्बक का बताया। फिर जिस गाड़ी से चुम्बक बना उसी गाड़ी से वो क्यूँ आई, बस से भी आ सकती थी। दादी के हिसाब से सभी शुभ संकेत थे और अब समय था कि अगर एक बार नीमा 'हाँ' बोल दे तो उसका जन्म-दिन और जन्म-समय लेकर मिश्रा जी से सहमति हो जाए। फिर मन में सोचते-सोचते अचानक दादी तेज़ी से बोलने लगी—

"इस बार कोई हमको पागल बोले या दकियानूसी, पर बिना मिश्रा जी के कहे एक क़दम आगे नहीं बढ़ूँगी।"

चन्दन आज तक रविवार को नीमा से नहीं मिला था इसलिए उसे पता नहीं था आज वो किस ख़ुशबू में आएगी। नीमा साढ़े बारह बजे तक आ गई और आज उसका इत्र मिट्टी का सोंधापन लिए हुआ था, ऐसी ख़ुशबू कि जितनी साँस खींचकर अन्दर भरिए उतनी ही तेज़ी से अगली साँस लेने का मन करे। आज नीमा अलग ही अन्दाज़ में थी। आज वो ट्रेन से नहीं आई थी क्योंकि इतनी सुबह निकलने का कोई फ़ायदा नहीं था। नीमा आज बस से आई थी और आज उसने सलवार सूट पहन रखा था। पुई के लिए कुछ खिलौने और रंग लाई थी। दादी ने आते ही बोला की अब एक बजने को आ गए हैं और खाना भी गरम है तो क्यूँ न सब खा-पी लें और फिर पुई भी सुबह से इन्तज़ार में बैठी है। नीमा जल्दी निकलना चाहती है, यह सुनते ही चन्दन का मुँह उतर गया। चन्दन ने कहा कि अगर वो चाहे तो थोड़ा रुक कर जा सकती है और वो उसे अपनी बाइक से छोड़ देगा पर नीमा बोली कि दो दिन बाद ईद है और बहुत काम पड़े हैं।

"ये देखो पुई, मैं तुम्हारे लिए सेवईं भी लाई हूँ।"

चन्दन को समझ नहीं आया कि नीमा ने क्या बोला था। दादी भी सुनकर अनसुना कर चुकी थी पर ऐसी बात उनको समझ नहीं आ रही थी। ऐसा लगा जैसे दादी और चन्दन कहीं खो से गए थे कुछ सोचते हुए और इस बात का फ़ायदा उठाकर पुई अपनी नीमा टीचर को लेकर नीम के पेड़ से मिलाने ले गई। इधर नीचे दादी और चन्दन एक कमरे में बैठे थे पर उन दोनों को समझ नहीं आ रहा था कि आख़िर ये सब क्या और कैसे हुआ है?

दादी—"मिश्रा ने बोला था, म्लेच्छ से दूर रखना, कटा साँप है पुई की कुंडली में, पर तुम किस तरह के जाहिल हो कि उसको घर लेते आए और आज तक पता भी नहीं चला?"

चन्दन—"पर नीमा हिन्दू नाम है कि मुसलमान?"

दादी—"हमको क्या पता? तुम स्टेशन छोड़ आओ, हम खाना-वाना नहीं खिला रहे।"

उधर पुई ने नीमा को चुनमुन, चीटू-पीटू और नीम से मिलवाया। नीमा ने पुई को गोद में लिया और पूछा—"पुई मेरी एक बात मानोगी?"

पुई ने गर्दन हिलाई, नीमा ने कहा ऐसे नहीं मुझे सुनना है। पुई कुछ देर तक चुनमुन को देखती रही और फिर बोली—"यस टीचर।"

नीमा—"जब मैं अगली बार मिलने आऊँगी तो तुमसे एक गाना सुनूँगी।"

पुई—"कौन सा?"

नीमा—"तुम बताओ कौन सा गाना सुनाओगी?"

पुई—"जो दादी सुनाती हैं वो?"

नीमा—"कौन सा?"

पुई—"नहीं आता।"

नीमा—"फिर मुझे कैसे पता तुम क्या सुनाओगी।"

पुई—"सात समन्दर पार से गुड़ियों के बाज़ार से...।"

नीमा ने पुई को अपनी गोद में बैठाया और कहा, ऐसे नहीं अच्छे से गाकर।

सात समन्दर पार के
गुड़ियों के बाज़ार से
अच्छी सी गुड़िया लाना
गुड़िया चाहे न लाना
पप्पा जल्दी आ जाना

पुई—"हाँ यही वाला।"

नीमा—"प्रॉमिस?"

पुई ने गर्दन हिला दी।

जब नीमा नीचे उतरी तो घर में माहौल बदला दिखा, नीमा थोड़ी देर तो खड़ी रही और जब उसे अटपटा-सा लगने लगा तो उसने निर्णय लिया कि उसे अब निकलना चाहिए। न चाहते हुए भी चन्दन के मुँह से निकल गया कि मैं बस अड्डे तक छोड़ देता हूँ। नीमा ने कहा कि वो अभी भी 3 बजे की ट्रेन पकड़ कर निकल जाएगी और उसने चलते-चलते दादी के लिए एक छोटी सी शीशी चन्दन को दे दी।

नीमा—मेरे अंकल का अत्तर का बिज़नेस है, पुई की दादी के लिए लाई थी।

चन्दन वो छोटी शीशी पकड़े खड़ा था और पुई अपनी कॉपी चन्दन को दिखाने की कोशिश कर रही थी पर चन्दन का दिमाग़ ध्वस्त हो चुका था फिर भी उसने देखा कि नीमा ने पुई की कॉपी में बहुत ही सुन्दर सी हैंडराइटिंग में अंग्रेज़ी में लिखा था—

My dear Pui,

You are the most beautiful girl. Love to your butterflies and birds. Please sing a song for me when we meet again.

Love

Your teacher

Mahak Chaudhry

नीमा निकल चुकी थी और अब चन्दन में हिम्मत नहीं बची थी और कुछ बोलने की। पुई ख़ुश थी और शब्दों के अगल-बगल रंग भरकर अपने पापा को दिखा रही थी और चन्दन न चाहते हुए भी मुस्कुराते हुए अपनी गर्दन हिला रहा था।

चूहे

मैं माँ को हमेशा मम्मी बोलता था पर बाप को कभी पापा नहीं बोल पाया। मैं स्कूल से घर के रास्ते सोचता जाता था कि इतना भी मुश्किल नहीं है 'पापा' बोलना और मैं अलग-अलग जगहों और अनजान लोगों के साथ ये कोशिश करता रहता था। उस दिन निर्णय लिया कि 'मेयो हाल' के सामने शिकंजी का ठेला लगाने वाले के साथ यह प्रयोग किया जाए। मैं चाहता तो स्कूल से सीधा घर जा सकता था पर मैं स्कूल से घर की दूरी को अधिकतम कर देना चाहता था। शुरुआत में बहुत धीमे-धीमे पैडल मारता था जिससे कि साइकिल धीमी चले पर कितनी भी कोशिश करूँ उस रास्ते को मेरी आदत पड़ गई थी, वो मुझे घर जल्दी पहुँचा देता। अब रास्ते से लड़ाई कर नहीं सकता था क्योंकि मेरी साइकिल और रास्ते की बड़ी गहरी दोस्ती थी। साइकिल के टायर बड़ी विचित्र भाषा में सड़क से बातें करते, मैं साइकिल में कितना भी ग्रीस लगाऊँ या तेल डालूँ पर साइकिल बेहया की तरह सड़क से बातें करती और सच बोलूँ तो सड़क और साइकिल के बीच का नाजायज़ सम्बन्ध उस दिन मुझे बहुत खलता जब साइकिल अपने टायर से सड़क का भरपूर बेशर्म चुम्बन लेती और आगे बढ़ने से मना कर देती। उनकी इस रासलीला को मैं पैदल चलते हुए देखता, टायर सड़क के साथ ऐसे चिपका दिखता जैसे जन्म-जन्म के बिछड़े प्रेमी मिले हों।

रास्ते बदलने से एक फ़ायदा हुआ था कि अब साइकिल को नये रास्ते से उस तरह का प्यार नहीं था और बहुत कम बार ऐसा हुआ कि टायर सड़क से चिपका हो। इस बात की समझ आते ही मैं अब रोज़ नये रास्ते तलाशता। इसके दो फ़ायदे थे; एक तो मैं घर देर से पहुँचूँगा और दूसरा सड़क-साइकिल का यह प्यार परवान नहीं चढ़ पाएगा।

चूहे

मेयो-हाल के सामने खड़े शिंकजी वाले से आम-पना बनाने को बोलकर मैं खड़ा हो गया मौक़े की तलाश में। उसने आम-पना बनाया और मुझे गिलास दे दिया। मैंने पूरी गिलास जल्दी से गटक ली और फिर बोला—कितना हुआ पापा?

उसने पापा पर ध्यान नहीं दिया और पाँच रुपये माँग लिए। मुझे लगा मैं पापा बोल सकता हूँ। समस्या पापा बोलने की नहीं थी, समस्या थी बाप को पापा बोलने की। मैं घर तक का रास्ता और लम्बा नहीं कर पाया क्योंकि घर पहुँचना मेरा उद्देश्य नहीं था पर नियति ज़रूर थी। वैसे नियति में मेरा अवांछित पैदा होना भी लिखा था उस घर में। कइयों बार सुना था कि मम्मी सिर्फ़ उन्नीस साल की थी जब मैं पेट में आ गया, न जाने कितने डॉक्टर के पास दौड़े थे मेरे मम्मी-बाप पर डॉक्टर ने ऐसा कुछ बोला था—

'पहला है कर लो, वैसे भी अब देर कर दी है, बच्चा तो गिर जाएगा पर जच्चा की जान को ख़तरा हो सकता है।'

पहले समझता था कि मम्मी के ऊपर बाप का दबाव रहा होगा पर एक दिन मम्मी ने भी सिर में तेल लगते हुए बड़े प्यार से बताया कि कैसे उनके पापा का अकस्मात देहान्त हो गया और कैसे भाइयों ने तुरत-फुरत जो लड़का दिखा उससे साढ़े अट्ठारह साल की उम्र में ब्याह दिया और कैसे अकारण मैं पेट में आ गया शादी के तुरन्त बाद।

जितना पश्चात्ताप अपने पैदा होने पर हुआ था, उतना शायद उस दिन के बाद से कभी किसी चीज़ का नहीं हुआ। उस दिन के बाद से हर छोटी चीज़ पर पश्चाताप होने लगा। जैसे [अ +ब]2 में हर बार '2अ ब' भूल जाने का या फिर पूजा के समय गायत्री मंत्र भूल जाने का। मैं पश्चात्ताप पहले करता और बाद में ग़लती और इसी चक्कर में अब ग़लतियाँ कम होने लगीं पर पश्चात्ताप बरकरार रहा। इतना सजग रहता कि बाप का दिया कोई काम नहीं भूलता पर मेरे बाप के पास ज़ख़ीरा था उन स्थितियों का, जिसमें वो ग़लतियाँ खोज लेता।

मुझे लगने लगा था कि मेरा बाप परशुराम या दुर्वासा का पुनर्जन्म होगा, और ऐसा सम्भव भी था क्योंकि बाप के अलावा मैं इन दोनों को ही जानता था जो बिना बात शाप देते थे और मेरा बाप बिना बात गाली। परशुराम जी, कर्ण की जाँघ पर सो रहे थे। कर्ण ने उनकी नींद नहीं टूटने दी जबकि कीड़ा काट गया। कर्ण को फिर भी परशुराम ने शाप दिया। अक्सर सोचता हूँ कि दृश्य ऐसा रहा होगा—

मेरे बाप के दाढ़ी मूँछ है और पंकज धीर (महाभारत धारावाहिक में कर्ण का किरदार निभाने वाला अभिनेता) उन्हें अपनी गोद में सुलाए हुए है। मेरा बाप नींद से उठता है और चिल्लाता है—"मादर...। कर्ण! तू झूठा है, तू ब्राह्मण नहीं हो सकता, तू क्षत्रिय है, जा साले जब लड़ाई हो रही होगी तो तेरी पढ़ाई कोई काम नहीं आएगी, चाहे जितनी रिवाल्वर रख ले तू।"

पंकज धीर, मेरे बाप के पैरों में लोट गया पर मेरा बाप, रम का पेग पीते हुए बोल रहा है—तुम सोचे कि हमको चूतिया बना दोगे? 20 साल से नौकरी में हूँ, तुम साले ड्राइवर की औलाद, औक़ात दिखा दी न!

मुझे समझ आ गया था कि मेरे बाप की तरह दुर्वासा और परशुराम भी अपने लौंडों की बजाए रखते होंगे और शाप तो लगता है कि माँ-बहन की गाली को सभ्य शब्दावली में कहने का तरीक़ा होगा। शकुन्तला ने पहचाना नहीं तो शाप, कर्ण ने आराम से सोने दिया तो शाप। मेरे बाप की तरह इनकी औक़ात नहीं थी कि अपने से ताकतवर को शाप दे दें। शाप देना ही था तो रावण को देते, दुर्योधन को देते पर हमेशा मेरे बाप की तरह मेरे मामा जैसे कमज़ोर को ही शाप दिया।

मेरा मामा बड़ा सज्जन आदमी था और मेरे बाप से बहुत डरता (चिढ़ता) था, मैं हमेशा राह देखता कि कब मेरा मामा घर आएगा। मेरे मामा का नाम सुनकर आपको भी विश्वास हो जाएगा कि हमारा घर कोई महाकाव्य ही था। मेरे मामा का नाम शिशुपाल सक्सेना था और मैं उनको शिशु मामा बुलाता था। पुराणों में शिशुपाल का वध किसी ने भी किया हो पर यह तय था कि इस जन्म में अगर मौक़ा मिला तो उनका वध, अजय सक्सेना यानी मेरे बाप के हाथों ही लिखा था। शिशु मामा जब भी घर आते, न जाने कितने खिलौने बटोर लाते पर इस बार झोला भर पटाखे और बन्दूक़ लेते आए। मामा हमेशा दोपहर में आते जब बाप ऑफ़िस में होता या घर पर नहीं होता। मम्मी ने भी कभी ज़ोर नहीं दिया कि मामा सुबह या शाम आएँ क्योंकि मम्मी को गाली देने की स्वतंत्रता नहीं मिलती। मम्मी जब बोलना शुरू करतीं तो सच और झूठ का भेद मिट जाता। वो बाप की बुराई में वो सब भी बता जातीं जो कि अड़ोस-पड़ोस में रहने वाले आदमियों की बुरी आदतें थीं।

मामा बैग से निकालकर मम्मी के लिए साड़ी सामने रख देते और बहुत ही कातर भाव से बोलते, "जिज्जी सच कहें बिलकुल अन्दाज़ा नहीं था कि ऐसा आदमी निकलेगा, ज़रा सा भी लगता तो शादी नहीं होने देते।"

मम्मी—"अगर ख़ून भी करो तो चौदह साल में उम्र कैद कट जाती है पर ये सजा कभी नहीं ख़त्म होगी।"

मामा का ग़ुस्सा बढ़ गया है।

मामा—"सच कहें जिज्जी अगर सिंटू का ख़याल न होता तो साले की बुलेट पर ट्रक चढ़वा दिये होते।"

मामा की लगभग चालीस ट्रकें चलती थीं। नाना ने शुरू किया था धन्धा। उनके मरने के बाद दोनों भाइयों ने 40-40 ट्रक आपस में बाँट लिए थे।

मामा चाहते तो मेरे बाप को बुलेट के साथ कभी भी कुचलवा देते। मैं भी यह सोचकर ख़ुश हुआ कि मेरा मामा ऐसा कर सकता था पर यह भी पता था कि शिशु मामा ऐसा नहीं करेंगे क्योंकि मेरा बाप पुलिस में था।

इस बातचीत के दौरान माँ, चाय के साथ ब्रेड-ऑमलेट बना लाई। मामा नमक और चीनी दोनों तेज़ खाते थे इसलिए ऑमलेट में नमक और चाय में चीनी कम लगी। मामा, मम्मी को तकलीफ़ नहीं देना चाहते थे इसलिए ख़ुद ही रसोई में चीनी और नमक लेने चले गए पर बड़बड़ाते हुए लौटे।

मामा—"जिज्जी तुम्हारे आशीर्वाद से 40 से 60 ट्रक कर लिए हैं। ये सरकारी क्वार्टर छोड़कर बड़ा घर ले लो, इन चूहों को देखा कैसे दौड़ रहे हैं रसोई में?"

मम्मी—"चीनी और नमक देखकर डालना उल्टा-पुल्टा न कर देना।"

मामा—"बिलकुल ही पागल समझी हो क्या?"

मम्मी—"तुम घर दिलाओगे और ये हमको जीने देंगे? पागल जैसी बात ही कर रहे हो।"

मामा चुपचाप चाय पीते रहे और ऑमलेट हमको दे दिया।

मम्मी—"अब ऑमलेट भी नहीं खाओगे? चूहे मारने की दवाई कई बार रखी पर ये चूहे मरते ही नहीं।"

इसके बाद मम्मी बुदबुदाईं पर मैंने सुन लिया। वैसे सुन तो मामा ने भी लिया था पर अगर मामा कुछ बोलते तो उनके द्वारा की गई शादी पर फिर से सवाल उठ जाते।

मम्मी (बुदबुदाते हुए)—न चूहे मरते हैं, न ये आदमी, जाने कितने गुंडे शहर में हैं पर इसको कोई गोली भी नहीं मारता...।

अब आवाज़ तेज़।

मम्मी—"सच कह रही हूँ शिशु, इससे अच्छा तो विधवा होती। आराम से ज़िन्दगी कट जाती।"

शिशु मामा चाय पीते रहे क्योंकि चाहकर भी कुछ नहीं कर सकते थे और जो कर सकते थे वो झोले में लेकर आए थे।

मामा—"लो सिंटू और क्या कर सकते हैं बेटा!"

मम्मी—"शिशु जानते हो न दिवाली खोटी है इस घर की...।"

मामा—"कितने साल खोटी रहेगी? दर चूतिया आदमी है ये, अब क्या सिंटू पूरी ज़िन्दगी दिवाली नहीं मनाएगा?'

जब से मैं पैदा हुआ इस घर में दिवाली नहीं मनी थी। मेरे दादा की मौत दिवाली के दिन हुई थी। फिर एक साल बाद दिवाली फिर से मनाई गई तो दादी मर गईं। मेरे बाप का मानना था कि अगर दिवाली मनाई गई तो उसकी भी मौत हो जाएगी। दिवाली क्या हर त्यौहार पर मेरा बाप उखड़ा-उखड़ा रहता, किसी से नहीं मिलता। उसको लगता कि इस साल नहीं तो अगले साल कभी तो किसी त्यौहार पर मर जाएगा। हर त्यौहार पर मातम जैसा माहौल होता। मम्मी को पता था कि किसी-न-किसी बात पर मेरा बाप चिल्लाएगा और गाली-गलौज शुरू होगी। मैं ख़ुद 12 साल से देख रहा हूँ कि हर त्यौहार पर मेरा बाप सुबह से पगलाया घूमता मिलता।

पिछले करवाचौथ मम्मी दही-वड़ा बना रही थी। जल्दबाजी में मम्मी ने खाना परोस दिया। मेरे बाप को इस बात पर ग़ुस्सा आ गया कि खाने की थाली में दाल इधर-उधर टपकी हुई थी और उसको इस तरह से गन्दी थाली में खाना क्यों दिया गया। उस पर से मेरे बाप को लहसुन से नफ़रत थी और मेरी माँ को लहसुन का छौंका बहुत पसन्द था।

बाप—"अगर ऐसे ही खाना देना होता है तो मत दिया करो, दाल गिरी हुई है थाली में, रोटी पर दाल लगी है...दाल और सब्ज़ी मिले हुए हैं।"

मम्मी ने अब किसी भी तरह से शान्ति से बात करने का प्रक्रम बन्द कर दिया था।

मम्मी—"पेट में जाकर सब मिलना ही है, खा लो।"

बाप—"एक दिन तुमको भी चिता में जलना ही है तो आज ही जला दूँ? बाप ने पूरी थाली भरा खाना नाली में फेंक दिया।"

बाप—"तुम्हारी चिता में भी लहसुन डाल दूँगा, इतना पसन्द है तो लहसुन की रोटी और लहसुन की खीर भी बना लिया करो।"

मम्मी को भी ग़ुस्सा आ गया और मम्मी ने दाल से भरा कुकर नाली में उड़ेल दिया। मुझे बहुत बुरा लगा क्योंकि मुझे दाल-चावल बहुत पसन्द था। बाप ने घुमाकर एक हाथ मम्मी को मारा।

बाप—"दाल क्या मायके से लेकर आई थी जो फेंक आई?"

मम्मी का ग़ुस्सा देखकर उस दिन बहुत मज़ा आया और मम्मी ने वड़ा तलने वाली गरम कलछी मेरे बाप के पेट में लगा दी। बाप बिलबिला पड़ा उसने अपनी रिवाल्वर मम्मी के कनपटी पर लगा दी, उस समय अगर मैं नहीं रोता तो शायद बाप गोली चला देता। बाप ने घूमकर एक झापड़ मारा।

बाप—"साला पुलिसवाले की औलाद होकर हिजड़े की तरह रोता है। जैसा छक्का मामा वैसे साले का भांजा।"

बाप वर्दी पहनकर घर से निकल गया और मम्मी वापस दही-वड़े बनाने लगी, मुझे लगा था कि मम्मी अब व्रत नहीं रहेंगी पर मम्मी ने पूरा व्रत रखा और शाम को पूजा भी की पर बाप नहीं लौटा देर रात तक। मम्मी ने उस दिन फरे, जर्दा, दही-वड़ा और धनिया की चटनी बनाई थी। मैंने और मम्मी ने ख़ूब खाया। मम्मी ने इन्तज़ार नहीं किया बाप के लौटने का और बाकी औरतों की तरह छलनी से उनको देखने का। मम्मी का प्रतिशोध बहुत मज़े देता। मम्मी अब बेकार की मुसीबतें नहीं बुलातीं इसलिए शिशु मामा का पटाखे भरा झोला लौटा दिया।

मामा तुरन्त उठ खड़े हुए। मम्मी रो पड़ीं।

मम्मी—"हमको इस नर्क में छोड़कर सब चले जाओ।"

मामा—"नहीं जिज्जी अभी नहीं जा रहे। वो पैर के पास एक चूहा आ गया था तो उठ गए।"

इन बातों के बीच मैंने कुछ पटाखे निकालकर जेब में भर लिए और कुछ बिस्तर के नीचे डाल दिये।

मम्मी—"तहरी बना रहे हैं, खाकर जाना।"

मामा—"अम्मा का बहुत मन था सिंटू से मिलने का पर अब चल-फिर नहीं सकतीं, एक बार आकर मिल जाओ।"

मम्मी—"अम्मा अभी भी तहरी में तली मूँगफली डालती हैं?"

मामा—"जब-जब तहरी बनती है तुमको याद करके रोती हैं।"

मम्मी—"मोतियाबिन्द का ऑपरेशन करवाया?"

मामा—"जिज्जी हमको खाना नहीं खाना, तुम बैठो।"

मम्मी—"सिंटू, भागकर देसी टमाटर ले आ, मामा के लिए सलाद काट दूँ।"

मामा—"नहीं जिज्जी, तहरी खाकर नींद आएगी और कहीं वो आ गया पुलिसवाला तो बहस हो जाएगी।"

मम्मी को ये बात अच्छी नहीं लगी पर उससे बुरा होता मामा और बाप का सामना होना, इसलिए मम्मी ने रोका नहीं।

मामा—"जिज्जी, सिंटू को स्टेशन तक ले जा रहे हैं, थोड़ा टहल आएगा।"

मेरा बस चलता तो मैं मामा के साथ ही हो लिया होता, उन्हीं के साथ रहता। मुझे मामा बहुत पसन्द थे। मामा का हँसना, मामा का सिर पर हाथ फेरना और सबसे मज़ेदार था मामा का बात करते हुए मूँछ के बाल खींचकर दाँतों से काटना।

मामा चले गए और मैं बहुत देर तक मामा की ट्रेन को एक अनजाने पुल के ऊपर से गुज़रता देख रहा था, मुझे हमेशा लगता है कि किसी से दूर जाने के लिए नदी को पार करना पड़ता है। मुझे भी लगता था कि मैं एक दिन अगर नदी पार कर लूँ तो अपने बाप से और अपने घर से दूर जा सकता हूँ। पर मुझे तैराकी नहीं आती थी और साथ ही ये भी सुना था कि नदी के किनारे एक सुरंग है, अगर भँवर में फँस गए तो दूसरे छोर पर मरे हुए निकलेंगे इसलिए मुझे लगता था कि सबसे अच्छा तरीक़ा है ट्रेन पर बैठकर शहर से निकल जाने का पर मामा साथ नहीं ले जाते और ले भी जाते तो मेरे बाप मुझे ढूँढ़ लाता क्योंकि वो पुलिस में था।

उस रात जब बाप लौटा तो उसे शक हो गया था कि मामा आया था। जाने कैसे मामा का आना मेरे बाप को पता चल जाता था। पता चलने के बाद जो कुछ होना था वो मुझे पता था पर जाने कैसे हर बार शुरुआत अलग तरीक़े से होती।

इस बार मेरा बाप नोट और सिक्के धुल रहा था और धुलने के बाद क्लिप से लटका कर सुखाने लगा। मम्मी ने अपने-आपको बहुत देर रोका और फिर उनसे रहा नहीं गया।

मम्मी—"प्रेस ले लो और सब को प्रेस कर दो और तहा कर रख दो।"

मेरा बाप सच में प्रेस ले आया और नोट प्रेस करने लगा। मम्मी की चिढ़ और बढ़ गई। वो चाहती तो चुप रह सकती थी पर अब मम्मी के मन से बाप की मार और गाली का डर निकल चुका था। मम्मी जब मौक़ा देखती तो भिड़ पड़ती। ऐसा जब भी करती खाना इत्यादि बना लेने के बाद क्योंकि उस के बाद या तो टीवी देख सकती थी या फिर बाप से लड़ाई। मम्मी का टीवी से मोहभंग हो चुका था और उन्हें बाप के साथ ज़्यादा मसाला मिलता।

मैं उस समय सबसे ज़्यादा ख़ुश होता क्योंकि पढ़ने के लिए कोई नहीं बोलेगा और न जाने मुझे क्यों बहुत मज़ा आता उनके बीच लड़ाई देखकर। मुझे पता था कि लड़ाई जितनी भयंकर होगी, मम्मी उस रात खाने में उतना ज़्यादा घी डालेंगी और मुझे बहुत प्यार करेंगी। मुझे पहले लगता था कि लड़ाई में ताकत ख़र्च होती है इसलिए ज़्यादा देसी घी डालकर मम्मी अपनी शक्ति बढ़ा रही हैं पर जब मम्मी अपने पैरों और मेरे सिर पर देसी घी लगाने लगीं और बाप को रोज़ सुनातीं कि घी ख़त्म हो गया है तब मुझे समझ आया कि वो घी ख़त्म करने के लिए ऐसा करती हैं।

उस रात भी माँ ने बहुत घी डाला और बहुत प्यार किया। मम्मी गले लगाकर यही पूछतीं जब तुम बड़े हो जाओगे तो क्या बनोगे। पहले तो यही बोलता था कि बड़े होकर चूहे मारूँगा फिर ट्रक ड्राइवर भी बोल देता। मेरा ट्रक ड्राइवर बनने का सपना मेरे दोस्त की देन थी।

मेरा दोस्त था पवन। पवन के पापा ट्रक चलाते थे और उसकी मम्मी मर चुकी थी। वह मुझे बहुत लकी मानता था कि मेरे पास मम्मी थी। उसकी दादी उसके साथ रहती थी पर जैसे ही उसके पापा ट्रक लेकर निकल जाते दादी अपनी ज़िन्दगी में लग जातीं। पवन को मिर्च से चिढ़ थी पर उसकी दादी खाने में इतना मिर्च डालतीं कि पवन खा ही नहीं पाता। जब भी पवन दादी से बोलता वो अपनी कर्कश आवाज़ में कहतीं—"मिर्ची खाने से आवाज़ तेज़ होती है और गला साफ़ रहता है।"

पवन मेरे लिए सब करने को तैयार रहता। मैं मम्मी से ज़िद करके दो रोटी ज़्यादा रखवा लेता और हम दोनों स्कूल में साथ खाना खा लेते। मैं टिफिन तभी तक ले जाता जब तक पवन के पापा वापस नहीं आ जाते। एक बार पापा आ गए तो दादी मिर्ची नहीं डालती, अब पवन शिकायत करे भी तो कैसे क्योंकि उसके पापा को तो लगता कि खाने में मिर्ची है ही नहीं।

मैं मम्मी से प्यार पाने के लिए मनाता की रोज़ ये दोनों लड़ लें। अगर बाप ने मार दिया तो फिर रात बहुत देर से होती और फिर सुबह स्कूल जाना भी स्थगित हो जाता। देखा जाए तो उन दोनों की लड़ाई में मेरा फ़ायदा सबसे ज़्यादा था।

पर एक बात मैंने तय कर ली थी कि मैं इनके लड़ने में कुछ नहीं बोलता तो इनको भी कोई हक़ नहीं है मेरी हर बात में मुझे टोकने का।

ये निश्चित था की मैं इस साल दिवाली मनाऊँगा और पटाखे भी छुड़ाऊँगा। मैं ऐसा सोचते हुए कई नारे भी गढ़ चुका था

"जय मामा। जय पटाखे।"

"पटाखा छुड़ाना मेरा जन्मसिद्ध अधिकार है और मैं उसे लेकर रहूँगा।"

मेरे सपनों में पटाखे अलग अलग तरीक़े से आते, कभी बोलते हुए, बात करते आते और फिर अपने आप फट जाते। मैं ख़ुद राकेट पकड़कर उसमें आग लगाकर आसमान में उड़ चुका हूँ।

अब तक नोट प्रेस हो चुके थे और मम्मी गरम-गरम रोटी सेंकते हुए बड़बड़ा रही थी। और बोलते-बोलते मम्मी के मुँह से निकल ही गया या फिर ये भी हो सकता है कि मम्मी ने जान-बूझकर बोला—शिशु बोल रहा था कि ग़लती हो गई इस घर में ब्याह दिया। जाने कैसा ख़ानदान है?

इतना सुनते ही मेरा बाप अपना आपा खो बैठा और उसने पुलिस बेल्ट उठा ली। मम्मी वहाँ से भागीं, तवा गैस पर चढ़ा रहा और तपता रहा। मम्मी भागकर छत पर पहुँच गईं और छत पर बने कमरे में ख़ुद को बन्द कर लिया। वो कमरा भी ग़ज़ब था, बेचारे ने ज़िन्दगी में कुछ भी अच्छा नहीं देखा था। सारे घर की बेकार की चीज़ें, हम लोगों का रोना गाना और दिन भर धूप की तपिश, फिर भी उस कमरे में बड़ा आराम मिलता बैठकर। मुझे वहाँ बैठकर जाने क्या-क्या ख़्याल आते। मुझे अक्सर लगता कि मैं अपना सामान लेकर यहाँ शिफ्ट कर जाऊँ।

बाप बहुत देर तक दरवाज़ा पीटता रहा पर मम्मी ने नहीं खोला। चाहता तो मैं गैस बन्द कर सकता था पर मैं गर्म तवे पर पानी के छींटे डालकर बुलबुले देखता रहा। मैं बहुत देर तक वही करता रहा और मेरा बाप बेल्ट लिए छत पर टहलता रहा कि कब मम्मी दरवाज़ा खोलेंगी पर मम्मी ने नहीं खोला। फिर मैंने गैस बन्द कर दी। अपने आप रोटी ली और सब्ज़ी लगाकर, रोल बनाकर खा लिया।

सुबह जब सोकर उठा तो मेरा बाप ऑफ़िस जाने को तैयार हो रहा था और मम्मी ने चाय बनाकर रख दी थी। मैं भी आराम से बिस्तर पर पड़ा था। मैंने कुछ नहीं पूछा और भागकर ऊपर गया, ये देखने कि मैंने जो मामा के झोले से चुराकर पटाखे छुपा दिये थे उसे किसी ने देखा तो नहीं!

अपने पटाखे सुरक्षित देखकर मुझे बहुत अच्छा लगा और अब मेरा एक ही उद्देश्य था कि मैं धीरे-धीरे जितने पटाखे हो सके रख लूँ। इस बात में कोई मेरा साथ दे सकता था तो वो था मेरा दोस्त पवन।

पवन और मैं अक्सर अंग्रेज़ों के क़ब्रिस्तान में चले जाते जहाँ 50 साल पुरानी क़ब्रें थीं। हम वहाँ क़ब्र पर लेटकर आसमान ताकते और प्लान बनाते कि बड़े होकर दोनों साथ मिलकर ट्रक चलाएँगे और फिर पूरी दुनिया घूमेंगे। पवन को लगता था कि उसकी मम्मी मरी नहीं है बल्कि कहीं तो है और उसे पूरा विश्वास था कि वो उन्हें एक दिन ढूँढ़ लेगा। मैं यही सोचता कि अगर उसे मम्मी मिल गई तो फिर शायद मेरी दोस्ती न रहे क्योंकि फिर उसकी मम्मी उसके लिए खाना बना देगी और मेरा कोई काम नहीं बचेगा। इसलिए अक्सर मैं ट्रक ड्राइवर के अलावा और क्या बन सकते हैं, इस बात पर भी बातें करता पर पवन को ट्रक ही चलाना था और अपनी मम्मी को ढूँढ़ना था। पर पवन को देखकर मैंने वादा कर दिया कि मैं उसके साथ मिलकर उसकी मम्मी को ढूँढ़ूँगा। पवन ने भी वादा किया था कि इस बार कुछ भी हो जाए दोनों दोस्त इसी क़ब्रिस्तान में दिवाली के दिन ढेर सारे पटाखे छुड़ाएँगे।

पवन अब जो भी पैसे बचाता मेरे लिए पटाखे ख़रीद लाता और हम दोनों छत पर जाकर पटाखों को उस कमरे में रजाई की सन्दूक के अन्दर छुपाते जाते। हमारे अलावा हमारे घर के चूहों को यह राज़ पता था, थोड़ी से खट की आवाज़ सुनते ही बाहर निकल आते। पवन को चूहे इतने पसन्द थे कि वो मुझे इसलिए भी लकी मानता था कि मेरे घर चूहे थे पर उसके घर नहीं। मुझे पवन से ज़्यादा लकी होना ख़राब लगता इसलिए मैंने उसको पूछा भी कि वो चाहे तो मैं दो तीन चूहे उसको दे दूँ। मैंने पवन को समझाया भी कि चूहे कितना भी मिर्ची वाला खाना हो खा सकते हैं। चूहों को मिर्च-मसाला नहीं पता चलता पर पवन ने चूहे नहीं माँगे, उसे कुछ और चाहिए था। पवन चाहता था कि मैं अपने बाप की रिवाल्वर एक दिन चुपके से उठा लूँ और दोनों दोस्त साथ चलकर पवन की दादी को मार डालेंगे, पवन ने बताया कि

कैसे ये बूढ़े लोग सिर्फ़ हुक्म चलाते हैं और अपने मन की करते हैं। उसे अपनी दादी से ही नहीं बल्कि हर बूढ़े आदमी और औरत से चिढ़ थी। मैंने पवन को बताया कि गन पर उँगलियों के निशान मिल जाएँगे और हम दोनों पकड़े जाएँगे पर पवन ने समझाया कि दादी को मारने के बाद गन को रिन से धो देंगे जिस से उँगलियों के निशान ग़ायब हो जाएँगे और साफ़ करके गन घर में वापस रख देंगे।

वैसे मैं नहीं तैयार होता पर पवन ने बताया कि उसके पापा के दोस्त जो शिवकाशी तक ट्रक लेकर जाते हैं वो वहाँ से ढेर सारे पटाखे लेकर आए हैं। इतने सस्ते हैं कि अगर धनतेरस के दिन से भी छुड़ाना शुरू किया तो भी ख़त्म नहीं होंगे। अगले कई दिन पटाखे, सपनों में इतने सुन्दर दिखने लगे कि उनको जलाने का मन ही न करे।

इतने पटाखों का सपना दिखा दिया था पवन ने कि मुझे लगा कि एक गोली में बाप को ज़्यादा ग़ुस्सा नहीं आएगा और इसलिए अब एक मौक़ा चाहिए था जब मेरा बाप गन घर में भूल जाए और उसी दिन मैं अपने दोस्त की मदद करूँगा।

पर जब भी कुछ अच्छा सोचो कोई-न-कोई मुसीबत आ ही जाती है और मेरे बाप को एक केस के चक्कर में दूसरे शहर जाना पड़ा। उसके जाते ही घर में एक अजीब-सा माहौल बन गया। मम्मी रोज़ नई-नई चीज़ें रसोई में बनातीं। उनकी जो दोस्त घर नहीं आ पाती थीं उनको घर बुलाकर चाय-नाश्ता होता। एक तरह से तो अच्छा था, हम सब ख़ुश थे पर उधर पवन बहुत उदास था कि गन घर से दूर चली गई। दिन-भर घर में पड़ोस की औरतों का जमघट लगा रहता और एक दिन सब औरतें घर के बाहर कुर्सियाँ डाले बैठी थीं कि एक चादरें बेचने वाला आ गया। दिवाली आने वाली थी और मम्मी को लगा कि सस्ती चद्दरें हैं। घर की चद्दरें बदलने का वक़्त हो गया है इसलिए बहुत मोल भाव के बाद मम्मी और उनकी एक और दोस्त ने चद्दरें ले लीं। मम्मी ने आठ ख़रीदीं और पड़ोस वाली ने चार। मम्मी बहुत ख़ुश थीं, इतनी सस्ती चद्दरें पाकर। मेरा बाप घर पर कभी भी एक्स्ट्रा पैसे छोड़कर नहीं जाता था, हर चीज़ का पैसा बँधा था और वो महीने के अन्त में दिया जाता था, मम्मी को सिर्फ़ डायरी पर साइन करना होता था, दूधवाले की डायरी, सब्ज़ी वाले की डायरी, धोबी की भी। पैसा मेरा बाप माह के अन्त में देता और ये उसकी

मर्ज़ी थी किसको कितना देना है। मेरे बाप के आगे कोई कुछ नहीं बोल सकता था और ख़राब सामान दिया तो गन सीधे कनपटी पर।

जब मेरा बाप लौटा तो मम्मी ने चद्दर का गट्ठर दिखाया और बताया कि सस्ते चद्दर मिल गए। मम्मी ने यह भी बताया कि कैसे उनके पास पैसे नहीं थे इसलिए पड़ोस की भाभी ने पैसे दे दिये और अब उन्हें पैसे पहुँचाने हैं। मेरा बाप चद्दर देखकर न मुस्कुराया न ग़ुस्साया, बस सारे चद्दर लिए और एक बाल्टी में पानी में भिगो दिये। मुझसे बोले कि मैं जाकर 500 रुपये के फुटकर ले आऊँ, परचून की दुकान से।

आज सोचता हूँ तो लगता है वह दिन ही न आया होता पर वह दिन तो आना ही था क्योंकि कैलेंडर में छोटी दिवाली लिखी थी।

मैंने सोचा था कि आज शायद बाप मुझसे ख़ुश होकर कुछ पैसे दे देगा और मैं चोरी से उसके पटाखे ले आऊँगा। उधर मम्मी ने सोचा कि शायद आज घर में उसकी तारीफ़ होगी पर वह सब कुछ न हुआ जो सोचा था।

मैं एक परचून की दुकान पर गया और वहाँ से पाँच सौ के फुटकर लिए और सिर्फ़ अन्दाज़ा लेने के लिए कि अगर मैं पूरे पैसों के पटाखे ख़रीद लूँ तो कितने पटाखे आएँगे, पास की पटाखों की दुकान पर रुक गया। बड़े वाले अनार कुल्हड़ में, सात आवाज़ वाला बम सबसे ऊपर और पहुँच से दूर, चकरी और सबसे शानदार दस हज़ार वाली चटाई, मन कर रहा था कि सारे पैसों से पटाखे ख़रीद लूँ।

मेरे घर पहुँचने से पहले बाप की नज़र बाल्टी में पड़े चद्दरों पर पड़ी। मेरे बाप ने चादर निकाले तो सारे रंग एक दूसरे पर चढ़ चुके थे और तीन चादरों में ऐसी पैबन्द थी कि पानी में डालते ही चादर फटे निकले। इससे पहले कि बाप चिल्लाना शुरू करता, मैं सामने खड़ा था। बाप ने पैसे माँगे पर मेरी जेब से सिर्फ़ 100 रुपये बाहर निकले। मैंने दूसरी जेब में फिर हाथ डाला और कुछ नहीं निकला, बाकी कहाँ गिर गए पता नहीं।

बाप को समझ नहीं आया कि पहले क्या करना है!

वो चाहता तो मुझे मारना शुरू कर सकता था या फिर मम्मी को। लेकिन इतने विकल्प होने के कारण मेरा बाप थोड़ी उलझन में था। अगर वो दिन न होता तो मैं और पवन एक छोटा-सा पत्थर लेते और उसकी एक साइड पर थूक देते और उछालकर पूछते गीला कि सूखा। पवन हमेशा सूखा ही बोलता था

पर मेरे बाप को आज तक ज़रूरत नहीं पड़ी, वो दो मिनट सोचकर जान जाता था कि क्या करना है।

शुरुआत मेरे बाप ने मेरे लूडो को फाड़ने से की, फिर लकड़ी के कैरम बोर्ड को ज़मीन पर रखकर उस पर कूद-कूदकर उसको तोड़ा। मुझे उम्मीद थी कि मम्मी आज बहुत प्यार करेंगी पर पता चला कि वो चद्दर के चलते अपनी जान बचाने के चक्कर में इतनी चिन्ताग्रस्त थी कि उसे लगा कि बस वो बच जाए आज और इसीलिए मेरे सिर पर हाथ रखकर बोली, चार सौ रुपये का नुकसान कर आए हो, जिसका नुकसान होता है उसको ग़ुस्सा आता है।

यह सुनते ही मैं मम्मी का सहारा छोड़कर दरवाज़े की चौखट की तरफ़ टिक गया। मम्मी को विश्वास हो चुका था कि बाप चादरों को भूल चुका है। तब तक मेरे बैडमिंटन के रैकेट के तार टूट चुके थे और मेरा बाप मेरी फुटबॉल को ब्लेड से चीर रहा था। मैं यही सोच रहा था कि नुक़सान तो हुआ पर इतना और क्यूँ! पर मम्मी की आँख में आज पहली बार पापा के लिए सहानुभूति देखी। मम्मी को लगा था कि आज मेरा बलिदान करके वो बच जाएँगी पर बाप और कानून के हाथ बहुत लम्बे होते हैं।

अब आई मम्मी की बारी, बाप ने मम्मी का सिर पकड़ा और खींचते हुए रसोई की सिंक में ले गए। मेरा बिलकुल मन नहीं किया मम्मी को बचाने का। ऐसा लग रहा था कि हम दोनों आपस में एक अलग ही बदले की लड़ाई लड़ रहे थे।

बाप ने मम्मी के सिर को नल के नीचे घुसेड़ कर नल चला दिया, माँग में लगे सिन्दूर को रगड़-रगड़ के छुड़ाते हुए बाप बोले जा रहा था—"यही बोलती रहती है कि तू विधवा होती तो अच्छा होता, ले आज से तू विधवा...।"

मुझे लगा था मम्मी पलटकर वार करेगी पर नहीं आज मम्मी का पूर्ण समर्पण देखा। ऐसा लगा कि आज से मम्मी अपना विरोध बन्द कर देगी।

मेरा सिर घूम रहा था और मैंने दरवाज़ा और कस के पकड़ लिया था पर सब कुछ तैर रहा था, मम्मी के सिर से पानी ज़मीन पर नहीं गिर रहा था, सब हवा में था।

ऐसा लग रहा था कि जैसे दुनिया उलटी हो गई है और सब कुछ बहुत धीमे-धीमे हो रहा है। जब सारे खिलौने टूट चुके तो मेरे बाप ने उठाई मेरी कॉमिक्स और एक-एक करके सबको फाड़ा, फिर जाने क्या सूझा कि

सबको इकट्ठा करके आग लगा दी। मैं भागकर छत पर आ गया कि शायद बच जाऊँगा पर मेरे बाप ने मुझे ढूँढ़ लिया।

उसके बाद जो हुआ उसमें से ज़्यादा नहीं याद है पर बहुत देर तक मार पड़ी यह याद है। मार अक्सर पड़ती थी पर जो याद रहा वो ये कि न जाने कैसे मेरे बाप के हाथ मेरे बचाए हुए सारे पटाखे पड़ गए। मेरे बाप का ग़ुस्सा फिर बढ़ गया क्योंकि उसने साफ़ बोल रखा था कि इस घर में दिवाली नहीं मनेगी। मेरे बाप ने सारे पटाखे छत पर रखे और उन सब पर ख़ूब देर तक पानी डाला और पैरों से उन पर उछला जब तक कि सारे पटाखे बिलकुल गल नहीं गए। मैं किनारे खड़ा अपने पटाखों को बहता हुआ देखता रहा।

रात हो चुकी थी और पटाखों की आवाज़ गूँज रही थी। मम्मी को न जाने उस दिन क्या हुआ था, मम्मी ने दीये जलाए और हर कोने में रखा। मैं सब कुछ देख रहा था पर जो सुनाई और दिखाई दे रहा था उसमें कुछ भी साफ़ नहीं था।

न चोट का दर्द था, न पटाखों का अफ़सोस। बस लग रहा था कि सब तैर रहा है पानी में। मैं कब सोया और कहाँ? ये भी याद नहीं रहा पर अगले दिन जब उठा तो मेरा बाप ज़मीन पर अपने बाप की बड़ी-सी फ़ोटो रखे पूजा की तैयारी में था। मम्मी नहा रही थी, पूजा में शामिल होने के लिए और मैं नींद से जागना नहीं चाहता था पर मेरे बाप की आवाज़ लगातार आ रही थी कि, "अगर पूजा के लिए भी नहीं उठा तो बेकार है ऐसा पोता।"

पूजा की थाली, पूड़ी सब्ज़ी, फूल माला सब रखे थे पर मेरे लिए सीधे खड़े होना भी मुश्किल था।

बाप—"अमिता गंगाजल कहाँ है?"

मम्मी—"क्या?"

बाप—"गंगाजल चाहिए।"

मम्मी बाथरूम से चिल्ला रही थी और मेरा बाप पूजा के लिए धोती-कुरता पहने ज़मीन पर बैठे-बैठे।

तब तक मेरे बाप को याद आया कि मैं भी आसपास हूँ।

बाप—"सिंटू, हाथ धोकर इस लोटे में गंगाजल भरकर ला। साला नहाया तक नहीं है, हाथ धोकर भरना।"

मैं तुरन्त बाप के पास गया और उसके हाथ से ताँबे का लोटा लिया और छत पर बने कमरे में आ गया।

मुझे छत पर पड़े अपने पटाखे दिख रहे थे, मुझे शिशु मामा की आवाज़ सुनाई दे रही थी, मुझे पवन का घर दिख रहा था और मुझे वो सब एक साथ दिख रहा था जिसका शायद कोई मतलब नहीं था।

मैंने जैसे ही गंगाजल का कैन उठाया और लोटे में उसे उड़ेला, दो चूहे जो मुझे पहचानते थे निकल कर मुझे देखने लगे। मेरा सिर फिर घूमने लगा और कुछ देर लगभग संज्ञाशून्य होकर मैं जाने क्या-क्या सोचता और करता रहा और मुझे पता भी नहीं चला कि कब मैंने छत से नीचे आकर मेरे बाप को गंगाजल से भरा लोटा थमा दिया। बाप ने ध्यान से झाँककर देखा कि कहीं गंगाजल गन्दा तो नहीं है पर उस गँदले पानी में उसे कुछ नहीं दिखा। तब तक मम्मी नहाकर आ गई थी। मम्मी ने हरे रंग की साड़ी पहनी और शीशे के सामने तैयार होना शुरू किया। माँग में अच्छे से सिन्दूर भरा और बाप के पास आकर बैठ गई।

मेरा बाप तेज़-तेज़ मंत्र पढ़े जा रहा था और हवन के लिए लकड़ियाँ भी सुलगा दी थी। मेरी आँखें जल रही थी फिर भी मैं वहाँ से नहीं हटा।

मम्मी और बाप पूजा कर रहे थे पर मम्मी को सिर्फ़ पीछे बैठना था, मेरे बाप ने दादा जी की फ़ोटो को भोग लगाया और फिर थोड़ा सा गंगाजल भी चढ़ाया। ऐसा लगने लगा कि मेरे दादा जी मुझे घूर रहे थे क्योंकि उनको तो पता ही था कि मैंने क्या किया और इसीलिए उन्होंने गंगाजल नहीं पिया। पूरा गंगाजल उनकी फ़ोटो पर से बह गया। मैंने नज़र हटा ली। फिर मेरे बाप ने अँजुली बनाकर, मम्मी से उसमें गंगाजल डालने को कहा। मम्मी ने थोड़ा सा डाला और मेरे बाप ने उसे पी लिया, इसी तरह तीन बार आचमन किया।

मैं चाहता तो अपने बाप को रोक सकता था पर रोकता तो मार पड़ती इसलिए चुपचाप देखता रहा। बाप ने खड़े होकर आरती जलाई और दादा की फ़ोटो की आरती उतारनी शुरू कि तभी अचानक वो मुँह के बल गिर पड़ा। उसके गिरते ही इतनी तेज़ आवाज़ हुई कि वही दोनों चूहे निकल आए देखने कि क्या हुआ। चूहों ने मुझे देखकर अपने दाँत निपोर दिये जैसे वो कह रहे हों, हमको सब पता है।

मेरे हाथों से चूहे मारने की दवा की शीशी गिर पड़ी। उधर मेरे बाप के मुँह से झाग निकलने लगा और फिर मैं दौड़ पड़ा, मैं दौड़ता रहा बहुत देर तक। कभी-कभी पता नहीं होता है रास्तों का, पर मैं पवन के घर पहुँच गया।

मैंने पवन से बोला कि जितने भी पटाखे उसके पास हैं मुझे दे दे। पवन ने बिना कुछ पूछे पटाखे थमा दिये और मैं वो पटाखे लेकर फिर भागा। पवन बहुत देर तक मुझे आवाज़ देता रहा पर कल से मुझे कुछ भी सुनाई और दिखाई देना बन्द हो गया था, मैं भागते-भागते नदी के ऊपर बने पुल के पास पहुँचा जहाँ एक मालगाड़ी खड़ी हुई थी और एक बोगी का खुला दरवाज़ा देखकर मैं उसमें जाकर बैठ गया।

गाड़ी चल पड़ी और मैं बैठा रहा।

गाड़ी पुल पार कर चुकी थी और मुझे पता है कि आज कैसे भी हो मैं दिवाली पर पटाखे छुड़ाऊँगा ज़रूर। मैंने अपने पटाखे अपने सीने से सटा लिए और बाहर आसमान में रंग-बिरंगे पटाखे देखता रहा।

मैं दूर जा रहा था पुल पार करके पटाखे छुड़ाने...।

कद्दू

"कल ही तो बना था फिर आज?"

"तुम को समस्या क्या है?"

"पर मैं रोज़ रोज़ नहीं खा सकती!"

"तो अपने लिए अलग सब्ज़ी बना लो।"

"अलग में क्या बनाएँ आप तो सिर्फ़ छोले, राजमा या पनीर खाएँगे और मम्मी जी को सिर्फ़ कद्दू पसन्द है।"

"बस यही बात तुमने शादी के पहले नहीं पूछी थी, ग़लती तुम्हारी है।

शेखर बहुत मज़े लेते हुए हँस रहे थे और मैं शर्माते हुए कोशिश कर रही थी कि शेखर मेरे मन के भाव न पढ़ पाएँ। यह मेरे चेहरे की समस्या थी कि अगर मेरे मन में घृणा या चिढ़ जैसा कोई भाव होता तो वह बहुत साफ़-साफ़ मेरे चेहरे पर हिन्दी में लिख जाता। मम्मी हमेशा कहती थीं कि अपने मन के भाव दूसरों पर ज़ाहिर मत किया करो पर मेरे साथ ऐसा ही था। मम्मी को लगता था कि मैं बचपन से हर चीज़ पर ज़रूरत से ज़्यादा प्रतिक्रिया देती हूँ। सबसे मज़ेदार था मम्मी का यह मानना कि मैंने पीरियड्स को जितना दर्द भरा और भयानक अनुभव बनाकर रखा है उतना दर्द नहीं होता है। मम्मी के हिसाब से उन्होंने पीरियड्स के दौरान भी घर के सारे काम किये थे और तब तो ऐसे महँगे पैड्स भी नहीं आते थे। जब मुझसे दर्द नहीं बर्दाश्त होता तो मम्मी चिल्लाती कि नाटक कम करो और जाकर कमरे में लेट जाओ। मैं लेट तो जाती पर अक्सर ख़ुद पर ही शक करने लगती कि इतना दर्द हो भी रहा है कि मम्मी सच बोल रही हैं!

पर दर्द बना रहता।

मैं पूरी कोशिश करती पर ऐसा लगता कि कोई बेलन लेकर मेरी कमर से मेरी जाँघों के बीच तक ऊपर से नीचे रोल कर रहा है। मैं वापस गिर जाती और मम्मी के लिए घृणा के भाव चेहरे पर भर आते और फिर मेरी मम्मी ने इतने सीरियल देख रखे थे कि मन की बात अगर न भी बोलूँ तो सीरियल टाइप उनको सब सुनाई पड़ जाता था। वे सिर्फ़ चेहरा देखकर पलटवार कर देतीं कि अगर मन-ही-मन गाली बुदबुदाई तो खींच के मारेंगे।

मम्मी, पापा से यह हक़ छीनकर बैठी थीं और उनको समझा दिया था कि देखो, बच्चों को अगर माँ मारे तो उतना बुरा नहीं लगता पर तुम कभी हाथ मत उठा देना, मेरी मम्मी के अनुसार एक बार मेरे नाना यानि मेरे मम्मी के पापा ने उनको मार दिया था और उस बात के लिए मेरी मम्मी आज तक मेरे नाना को माफ़ नहीं कर पाईं और इस तरह से मम्मी ने अपनी बात को उदाहरण के साथ सिद्ध किया।

मम्मी ने ख़ुद विषय चुना, ख़ुद ही सन्दर्भ सहित व्याख्या की और उपसंहार भी लिख डाला। मैं पापा का मुँह देखती थी वह कुछ ज़्यादा नहीं बोलते थे, पर सिर यूँ हिलाते थे जैसे यह बात उन्होंने शुरू की थी और उनकी सहमति से मम्मी ने ख़त्म की।

अब सबको उतना दर्द नहीं होता तो मैं क्या करूँ और मुझको ज़्यादा दर्द होता है तो मेरी क्या ग़लती? उन चार-पाँच दिनों में अपने लड़की पैदा होने पर बहुत चिढ़ आती, न दर्द पता चलने दो, न अपने कपड़े बाथरूम में छोड़ो, छुपा-छुपाकर पैड फेंको। यह बात तो समझ आती कि भगवान को उस दौरान नहीं छूना चाहिए, न पूजा में दिया जलाना चाहिए, भगवान अशुद्ध हो जाते हैं और पाप अलग चढ़ता है पर अलग से पड़े रहो इस बात पर चिढ़ आती थी।

जब पहली बार हुआ था और मम्मी ने बोला था अब यह पूरी ज़िन्दगी हर महीने होगा तो उस समय लगा था लड़की होना पाप है लेकिन पाँच दिन बाद लगता कि इतना बुरा भी नहीं है सिर्फ़ पाँच दिन की ही तो बात है उसके बाद पचीस दिन आराम। बस यहीं से शुरुआत होती है हम लड़कियों की ज़िन्दगी से समझौता करने की क़वायद कि बस इतने ही दिन या घंटों की बात है फिर सब ठीक हो जाएगा।

दर्द को तो सँभाल लूँ पर मम्मी का न रुकने वाला लेक्चर कौन सँभाले। तुम बाथरूम में या तो सुबह ही नहा लिया करो या फिर जब पापा ऑफ़िस

चले जाएँ और भाई स्कूल तब। तुम्हारे पैड का पैकेट गिरा हुआ था, तुम उठाकर फेंक नहीं सकती, अब क्या पापा उठाकर फेंकेंगे? क्या चाहती हो? कल को अपने घर जाओगी तो क्या यही ढर्रा रहेगा।

बस यही तो थे वे शब्द जिनके बाद मेरे चेहरे पर गालियाँ लिख जाती थीं। जहाँ रह रही हूँ जब वही अपना नहीं है तो क्या भरोसा जहाँ जाऊँगी वो अपना होगा। दसवीं में थी तो एक ज्योतिषी घर आए थे और मेरी कुंडली बनवाई गई थी। उन्होंने बोला था—"बिटिया का घर समन्दर के किनारे होगा। छोटा-सा परिवार होगा, जहाँ शादी होगी। पति भी सुन्दर होगा।"

उनकी कही सारी बातें सही थीं बस अन्तर इतना था कि ख़यालों के समन्दर और असलियत के पानी में खारेपन का अहसास जुदा होता है। समन्दर का नाम सुनते ही जो दृश्य दिमाग़ में उभरता है उसमें नमक की कोई जगह नहीं होती पर अब हक़ीक़त का नमक ज़बान को समझ आने लगा था ।

समन्दर के किनारे तो बोला था पर समन्दर से कोई दूरी नहीं बोली थी। शादी मुम्बई में हो गई थी पर घर मीरा रोड में था, देखा जाए तो बात सही कही थी पंडित जी ने वरना झुंझनू वालों के लिए समन्दर के करीब का ख़्याल ही बहुत होता है। परिवार सच में छोटा था क्योंकि सिर्फ़ शेखर थे और मम्मी जी थीं, शेखर अकेली सन्तान थे। उनके भाई या बहन भी हो सकते थे पर इससे पहले कि मेरे ससुर जी, शेखर के लिए कोई भाई या बहन पैदा कर पाते, वह लोकल ट्रेन की भेंट चढ़ गए। फुटबोर्ड पर खड़े थे और जाने किसने धक्का दिया और ट्रैक पर जा गिरे। सिर फट गया था और ट्रेन आगे निकल गई। पाँच-छह घंटे बाद किसी रेलवे पुलिस वाले ने खबर दी और अस्पताल में डॉक्टर ने बताया कि मौत तीन घंटे पहले हो चुकी थी। वो रोज़ विरार से चर्चगेट की फास्ट पकड़ते थे। विरार वाली ट्रेन में कभी इस बात का ज़िक्र नहीं होता कि कितने लोग यूँ गिर-पड़कर निपट गए क्योंकि ऐसी बातें करने से तय था कि कई लोगों का काम पर जाना मुश्किल हो जाता। सबसे मज़ेदार बात यह भी कि जिस सिद्धान्त की खोज इस ट्रेन पर होनी थी वह यहाँ न होकर ब्रिटेन में हुई जहाँ चार्ल्ज़ डारविन ने योग्यतम की उत्तरजीविता का सिद्धान्त दुनिया को दिया।

मुम्बई का पहला दर्शन अगर हवाई जहाज से न होकर ट्रेन से हो जाए तो दिल टूट-सा जाता है, ऐसा ही हुआ मेरे साथ फिर उसके बाद स्टेशन से घर

तक का न ख़त्म होने वाला सफ़र और फिर एक बेडरूम हॉल किचन वाले घर में साँस ली। हम लड़कियों को इतनी बार एहसास दिलाया जाता है कि अब पापा का घर छूट रहा है, कि असुरक्षा की भावना में मैं कुछ ज़्यादा ही सामान भर लाई थी। कुल ग्यारह नग थे और साथ था मेरा सितार। मैंने सितार में विशारद किया था पर संगीत से वैसा कोई प्यार नहीं रहा, सितार सीखने की ज़िद की थी कि शायद इसी बहाने घर से बाहर निकलने को मिलेगा। मेरे शहर में जहाँ मेरे मम्मी-पापा का घर है वहाँ शाम छह बजे के बाद शहर 'चम्पक' की कहानियों की किताब बन जाता; सड़क पर हर आदमी भेड़िया, लोमड़ या शेर दिखने लगता और मेरे जैसी सभी लड़कियाँ घर की ओर भागतीं और उसी समय मेरा भाई तैयार होकर शाम को दोस्तों से मिलने निकलता। शाम के सात बजे के बाद ऐसा लगता जैसे मेरे शहर में सिर्फ़ मर्द रहते हैं, हर ठेले पर, हर कोनों पर और अगर उनकी इजाज़त न हो तो मैं बाहर नहीं निकल सकती। मम्मी ने मुझे विश्वविद्यालय जाने के लिए कभी नहीं रोका पर उसके लिए जितना तेल सिर में डालकर लम्बी-लम्बी दो चोटियाँ बनातीं उतने तेल में आराम से एक बरनी आम का अचार डाला जा सकता था। मेरी आँखों में कोई दोष नहीं था पर एक गुलाबी-भूरे रंग का मोटे फ्रेम का चश्मा जिसमें सादा काँच लगा था, मम्मी चढ़ा देती। ऐसे कवच और कुंडल कि क्या मज़ाल मेरे पास कोई लड़का फटक भी जाए। तेल कभी चमेली तो कभी नारियल उस पर दो चोटियाँ और चश्मा साथ में एक काला टीका, इसके बाद लड़के क्या यमराज भी पहचानने से इनकार कर दे और ऐसा एक बार नहीं कई बार हुआ। मैं साइकिल से ही यूनिवर्सिटी जाती थी क्योंकि मैंने आज़ादी की उम्मीद की ज्वाला को जलाए रखा था। घर से निकलते ही दुपट्टे से कमर को इतना कस कर बाँधती थी कि मेरी साइज से दो गुना बड़ा कुर्ता, मेरे जिस्म से थोड़ा तो चिपक जाए। ऐसा भी क्या अपराध किया था मैंने कि रास्ते भर की चन्द आँखें भी क़िस्मत से हटा दी थी मम्मी ने। ख़ैर यमराज की बात बता रही थी, एक दिन साइकिल से जा रही थी जब बगल से एक ट्रक बहुत तेज़ी से गुजरा। मैं सँभलते-सँभलते सड़क किनारे गिर पड़ी। इससे पहले कि मैं उठ पाती बाइक पर सवार दो लड़के आए और मुझे गिरा हुआ देखकर उन्होंने मुझे उठाने की कोशिश नहीं की बल्कि आँखों में एक अजीब-सा निश्चय लेकर उन्होंने यामाहा आर एक्स 100 को दौड़ा दिया। मैं मन-ही-मन अपने तेल लगे

बालों को कोसने लगी और आँखों में आँसू आ गए कि इतने बुरे दिन आ गए हैं कि अगर मेरी जैसी लड़की गिर भी जाए तो लड़के उठाने नहीं आते। ख़ुद कपड़े झाड़ते हुए उठी। सिर्फ़ मिट्टी लगी थी कोई चोट नहीं। चेन उतर गई थी, मैंने चेन चढ़ाने की कोशिश नहीं की, साइकिल खींचते हुए आगे बढ़ी कि किसी साइकिल की दुकान पर ठीक करवा लूँगी। कुछ बीस मीटर ही चली थी कि वो दोनों लड़के बाइक से वापस लौटे, एक ने उतरकर चेन चढ़ा दी और दूसरे ने कहा, दीदी ट्रक वाले को दौड़ा लिए 3 किलोमीटर तक, साले से डेढ़ हज़ार निकलवाए हैं आपके लिए।

वह दोनों मेरे हाथ में पैसे रखकर निकल गए। हाथों में पैसे इतने भारी लग रहे थे कि मेरा मन कर रहा था कि पैसे फेंककर, साइकिल वहीं छोड़कर घर चली जाऊँ पर हम लड़कियों को बचपन से लड़कों की तरह ग़ुस्सा न करने की सीख दी जाती है इसलिए ग़ुस्से में सिर्फ़ इतना निर्णय लिया कि आज यूनिवर्सिटी नहीं जाऊँगी और घर लौट गई। बहुत ही सूखी गर्मी पड़ती हैं मेरे शहर में पर उस दिन मुझे पता ही नहीं चला। मैं चेन चढ़ जाने के बावज़ूद पैदल ही साइकिल घसीटती हुई घर आई। इतना अपमान कि दो बाइक चलाने वाले जवान लड़के दीदी बोलकर चले गए। मम्मी को समझाना बेकार था कि तेल मत ठोंको सिर पर और इस तरह न जाने कितनी बार किसी लड़के से दोस्ती करने के मौक़े जाते रहे, फिर एक दिन मैंने सोच लिया कि शादी के बाद सारी कसर निकालूँगी। बालों में तेल नहीं लगाऊँगी, बाइक पर पीछे बैठकर अपने पति से चिपक जाऊँगी और उनको बोलूँगी कि ख़ूब तेज़ चलाइए बाइक। शेखर के पास बाइक थी पर तेज़ चलाना उनको पसन्द नहीं था और अगर तेज़ चलाना चाहते भी तो मुम्बई में उतनी जगह नहीं थी। शेखर रोज़ घर से स्टेशन तक बाइक से जाते फिर बाइक स्टेशन पर लगा कर ट्रेन पकड़ते। शाम को घर आते-आते इतना थके दिखते कि लगता झुंझनू की गर्मी में हल जोत कर आ रहे हों। मुम्बई में झुंझनू जैसी गर्मी नहीं पड़ती है पर हवा में एक उमस हमेशा बनी रहती है पर शुक्र था समुद्री हवा का जिस से पसीना होते ही सूख भी जाता पर झुंझनू में सूखी गर्मी पड़ती थी ऐसा लगता चेहरे पर कोई भट्टी लगी हो। पहले पहल तो समझ नहीं आता था पर एक आध बार जब इनके दोस्त के घर खाने पर जाना हुआ बोरिवली तक, तो समझ आया कि ट्रेन का सफ़र कैसा होता है।

मुम्बई की ट्रेनों की जातिगत राजनीति का सच सिर्फ़ ट्रेन में चढ़ने से लेकर अपने गन्तव्य तक उतरने में ही जीवित रहता है। पर हर वह इनसान जो ट्रेन नहीं पकड़ पाता अपने आपको दलित समझता है और ट्रेन मिलते ही वो सवर्ण हो जाता है और प्लेटफॉर्म पर खड़े व्यक्ति को उस हेय दृष्टि से देखता है जो उसकी क्षणभंगुर जाति की सत्यता को परिभाषित करता है। हर स्टेशन पर खड़ा दलित सवर्ण बनना चाहता है और वैसे ही अत्याचार करना चाहता है जैसा विरार से आने वाला व्यक्ति बोरिवली से चढ़ने वाले व्यक्ति के साथ करता है। सिर पर कस-कर हाथ मारना, माँ-बहन की गाली देना और उधर समाचार चैनल चिल्ला-चिल्लाकर बोलते रहते हैं—"ये हैं भारत के महानगर के महान लोग जो रुकना नहीं जानते!!"

जैसे उनके पास कोई और विकल्प हो।

शेखर भी अक्सर सोचते थे कि किसी तरह से मुम्बई में रहने को घर हो जाए पर मुम्बई के ठीक बाहर मीरा रोड में रहने के फ़ायदे थे। एक तो मीरा रोड, भायंदर, नालासोपारा इत्यादि मुख्य मुम्बई से सस्ता पड़ता था और बाहर से आए लोग अपने गाँव-देहात में मुम्बई में रहने का वीर चक्र प्राप्त कर लेते थे क्योंकि वहाँ के लोग मुम्बई की भौगोलिक संरचना से अनभिज्ञ हैं। मम्मी जी को ससुर जी की जगह नौकरी मिल गई थी और उन्होंने रोज़ चर्चगेट में महानगरपालिका के ऑफ़िस का सफ़र तय किया था। अब तो उनको सेवानिवृत्त हुए छह साल हो गए थे। शेखर का ऑफ़िस परेल में था इसलिए इतनी दूरी मेरे नये घर में एक सामान्य बात थी। एक बात मैंने और समझी थी कि मुम्बई में रहने वाले लोग उत्तर प्रदेश, बिहार और राजस्थान में रहने वाले लोगों से किस तरह भिन्न थे। वे देश की बिगड़ती राजनैतिक या आर्थिक स्थिति से उतना चिन्तित नहीं रहते बल्कि वो 6:32 की लोकल पकड़ने से लेकर, रिटर्न मारकर सीट पाने के मुद्दे को अतिसामयिक मानते हैं। मुझे शेखर को देखकर बहुत प्यार आता। ढाई साल के थे जब उनके पापा मरे थे और तब से मम्मी जी काम पर जातीं और शेखर अड़ोस-पड़ोस वाली आंटी लोगों के भरोसे बड़े हुए थे। चूँकि मेरे ससुर 'बगड़' से थे और नौकरी के चलते मुम्बई आ गए थे इसलिए जब शेखर की शादी की बात उठी तो 'बगड़' में रिश्तेदारों ने मुझे 'झुंझनू' में ढूँढ़ निकाला। सबसे बड़ी बात थी कि हम दोनों मांगलिक थे और हम दोनों की कुंडली इतनी बढ़िया मिली थी कि किसी को पता ही नहीं चला कि कब शादी तय हो गई।

जैसे ही कुंडली और गुण मिले दोनों पक्ष के लोग लपक पड़े। सभी के हिसाब से मेरी क़िस्मत अच्छी है जो इतने बड़े शहर में रहने का सौभाग्य मिला। सबसे बढ़िया बात तो मेरे घर वालों को ये लगी कि ससुर मर चुके हैं, कोई बहन नहीं है मतलब शादी की ज़िम्मेदारी इत्यादि से मुक्ति और फिर बूढ़ी सास कितने साल जिएँगी, एक बार मर गईं तो उनकी हर चीज़ पर मेरा एकाधिकार होगा। इस सत्य से सब इतना ख़ुश थे कि मेरी सास की किसी भी बात का किसी ने बुरा नहीं माना और शादी के दौरान पूरी संवेदनशीलता के साथ उनसे बात की गई। मेरे घरवालों को सबसे अच्छी बात लगी शेखर की साफ़गोई, शेखर ने साफ़ बोल दिया था कि वे दहेज में कोई सामान नहीं लेंगे। मेरे पापा और भैया ने चुन-चुनकर सामान देख रखा था, टीवी, फ्रिज, सोफा, वॉशिंग मशीन पर शेखर का कहना था कि सामान मुम्बई तक पहुँचाने में पापा और भैया का बहुत पैसा ख़र्च हो जाएगा इसलिए नकद में सब पैसे दे दिये जाएँ और फिर मुम्बई में घर में जगह के हिसाब से वह और मैं ख़ुद सामान ख़रीद लेंगे। सबने कहा शेखर बहुत अच्छे हैं जो अपनी पत्नी की भावनाओं की इतनी क़द्र करते हैं। मुझे भी ये सुनकर बहुत ख़ुशी हुई कि वह मेरी पसन्द-नापसन्द का अभी से इतना ख़याल रखते हैं। शादी तय करने में मम्मी-पापा को भी बहुत जल्दी थी और उसका कारण था कि मेरी उम्र 25 हो गई थी। मम्मी चाहती थीं कि अपनी इज़्ज़त की पिटारी सुरक्षित तालों में मेरे ससुराल तक पहुँच जाए। मुझे अक्सर मम्मी ठेकेदार जैसी लगती जिसको किसी अदृश्य परिवार ने ठेका दिया है और मम्मी ने शपथ ली है उस परिवार के लिए—

"मैं शोभा (मम्मी) शपथ लेती हूँ कि जो ये बोरी या माल मुझे भगवान द्वारा मुझसे बिना पूछे सौंपी गई है इसको मैं उसके सुनिश्चित घर तक बिना किसी खरोंच के सुरक्षित डिलीवर करूँगी। कोई इस माल की तरफ़ आँख उठाकर भी देखेगा तो वो मेरी विफलता होगी।"

इस कसम को मेरी मम्मी ने जिस कर्मठता से निभाया वैसा ही बहुतायत से माँएँ करती हैं। शायद ही कोई माँ कभी सोचती होगी कि उसकी बेटी ख़ुद अपना पति ढूँढ़ ले या प्रेम विवाह करे क्योंकि वो शपथ पत्र हमेशा उसके दिमाग़ में रहता है। उसे डर लगता है जाने कौन कब इस इज़्ज़त की बोरी को खोल कर चीनी फाँक जाए इसलिए यथाशीघ्र इसे गन्तव्य तक पहुँचा दिया जाए।

मम्मी की सावधानी की पराकाष्ठा थी मेरे लिए सितार के टीचर का घर आने का प्रबन्ध करना, जब मैंने ज़िद की कि मुझे सितार बजाना सीखना है। टीचर मात्र 35 साल के थे, साफ़ रंग, आवाज़ में भारीपन। जब वो पानी पीते या बोलते उनके गले की हड्डी का ऊपर-नीचे होना देखकर मेरा दिल धक कर जाता। उस समय तक यह हालत हो गई थी कि अगर कोई भी एक गुलाब देकर मेरे सिर के बालों में हाथ फिरा देता तो मैं उसके साथ भाग जाती पर इस टीचर के साथ भागने का सोचना भी बेकार था। मम्मी ने जाने कहाँ से ढूँढ़ा था, अन्धे थे सितार के टीचर। वो सिखाते और मैं उनको देखती रहती। आँखें न होते हुए भी 'राग हंसध्वनि' पर जब वो झाला बजाते तो मैं रोने लगती। लगता उनको गले लगा लूँ और उनको बता दूँ कि उनके पास उनकी दिव्य रोशनी बैठी है और मैं हमेशा उनके साथ रहूँगी, हर क़दम पर। ऐसी अनेक बातें मेरे दिमाग़ में आतीं जो निश्चित रूप में मेरे चेहरे पर भी दिखती रही होंगी पर शुक्र था कि वह अन्धे थे। वह चले जाते तो मैं कल्पना करती, अन्धे पति के साथ समुद्र किनारे सितार बजाते हुए, अपने अन्धे पति के साथ समुद्र की लहरों को पैर से ठेलते हुए, अकेले निर्जन समुद्र किनारे उनके साथ घूमते हुए, पर शेखर अन्धे नहीं थे। उनको दिख रहा था कि कैसे मैं मुम्बई के रहन-सहन को समझने की कोशिश कर रही थी और वह भी कोशिश कर रहे थे कि मुझे कोई तकलीफ़ न हो। पर अब तकलीफ़ मम्मी जी को होने लगी थी और वो मुझे दिखने लगा था। शेखर की हर ज़रूरत का ख़याल अब मेरी ज़िम्मेदारी थी पर मम्मी जी की सत्ता पर चोट किये बिना ऐसा सम्भव नहीं था। शादी के पहले भी शेखर की आदत थी नहाते वक़्त तौलिया ले जाना भूलने की, तब मम्मी जी दे देती थीं पर शादी के बाद से शेखर अब मुझे पुकारने लगे थे और मम्मी जी उस एक बेडरूम-हाल-रसोई के फ़्लैट के हॉल में बैठकर बड़बड़ाती कि यह भी कोई आदत हुई, नहाने से पहले माँग लो या लेकर जाओ। बात छोटी सी थी पर मम्मी जी को अपने नियत काम कम हो जाने से तकलीफ़ होने लगी थी। रात को अगर शेखर को देर हो जाती तो मम्मी जी बैठी रहती, बिना खाना खाए और अगर कोई बोल दे कि आप खाकर सो जाइए तो चिढ़ जातीं और सबको कहती कि अगर बेटा खाना नहीं खाए तो क्या माँ ख़ुद खाकर सो जाए? और वो इस बात को तथ्यों से यूँ दूर करके बतातीं, कभी फोन पर रिश्तेदारों से और कभी पड़ोस में, कि उनकी बात सुनने में कभी ग़लत नहीं लगती।

मैं चाहती थी कि जब शेखर लौटे तो हम दोनों साथ बैठकर खाना खाएँ अपने छोटे से कमरे में और ढेरों बातें करें। धीरे-धीरे मैंने शेखर का इन्तज़ार करना छोड़ दिया और अपने समय से खाना खाकर अपने कमरे में सितार का रियाज़ करने लगती। सितार को लेकर शुरू में सभी उत्साहित थे पर धीरे-धीरे समस्याओं ने जन्म लेना शुरू किया;

"जब मम्मी सो रही हों तो मत बजाओ!"

"रात को कौन बजाता है?"

"सुबह-सुबह बजाओगी तो अगल-बगल के घरों में आवाज़ जाएगी और सब शिकायत करेंगे!"

"धीमे बजाया करो मम्मी जी टीवी देख रही हैं!"

बात शुरू हुई थी मम्मी जी के खाने से लेकर और मैं न जाने क्या-क्या लिख गई। अच्छा हुआ लिख दिया वरना मन में भरे-भरे कहीं और निकलती ये बातें। पापा जी के न रहने से और मम्मी जी के काम पर जाने के चक्कर में घर में कभी खाने पीने पर ध्यान ही नहीं दिया गया और इसके चलते शेखर को सब्ज़ियाँ खाना बिलकुल पसन्द नहीं थी। वह सिर्फ़ छोले, राजमा या पनीर की सब्ज़ी ही खाते और बहुत हुआ तो अंडे की सब्ज़ी। मुझे रोज़ कुढ़न होती कि आख़िर बिना सब्ज़ी या फल खाए कोई कैसे रह सकता है। मैंने एक बार सब्ज़ी टिफिन में रख दी और शाम को शेखर पूरा का पूरा टिफिन वापस लेते आए। बहुत रोना आया कि मेरे चलते उन्होंने पूरे दिन शायद कुछ नहीं खाया और फिर अगले दिन से मैंने उनकीं पसन्द की चीज़ें ही रखनी शुरू कर दी। मुझे लगा था कि मेरे सब्ज़ी रखने पर शेखर बहुत ग़ुस्साएँगे पर शेखर ने घर आकर एक शब्द नहीं कहा। इतने महीने हो चुके थे पर शेखर ने एक लड़ाई नहीं की थी, मेरा मन कर रहा था कि मम्मी जी कुछ दिनों के लिए कहीं चली जाएँ और मैं ख़ूब लड़ूँ और रोऊँ पर मम्मी जी शेखर से दूर नहीं रह सकती थीं।

मुझे शेखर के लिए उनकी पसन्द की सब्ज़ी बनाने में कोई तकलीफ़ नहीं थी पर मम्मी जी को रोज़ कद्दू की सब्ज़ी चहिए थी। मैंने सोचा था कि दो सब्ज़ियाँ बना लूँगी, एक शेखर के लिए और एक मम्मी जी के लिए पर मैं रोज़-रोज़ कद्दू नहीं खा सकती थी। मुझे लगा कि मैं मम्मी जी को समझा लूँगी पर मम्मी जी ने साफ़ बोल दिया था कि अगर मैं नहीं बना सकती तो वह ख़ुद अपना खाना बना लेंगीं। मेरे लिए मजबूरी थी दो सब्ज़ियाँ बनाना

और तीसरी मैं बनाना नहीं चाहती थी इसलिए किसी तरह सब मिला-जुलाकर खाना खा लेती।

रोज़ घर में तीन पाव कद्दू आता और दोपहर में मम्मी जी को कद्दू की सब्ज़ी मेथी के साथ छौंक कर रोटी और दाल-चावल के साथ चाहिए थी और शाम को कद्दू की सब्ज़ी प्याज और लहसुन के साथ छौंकी हुई और साथ में पराठा। मम्मी जी और शेखर को फल खाने में कोई रुचि नहीं थी और मेरा मन बहुत करता कि घर में हमेशा फल दिखें।

एक रात मैंने धीमे से शेखर से पूछा कि "मम्मी जी कब से कद्दू खा रही हैं?" शेखर को इस बारे में कोई जानकारी नहीं थी। उन्होंने बस यही बोला कि, माँ को जो पसन्द हो बनाकर दे दिया करो और कल राजमा में टमाटर कम डालना, आज छोले थोड़े ज़्यादा खट्टे थे। टमाटर ही एक उम्मीद बची थी जो फल और सब्ज़ी के बीच खड़ी थी और उसका भविष्य भी अब धूमिल लग रहा था।

शेखर को जल्दी उठना था और उनका कल का ध्येय था 7:12 की लोकल पकड़ना और उसके लिए उन्होंने अपने दोस्त को कह रखा था कि वह वसई से ही उनके लिए सीट रख कर आए। वो इस बात से ख़ुश थे कि रोज़ की तरह जब वो 8:16 की लोकल पकड़ते थे तो परेल तक खड़े-खड़े जाना पड़ता था पर कल जल्दी जा रहे हैं तो बैठकर जाएँगे। मैं वैसे भी रोज़ सुबह उठ जाती थी 6 बजे क्योंकि पानी आधे घंटे के लिए ही आता था और उस आधे घंटे में इतना तेज़ प्रेशर कि पूरा घर भर जाए अगर भरने की जगह हो और फिर शाम को पानी आता है, पौने सात बजे इसलिए मेरी दिनचर्या पानी के साथ बँध गई थी। चूँकि बचपन से पानी की कमी ही देखी थी इसलिए मुम्बई में हर जगह पानी देखकर दिल ख़ुश हो जाता। इस बार तो जब बारिश शुरू हुई तो मुझे सबसे अच्छा लगा, आख़िरकार इतना पानी कभी झुंझनू में बरसा ही नहीं था। मुझे लगता कि मैं छत पर जाकर भीग लूँ पर छत की चाभी अगर ज़रूरी काम हो तभी मिल सकती है, भीगने के लिए कैसे बोलूँ इसलिए मैंने शेखर से बोला कि मेरा मन भीगने का है तो उन्होंने सुझाया कि मरीन लाइन्स जाकर भीगने में ज़्यादा मज़ा है, जहाँ पर 'रिमझिम गिरे सावन' गाना फ़िल्माया गया था। जबसे शेखर ने बोला था मैं रोज़ वो गाना सुनती और यू-ट्यूब पर गाना देखकर यही सोचती कि सूट पहनकर कौन भीगने जाता है?

साड़ी पहनकर भीगने का आइडिया तो सही नहीं था और फिर मैंने अपने शहर में कभी भी जींस और टी-शर्ट नहीं पहनी थी पर मुम्बई में तो सब चलता है और फिर अब तो पति के साथ हूँ, जो चाहे पहनूँ। बारिश अब रोज़ ही हो रही थी और मेरा डर था कि जिस दिन वहाँ गए और बारिश नहीं हुई तो बेकार हो जाएगा सब, इसलिए मैंने शेखर से बोला भी कि इतनी दूर जाकर क्या करेंगे, यहीं कहीं भीग लेते हैं। शेखर को हँसी आ गई और उन्होंने मोबाइल पर कुछ रील दिखाई जिसमें सभी बोल रहे थे—"छोटी बच्ची हो क्या।"

हम दोनों ख़ूब हँसे और फिर मैंने उस रात कोई बच्ची वाली हरकत नहीं की। अगली सुबह शेखर बहुत ख़ुश थे जैसे उन्हें कुछ नया मिल गया हो। बस ऑफ़िस के लिए निकलते हुए दो बात कही—कल रात तुम तो बहुत बड़ी हो गई थी, अब बच्ची नहीं लगती और कहा कि कल रविवार है और हम दोनों सुबह 10 बजे तक घर से निकल जाएँगे मरीन लाइन्स के लिए।

"इतनी सुबह?"

"घर से निकलकर वहाँ तक पहचने में पूरे दो घंटे लग जाएँगे"

"मतलब आपको रोज़ दो घंटे लगते हैं?"

"हे भगवान! तुमको अभी तक ये भी नहीं पता था? बच्ची हो क्या?"

हम दोनों फिर हँसे और उसी समय से मैं कल की तैयारी में लग गई। शाम के लिए पनीर की सब्ज़ी बनानी थी, शेखर के लिए और मम्मी के लिए मैंने सुबह और शाम की कद्दू की सब्ज़ी एक साथ बना दी। पूरा दिन घर साफ़ किया फिर फेशियल भी करना था, पहली बार बाहर जा रही हूँ कहीं कोई दोस्त मिल गए तो अच्छा नहीं लगेगा। सोचेंगे झुंझनू से आई हूँ इसलिए बड़े शहर के रंग-ढंग नहीं समझती, मैंने सोच लिया था कि कल के लिए जींस और टी-शर्ट पहनूँगी। पहले सोचा मम्मी जी से पूछ लूँ फिर लगा अगर मना कर देंगी तो साड़ी पहनना पड़ेगा और रास्ते में अगर कोई मिला तो? दूसरा मुझे टाइट वाली टी-शर्ट पहननी है उसके ऊपर एक स्टोल डाल लूँगी जब मन हुआ हटा दिया वरना ढक लूँगी। ख़ुद फेशियल करना था इसलिए मम्मी जी के बालों में पहले तेल लगा दिया और बोल दिया कि मैं अन्दर कमरे में भाप ले रही हूँ। मम्मी जी टीवी देखने में व्यस्त हो गईं और मैंने आराम से फेशियल किया। शनिवार की शाम थी, इनको आने में रात के ग्यारह बज गए और मुझे डर लगा कि कल शायद जाना नहीं हो पाएगा पर इन्होंने जान-बूझकर

देर तक काम किया था जिस से सोमवार को देर से जा सकें, कल रविवार है पूरा दिन घूमेंगे तो शाम तक थक तो जाएँगे ही।

अगले दिन मैं रोज़ से पहले उठ गई, पानी भरा फिर सारे कपड़े फैलाए और नहा-धोकर रसोई में खाना बनाने पहुँच गई। मम्मी जी को पसन्द नहीं था कि कोई बिना नहाए-धोए रसोई में जाए इसलिए मैं हर सुबह नहाती फिर मन्दिर में दिया जलाकर ही रसोई में जाती। रास्ते के लिए पनीर के सैंडविच बना लिए, अगर आलू के बना देती तो ये नहीं खाते। जब मम्मी जी का खाना बनाने चली तो ध्यान गया कि घर में कद्दू तो था ही नहीं। पहले सोचा इनको उठा देती हूँ कि जाकर कद्दू ले आएँ पर यह देर रात आए थे तो सोने देना ही सही रहेगा। चूँकि हम लोग भी बाहर जा रहे थे तो मैंने सोचा क्यूँ न मम्मी जी को सरप्राइज़ दे दूँ और उनके लिए ख़ास पापड़-मुंगौड़ी की सब्ज़ी बना देती हूँ, हम लोग बाहर कुछ खाएँग-पिएँगे तो मम्मी जी के लिए भी कुछ ख़ास होना चाहिए। वैसे भी जब कुछ नया बनाऊँगी नहीं तो मम्मी जी को नया स्वाद आएगा कैसे। जब हम लोग निकल जाएँगे तो मम्मी जी ख़ुद तो खाना बनाने से रहीं फिर मजबूरी में ही सही, नया स्वाद आएगा और हो सकता है कि कद्दू भूल जाएँ, थोड़ा रिस्क तो लेना ही पड़ेगा। मैंने नाश्ते में ब्रेड और चाय सबको दे दी और सवा दस तक हम दोनों घर से निकलने को हुए। शेखर ने मुझे पहली बार जींस में देखा था अच्छा तो बहुत लगा इनको पर फिर रुककर बोले, मम्मी से पूछा था पहनने के लिए?

मैं कुछ ज़्यादा ही बच्ची बनकर बोली,अगर न कर देंगी तो फिर मैं साड़ी पहनकर नहीं जाऊँगी।

मैंने जान-बूझकर कुछ ज़्यादा ही मटककर बोला था जिस से ये मना न कर पाएँ और वही हुआ ये मुस्कुरा दिये और मैंने भी बोल दिया, अब बच्ची नहीं हूँ।

अगर झुंझनू में होती तो घर के पीछे वाले दरवाज़े से निकल सकते थे या फिर मम्मी जी को किसी बहाने से छत पर भेज देते पर यहाँ तो बाहर निकलने के लिए हॉल से होकर ही जाना था। मैं पूरी हिम्मत के साथ मम्मी जी के सामने गई और उनको समझाया कि खाना बनाकर रख दिया है और उनकी शुग़र की दवाई भी मेज़ पर निकाल कर रख दी है। मम्मी ने मेरी तरफ़ घूरकर देखा और वह शेखर की तरफ़ भी घूरकर देखना चाहती थीं पर शेखर तब तक

तेज़ी से घर से निकल गए थे। मेरे पास भी दबे क़दमों से बाहर निकलने के अलावा कोई रास्ता नहीं था। मुझसे ज़्यादा शेखर ख़ुश दिख रहे थे मुझे जींस और टी-शर्ट में देखकर। मैंने स्टोल इस तरह डाला था कि सबका ध्यान मेरे सीने पर न जाए। अपने शहर में निकलो तो सभी मर्द एक ही जगह देखते थे। आज मुझे चेक करना था कि यहाँ के मर्द कितने अलग हैं, इसलिए स्टोल हाथ में ले लिया और हम दोनों ऑटो में बैठ गए। शेखर घर से स्टेशन के रास्ते मुँह से 'किस' करने की आवाज़ निकालते रहे और ऑटोवाला बार-बार पीछे के शीशे में देखता और कुछ नहीं पाता। जब ऑटो से उतरकर मैंने पूछा तो बोले, मुम्बई में ऑटो में न जाने कितनी प्रेम कहानियाँ लिखी जाती हैं और ये ऑटोवाले ख़ूब मजे लेते हैं। आज मैं इनके मजे ले रहा था, मुझे पता था जैसे 'किस' करने की आवाज़ निकालूँगा वो मुड़कर देखेगा।

ये बोलकर शेखर ख़ूब हँसे और मैं भी उनकी हँसी में शामिल हो गई। मुझे उनकी मस्ती अच्छी लगी पर शर्म भी बहुत आ रही थी। शायद मुम्बई में ये सब आम था। मैं पहली बार शहर का यह मस्ती भरा रूप देख रही थी। हम लोग ट्रेन में बैठे और इन्होंने मीरा रोड से चर्च गेट तक के सभी स्टेशनों के नाम गिना डाले। 21 स्टेशनों का सफ़र था और समय भी काफ़ी था। हम दोनों ने बहुत सी बातें की और ये बार-बार मुझे उस रात के लिए छेड़ते रहे कि उस रात तुम बच्ची नहीं थी बिलकुल, क्या हो गया था?"

खिड़की से आती तेज़ हवा में उस रात का ज़िक्र गुदगुदा गया था।"

"तुमने सितार बजाना छोड़ दिया क्या?"

"छोड़ा नहीं पर घर पर समय ही नहीं मिलता।"

"मैं सुबह निकल जाता हूँ और तुमको पूरे दिन में समय नहीं मिलता प्रैक्टिस का?"

"घर के कितने काम होते हैं और फिर पूरा समय तो रसोई में ही निकल जाता है आपके लिए अलग सब्ज़ी बनाओ फिर मम्मी जी के लिए कद्दू और फिर अपने लिए...।"

"कद्दू से इतनी ही तकलीफ़ है कि तुम सितार बजाना छोड़ सकती हो पर कद्दू नहीं खा सकती तो मैं क्या बोलूँ!"

"मेरा मतलब था कि उसमें तो समय जाता ही है और फिर बहुत से काम होते हैं।"

"तुम बार-बार कद्दू की बात ही क्यूँ करती हो? तुम्हें पता हैं न माँ ने अकेले कैसे मुझे पाला है अब अगर उनका मन है तो बना दो कद्दू ,और अगर ज़्यादा तकलीफ़ हो तो तुम मेरे लिए रोटी रख दिया करो, राजमा और छोले तो किसी भी होटल से मिल जाएँगे।

मेरा दिमाग़ सुन्न सा हो रहा था कि जिस दिन के लिए मैंने इतनी तैयारी की वह पूरा ख़राब होने वाला था और इसकी ज़िम्मेदार भी मैं ही थी। मेरे मन में कद्दू की बात इस तरह से घुसी थी कि कहीं न कहीं निकलनी ही थी और वही हुआ, जैसे ही मौक़ा मिला बात मेरे ज़बान पर आ गई। मेरी शादी से पहले मेरी दोस्त ने समझाया था कि पति कितना भी प्यारा बने उसे कभी दोस्त की तरह सब बातें मत बताना, पति-पति होता है और दोस्त-दोस्त। मुम्बई शहर में मेरा कोई दोस्त था ही नहीं और जो थे, वो तो मैं झुंझनू छोड़ आई थी फिर अपने मन की बात किस से करती। शेखर चुप से हो गए थे और मैं अपने-आपको कोस रही थी।

"अच्छा सुनिए एक शाम आप जल्दी आइए तो मैं सितार बजाकर सुनाती हूँ।"

"हूँ!"

"अच्छा भाई माफ़ी माँगती हूँ अब कद्दू की बात कभी नहीं करूँगी, और आज रात फिर से बच्ची नहीं रहूँगी।"

मुझे विश्वास नहीं था कि शेखर मुस्कुराएँगे पर शेखर ने मेरे गले में हाथ डाल दिया और तब तक बांद्रा आ गया था। शेखर ने फिर से सारे स्टेशनों के नाम गिनाए और बताया कि आज बिलकुल भीड़ नहीं है, वरना रोज़ तो ये हाल रहता है कि हाथ तक नहीं हिला सकते।

मैं शेखर से फिर से थोड़ा इतराकर बोली, "मुझे कब याद होंगे सारे नाम?"

"बहन जी! जब तुम अकेले निकलोगी, कहीं तुम्हारा शो होगा सितार का।"

"बहन?"

"तुमने ही तो अभी भाई बोला।"

बहुत मज़ा आ रहा था। शेखर का इस तरह से मस्ती करना, मैं जैसा चाहती थी वैसा ही सब कुछ हो रहा था और मैं इनके पास और सिमट कर बैठ गई। बाइक न सही पर तेज़ चलती ट्रेन में इनके पास बैठना और इनका मेरे बालों में हाथ फेरना, सब कुछ सपना-सा लग रहा था और मन कर रहा था

कि ट्रेन रुके न, यूँ ही चलती रहे, चूँकि रविवार का दिन था इसलिए ट्रेन पर कोई ख़ासी भीड़ नहीं थी और उस पर मुम्बई में किसी को कोई फ़र्क़ नहीं पड़ता कि आप क्या पहनते हैं और कैसे बैठते हैं। मैंने अपना स्टोल भी हाथ में ले लिया था। मुझे बहुत टाइट टी शर्ट पहननी थी, झुंझनू हो या मुम्बई सारे मर्द देखते एक ही जगह हैं पर मुझे क्या, मैं तो अपने शेखर के साथ थी पर मेरे दिमाग़ में सितार के शो की बात अटक गई थी

"शो? सितार का?"

"क्यूँ? मेरे कुछ दोस्त हैं जिनके दोस्त फ़िल्मों और सीरियल में संगीत देते हैं, जब मैंने बताया तुम विशारद हो तो उन लोगों ने बताया कि एक घंटे का पाँच-छह हज़ार तक मिल सकता है।"

"पर मुझे उतना अच्छा नहीं आता और वैसे भी मैंने सितार इसलिए सीखा था कि पढ़ाई से थोड़ी मुक्ति मिले। मैं नहीं जाऊँगी।"

"एक बार मिलने तो चलना, वो जैसा कहें बजा देना।"

चर्चगेट स्टेशन आ गया था। इन्होंने मेरा हाथ थामा और मेरा मोबाइल अपनी जेब में रख लिया।

"तुमको देखकर लगता है कि नई हो शहर में, कोई भी मोबाइल छीनकर निकल सकता है।"

मुझे बड़ा अच्छा लगा कि इनकी सोच और समझ कितनी आगे है। हम दोनों स्टेशन से सबसे पहले 'पंचम पूड़ी' वाले के यहाँ गए। इन्होंने पूड़ी और छोले मँगाए, इतने चाव से ये छोले खाते हैं कि मुझे भी छोले अच्छे लगने लगे थे। वहाँ की मिठाई भी बढ़िया थी, मैंने पूछा भी कि क्यूँ न मम्मी जी के लिए बँधवा लें। शेखर ने याद दिलाया कि दिन भर घूमना है और मुझे फिर से बच्ची कहकर सम्बोधित किया। अब तो ये खेल बन चुका था हम दोनों के बीच।

मैं इनका हाथ थामे मरीन लाइन्स पर टहलती रही और मैंने उनको बताया कि कैसे मैं सपने देखती थी पैरों से लहरों को छूने के, शेखर ने बोला अगली बार वो अक्सा बीच चलेंगे जहाँ पानी में जा सकते हैं। शेखर ने फिर पूछा कि क्या सच में मुझे सितार बजाना पसन्द नहीं है?

मेरे लिए बहुत विषम परिस्थिति हो गई थी क्योंकि मैंने सितार बस सीखा था अपनी घुटन को कम करने के लिए पर मुझे कभी सितार बजाने से उतना प्यार नहीं था। अब शेखर को शायद सितार से कमाई की उम्मीद जग गई थी।

वैसे भी इस शहर में मेरा भी सपना हो चला था कि कम-से-कम दो बेडरूम वाला घर तो हो और उसके लिए अकेले शेखर की कमाई नाकाफ़ी थी। मैंने झूठा ही सही पर उनको विश्वास दिला दिया कि मैं उनके दोस्त के यहाँ चलूँगी और उनको बजाकर दिखाऊँगी, मुझे पूरा विश्वास था कि फ़िल्म वाले मेरे जैसी सितार बजाने वाली को ख़ुद अस्वीकृत कर देंगे।

"तुम इतना चिपका कर लाई सितार को झुंझनू से ट्रेन में, मुझे लग गया था कि तुम्हें बहुत प्यार है सितार से।"

"नहीं सँभालना तो पड़ता ही है, अब अगर कद्दू का तुम्बा है ज़रा सा भी ज़ोर पड़ जाए तो पूरा सितार ख़राब हो जाएगा।"

"कद्दू?"

"हाँ वो जो तुम्बा होता है वो कद्दू से ही तो बनता है।"

शेखर बहुत तेज़ हँसते हुए बोले—"कद्दू से पेठा सुना था पर सितार का आज पता चला।"

"सच कह रही हूँ, कद्दू से ही बनता है।"

शेखर—"तुम कद्दू का पीछा मत छोड़ना और कद्दू तुम्हारा पीछा नहीं छोड़ेगा।"

मुझे भी हँसी आ गई ये सोचकर कि कद्दू की ही बात मेरे दिमाग़ में चल रही थी। अचानक मेरे मन में ख़याल आया कि शाम होने को आ रही है एक बार मम्मी जी से पूछ लेना चाहिए कि उन्होंने खाना खा लिया कि नहीं?

शेखर ने बहुत प्यार से मेरे सिर पर हाथ फेरा और कहा तुम ही बात कर लो, माँ को अच्छा लगेगा कि तुमको चिन्ता थी। मैंने फोन लगाया तो मम्मी जी ने शेखर को फोन देने को कहा। शेखर अचानक उठ खड़े हुए—"चलो चलते हैं, मम्मी फिसल गईं और उनको चोट लगी है।"

हम दोनों कैसे भी वहाँ से भागे। इतनी जल्दी में थे कि टैक्सी वाले ने 25 की जगह 40 रुपये लिए पर हम लोग रुक नहीं सकते थे। पर ट्रेन से तेज़ कोई और तरीक़ा नहीं था, शेखर ने बोला शुक्र है, फास्ट ट्रेन मिल गई।

घर पहुँचे तो पड़ोस की आंटी बैठी थी, उन्होंने देखते ही कहा—"तुम लोग कहाँ अपनी मम्मी को छोड़कर घूमने निकल गए?"

फिर उन्होंने मुझे घूरा और अपने घर चली गईं। शेखर ने चेक किया कि हड्डी तो नहीं टूटी है। मैं तब तक रसोई से पानी लेकर आ गई।

"मम्मी आपने खाना भी नहीं खाया? मैं लगा देती हूँ और चाय भी लाती हूँ।"

"अगर अपने मन का ही बनाना था तो ख़ुद खाकर जाती।

"क्या हुआ? शेखर ने पूछा।

"आज कद्दू ख़त्म हो गया था तो मैंने अपने घर की ख़ास पापड़-मुंगौड़ी की सब्ज़ी बना दी थी, शायद मम्मी को राजस्थान की ख़ास डिश पसन्द आएगी।" मैंने कहा।

शेखर ने मेरी बात पर ध्यान नहीं दिया।"

"मम्मी चोट लगी कैसे? शेखर ने पूछा।"

"मैं अन्दर कमरे में गई थी खिड़की बन्द करने, बारिश बहुत तेज़ हो रही थी, जाने कैसे सामान रखते हो तुम लोग, पैर में सितार लगा और मैं गिर पड़ी।"

पर मैंने तो सितार अलमारी से सटा कर रखा था खिड़की के पास रखा ही नहीं था। मैं ये सोच रही थी लेकिन मैं वहाँ से हट गई। मुझे पता था कि मेरे चेहरे पर सब दिख जाएगा। मैंने पहले चाय चढ़ाई फिर अन्दर जाकर देखा तो सितार का तुम्बा फूटा हुआ था।

मैंने टूटा सितार उठाकर एक किनारे रख दिया। मुझे न कुछ अच्छा लग रहा था और न बुरा बस ऐसा लगा जैसे कोई पुराना साथी साथ छोड़ गया। मैं ज़्यादा सन्ताप भी नहीं कर सकती थी और ग़ुस्साने का हक़ तो था ही नहीं क्योंकि मम्मी जी को सितार के चलते चोट लगी थी। मैंने शेखर से कहा कि वो जल्दी से जाकर कद्दू ले आएँ, मुझे मम्मी जी के लिए खाना बनाना था। मन-ही-मन लगा कि मुझे तो ख़ुश होना चाहिए कि मुक्ति मिली अब किसी के यहाँ जाकर सितार बजाने से पर मेरे चेहरे पर कोई भाव नहीं थे। मैंने ख़ुद को शीशे में देखा, मैं ख़ुश हो गई कि अब मुझे अपने भावों पर नियंत्रण करना आ गया था। जब तक शेखर कद्दू लेकर आते मैंने कद्दू के टुकड़े कूड़ेदान में डाल दिये।

चाची चौधरी

मैं छोटा था और मेरे माँ और पापा थे। मामा-मामी, मौसा-मौसी थे। गली में पुन्नू पानवाला भी था और नन्हें दूधवाला भी। सारा सामान डीबट काका के यहाँ से आता था। मेरे घर से जुड़ा जिनका घर था। वे हमारे रिश्तेदार थे। उन्हें देखकर ऐसा लगता कि मैं ही नहीं अगर दुनिया में उन्हें कोई भी देखता तो चाचा-चाची ही कहता। जिन्हें बचपन से सम्बोधनों से ही जाना हो, उनका अस्तित्व उस नाम के बिना असम्भव लगता है। फिर वो चाहे पुन्नू, नन्हें, डीबट हों या चाचा-चाची। कई बार लगता कि कमरे में नहीं अगर बाहर जाकर आँगन की खिड़की से देखूँ तो शायद कुछ और बुलाने का मन करे, पर ज़बान पर सिर्फ़ चाचा-चाची। चाचा-चाची के अगर दो लड़कियाँ न होतीं तो लड़के भी हो सकते थे, पर समस्या यह थी कि मुझे हमेशा लगता था कि चाचा-चाची और उनकी दो लड़कियाँ एक साथ पैदा हुई रही होंगीं। इसी तरह उस घर को ध्यान से देखा तो कभी नहीं लगा कि यह घर चाचा-चाची और उनकी लड़कियों के अलावा अपने अन्दर किसी और को रहने भी देगा। चाचा ज़बान से कम और गले से ज़्यादा आवाज़ करते। आवाज़ ऐसी जैसे चेतावनी दी जा रही हो, या कह सकते हैं कि सिगनेचर ट्यून जैसी। जब आवाज़ आए तो निश्चित है कि वो चाचा हैं, पर वो आवाज़ के साथ आए कि पहले आवाज़ आई और वो बाद में, ये बता पाना मुश्किल है। यह ज़रूर है कि अगर कोई और ऐसी आवाज़ निकालता तो मैं निश्चित तौर पर चाचा से उसकी शिकायत करता।

चाचा और विजय सुपर स्कूटर—फिर वही बेवक़ूफ़ाना ख़्याल कि चाचा जब से पैदा हुए उसी स्कूटर पर चल रहे हैं, पर मैं इससे ज़्यादा कभी सोच नहीं पाया। सोचता भी कैसे! क्योंकि विजय सुपर हमेशा चाचा के साथ चलती

और चाचा के खड़े होने पर खड़ी हो जाती। कभी-कभी तो मेरा मन करता कि उन्हें विजय चाचा बुला दूँ पर चाचा के गले की चेतावनी मेरी सोच बदल देती।

हमेशा नहीं पर कभी-कभी चाची भी चाचा के साथ विजय सुपर पर चलतीं पर लगता कि स्कूटर ने उन्हें मन से अपने ऊपर नहीं बैठाया। हो सकता है, इसका कारण चाची का मोटापा रहा हो, चाचा और विजय सुपर दुबले थे पर चाची मोटी। चाची ज्ञानी थीं और उन्हें दुनिया की सारी बातें पता थी जैसे पूजा के लिए प्रयोग होने वाले केले के पत्ते को कितने दिन पहले उगा होना चाहिए या ग्रहण का दान किस हाथ से देना चाहिए, क्योंकि बकौल चाची सूर्य ग्रहण के लिए बायाँ हाथ और चन्द्रग्रहण के लिए दायाँ हाथ। बरगद की पूजा में सबको पता था कि धागे के साथ कितने फेरे लगाने हैं पर यह सिर्फ़ चाची को पता था कि फेरे शुरू कहाँ से करने हैं। चाची को बन्ना-बन्नी, जच्चा सब मौक़ों के गाने आते थे। चाची का दिमाग़ कम्प्यूटर से भी तेज़ चलता था। मैं अगर कॉमिक्स लिखता तो चाचा चौधरी नहीं, मैं लिखता 'चाची चौधरी'। मुझे लगता था कि चाची देश की आज़ादी के लिए ज़रूर लड़ी होंगी क्योंकि सिर्फ़ उनको पता था कि अंग्रेज़ों को कब और कैसे निकालना है। चाची ने ही बोला होगा तुम लोग दस अगस्त को नहीं पन्द्रह अगस्त को जाना, दिशाशूल नहीं रहेगा। अंग्रेज़ों ने भी चाची की बात ज़रूर मानी रही होगी वरना पन्द्रह अगस्त के पहले क्यों नहीं गए?

मेरी माँ, यूँ तो मुखर थी ही नहीं और चाची के सामने तो ऐसा लगता था कि माँ होमवर्क करके नहीं गई है और अचानक चाची गरजेगी।

"लेखक की माँ हाथ निकालो, आज फिर से कॉपी ख़ाली?"

मेरी माँ डर जाती थी पर हाथ नहीं निकालती थी। एक बार माँ रसना का पैकेट पानी में घोलकर उबाल रही थी। आँच धीमी थी, जिससे पानी लाल बुलबुले का दलदल लग रहा था।

मैंने माँ से बोला—"पैकेट पर लिखा है सिर्फ़ ठंडे पानी में घोलकर रख दो..."

माँ डर गई, उसे लगा चाची मेरी बात सुन लेगी। माँ को चाची पर रसना कम्पनी से ज़्यादा भरोसा था। चाची अमीर थीं क्योंकि उनकी सास मरने से पहले काफ़ी गहना छोड़ गई थी। गहनों की एक सन्दूकची थी, जिसमें पुराने ज़माने के भारी जेवर थे। चाची के घर एक तहख़ाना था जिसमें गहने और नकदी रखी थी।

पर अगर तहख़ाना खुला भी होता तो भी डाकू गोबरसिंह उन्हें न लूट पाता क्योंकि चाची का दिमाग़ कम्प्यूटर से भी तेज़ चलता था।

चाची की छोटी लड़की, छोटी, अपनी माँ के प्रभाव में कम और पिता के प्रभाव में ज़्यादा थी। वह अक्सर ही स्कूटर की अगली सीट पर बैठती, मुँह बनाकर और आँखें बिचकाकर यह दिखाने की कोशिश करती कि वह स्कूटर चला रही है पर स्कूटर खड़ी थी स्टैंड पर। बड़ी लड़की प्रीति ज़्यादा सुन्दर थी और इसीलिए बारजे पर खड़ी रहती थी। वैसे उस बारजे ने कभी किसी और को खड़े होने से मना नहीं किया पर प्रीति को वहाँ से कुछ ख़ास लगाव था। मुझे लगता था जैसे यह छोटी चाची है पर माँ ने बोला था दीदी बुलाना। मैं माँ को शायद 'न' बोल देता पर बेचारी चाची से डाँट न खा जाएँ इसलिए प्रीति दीदी ही बोलता। एक बार मैंने प्रीति को छोटी चाची बोला तो उसने मेरी शिकायत चाची से कर दी, फिर मुझे मार पड़ी और माँ को डाँट, मैं रोया तो छोटी भी रोई।

चाचा के दफ्तर में हड़ताल हो गई और चाचा को पैसों की कमी हो गई। गहने कहाँ रखे थे इस बात का पता नहीं चल पाया और पैसों की कमी बनी रही। चाची गहनों पर कुंडली मारकर बैठी है, मेरे पापा ने बताया। मैंने तुरन्त अपनी ड्राइंग बुक में ढेर सारे सोने के सिक्के बनाए और उस पर चाची नामक साँप बैठा दिया पर यह सब अगर छोटी देख लेती तो शायद चाची को बता देती इसलिए मैंने पेज फाड़ दिया। मेरा बहुत मन करता था कि गहने, तहख़ाने से खोदकर निकाल लाऊँ, पर तहख़ाना कहाँ है समझ में नहीं आता था। दोपहर में जब चाची सोतीं तो मैं छोटी को कमरे में बन्द कर देता और उसे सौ तक गिनती गिनने को कहता और उस बीच रसोई में, कमरे में, बिस्तर के नीचे और पूजा के कमरे में भी झाँकता पर कुछ नहीं मिला। चाची सोतीं तो लगता कुम्हार मिट्टी सानकर धूप में सूखने के लिए छोड़ गया है। कमर पर मोटी धारियाँ देख कर मुझे लगता कि ब्लेड से धारियाँ खरोंच के साफ़ कर दूँ पर तब तक छोटी की गिनती ख़त्म हो जाती और फिर दरवाज़ा खोलना पड़ता। चाचा पहले तो शाम को चाय की चुस्की चहलक़दमी करते हुए छत पर लेते थे और मेरी माँ पर्दा करके ही वहाँ से गुज़रती थी। चाचा ने माँ को देखा ही नहीं तो कैसे पता कि परदे के अन्दर माँ है। चाचा, माँ को उसकी साड़ी से पहचानते थे पर अगर चाची, माँ की साड़ी पहन ले तो क्या चाचा, चाची को भी नहीं देखेंगे?

माँ की साड़ी माँ से चिपकी रहती थी और मैं अपने-आपसे। माँ कभी चाची नहीं हो सकती वैसे इसका उल्टा भी सच है। माँ डरती क्यों थी चाचा से, पापा से, चाची से?

माँ से सिर्फ़ दूधवाला डरता था क्योंकि माँ दूध में पानी नहीं देख सकती थी और दूधवाला माँ को बोलता था—"बहू जी, पानी दिखाए देओ तो जानी, पूरा दूधै तो है पानी हइए नहीं।"

चूँकि चाचा की फैक्ट्री में हड़ताल हो गई थी, चाचा परेशान रहने लगे थे। चाचा अब खड़े होकर नहीं बल्कि बैठकर चाय पीते पर चाय का कप दिन भर हाथ में पकड़े रहते। एक दिन चाची, माँ से चीनी माँगने आई। माँ जल्दी में कटोरी में चीनी की जगह चावल ले आई, चाची चकरा गई और कटोरी छोड़ कर चली गई। माँ ने मुझे चीनी लेकर भेजा, मैं चीनी नहीं जैसे मुकुट लेकर जा रहा था। रास्ते में नन्हे की भैंस ने पूछा—"कहाँ? मैंने पूरी बात बताई कि कैसे चाचा बैठकर चाय पीने लगे फिर चाची रोने लगी और फिर मैं भी रोया यह सुनकर भैंस की आँख भी गीली हो गई।"

चाचा ने अब अपना बिजनेस शुरू किया और एक 'वी.सी.पी.' ले आए। अब अस्सी रुपये में ब्लैक एंड व्हाइट टी.वी. के साथ तीन फ़िल्में या सौ रुपये में कलर टी.वी. के साथ।

एक रात में तीन फ़िल्में देखना मज़ाक लगता है, पर था नहीं, अगर नहीं देखेंगे तो सुबह चाचा 'वी.सी.पी.' लेकर चले जाएँगे। चाचा को बहुत सी बुकिंग आने लगी थी और चाचा दिन-रात 'वी.सी.पी.' चलाने लगे। अब विजय सुपर कम चलती थी पर छोटी रोज़ सुबह शाम प्रैक्टिस करती और मैं पीछे वाली सीट पर बैठता। एक दिन मैंने पापा से पूछा, आपके पास साइकिल क्यों है? विजय सुपर नहीं! पापा उदास हो गए और बिना साइकिल के घर के बाहर चले गए। माँ ने जल्दी से मुझे पहाड़ा याद करने को बैठा दिया। मुझे 2, 5 और 10 के पहाड़े ही अच्छे लगते थे। मैं पहाड़े याद करने बैठता तो चाची आ जाती थी। चाची, माँ से बात करती थी और बातों-बातों में रोती थी। माँ, चाची के सामने नहीं रोती थी पर उदास हो जाती थी क्योंकि चाची की दो लड़कियाँ थी। अगर लड़के होते तो चाची न रोती, फिर माँ भी उदास न होती। चाचा बुधवार को बुकिंग नहीं लेते और जब भी वी.सी.पी. घर पर होता तो चाची हम सबको बुलाकर पिक्चर दिखाती।

माँ को गाने अच्छे लगते थे पर चाची के कहने पर पूरी पिक्चर देखती। मैं भी देखता और एक बार में दो-तीन। मैं ज़्यादातर मारधाड़ वाली पिक्चर देखता कोया-कोया टैची, डागा, सिंघाल, जिंदाल, मोगैंबो, पप्पू चेसिस बहुत अच्छे नाम लगते। पापा जब मुझे मारते तो मैं इनमें से कोई एक बनकर पापा से बदला लेने की सोचता पर माँ कहती तुम्हारी बातों से हमें डर लगता है। फिर मैं रोता और माँ मुझे गोद में सुला लेती।

चाची के घर रोज़ एक शो ज़रूर होता। खाना खाने के बाद 1:30 से 5:00 बजे तक। चाचा पिक्चर नहीं देखते पर बीच-बीच में आकर किसी कैरेक्टर को गाली देकर चले जाते और फिर मैं सोचता कि कैसे चाचा को सब पता है कि कौन कैसा है। चाची वैसे तो चुपचाप ही पिक्चर देखतीं पर देखते समय पहले से ही रोना मुँह बनाए रखतीं और भावुक दृश्य आते ही रोने लगतीं। चाची की बड़ी लड़की भी रोती पर मैं और छोटी हँसते और फिर चुप हो जाते। प्रीति दीदी कभी-कभी पिक्चर देखती वरना बारजे पर ही रहती। अब तो उसने बारजे पर एक कुर्सी रख ली और उस पर लेई लगा दी, चिपककर बैठती। मैं कभी-कभी बोलता मुझे बैठना है तो मुझे भगा देती। मैं चिल्लाता, तू जिंदाल को नहीं जानती पर उसे कुछ सुनाई नहीं पड़ता, वह सड़क देखकर मुस्कुराती रहती। एक दिन चाची, चाचा पर चिल्ला रही थीं, पर चाचा चाय पीते जा रहे थे। कप में गूलर का फूल था क्योंकि चाय ख़त्म ही नहीं हो रही थी।

चाची बोलतीं—“प्रीति पिक्चर देखकर रोने लगी है, बड़ी हो गई है, शादी क्यों नहीं करते? एक दिन बारजे से कूदकर भाग जाएगी तब तुम सिर पीटना।”

चाचा ने उतना इन्तज़ार नहीं किया और तुरन्त सिर पीटने लगे। चाची रोने लगीं, प्रीति रोने लगी, मैं और छोटी हँस रहे थे। छोटी आइस-पाइस खेलते समय पकड़ी जाती क्योंकि वह छुप कर भी हँसती रहती थी। एक दिन मैंने उसे गहने ढूँढ़ने की बात बताई, अब छोटी चुप रहने लगी। पहले स्कूटर पर बैठती, अब नहीं बैठती। पहले हम दोनों साथ नहाते थे पर अब नहीं। छोटी चुप रहने लगी और ज़्यादा खाना खाने लगी, रात को छुपकर भी खाती थी। मोटी हो गई थी और कहती, पेट दर्द कर रहा है। मैं नहीं खेलूँगी।

मैंने उससे कट्टी कर ली अब उसके घर सिर्फ़ पिक्चर देखने जाता। माँ बोलती अब पढ़ा-लिखा करो और इतनी पिक्चरें मत देखा करो। मैं पापा से डरता था पर माँ से नहीं। माँ पूछती तो 8 का पहाड़ा भी सुना देता पर पापा पूछते दो अट्ठे!

तो मैं 16 छोड़कर बाकी सब बोल देता, जैसे 22,17,19 कभी-कभी 28। पापा बिना साइकिल के घर से निकल जाते। माँ ज़्यादातर काम चाची से पूछ कर ही करती जैसे; बड़ी में कौन सी दाल पड़ेगी और बड़ी डालने से पहले किस देवी की पूजा करनी चाहिए या फिर करवा चौथ के करवे में कितने सींक डालने चाहिए, ऐसी न जाने कितनी ही बातों पर चाची का एकाधिकार था पर अब चाची सिर्फ़ फ़िल्मों की बातें ही करती। चाची ने दाता फ़िल्म देखी जिसमें मिथुन, डाकू बन जाता है। चाची माँ के गले लग कर ख़ूब रोईं। यह सोच रही होंगी कि अगर उनके साथ ऐसा हुआ तो डाकू बनने के लिए उनके तो कोई लड़का भी नहीं है। इतनी फ़िल्में देखकर प्रीति गाने गुनगुनाती रहती।

प्रीति गाती—"बाबुल का यह घर बहना दो दिन का ठिकाना है...ऽऽऽ"

चाची और छोटी रोने लगते, मैं हँसता था। अब छोटी न ज़्यादा लड़ती और न ही खेलती थी पर कभी-कभी बातें करती थी। उसे लाल कौवा देखना था और नन्हे की भैंस की पीठ पर बैठना था। मैंने उसे वहीं रुकने को कहा और भागकर भैंस के पास गया। कौवा पीठ पर ही बैठा था।

मैंने कौवे से पूछा—"तुम्हारा कोई लाल भाई है?"

उसने कहा—"नहीं तो।"

भैंस सोचकर बोली—"मेरी पीठ चिकनी है, तुम्हारी छोटी फिसलकर गिर जाएगी।"

मैंने छोटी को बताया तो वह उदास हो गई, छोटी को लाल रंग बहुत पसन्द था और मुझे काला।

चाचा अब तो दो-तीन दिन घर नहीं आते, लगन का समय था बुकिंग बहुत बढ़ गई थी। पर जब घर पर रहते तो सोते रहते। हड़ताल ख़त्म नहीं हुई, तनख़्वाह भी नहीं मिली। चाचा जब चाय पीने बैठते तो हम सब से बातें करते। कई फ़िल्मों की कहानियाँ तो चाचा इतने मज़े से सुनाते कि फ़िल्म देखकर भी उतना मज़ा न आए। फिर एक दिन चाचा एक हफ़्ते के लिए कहीं चले गए। चाची ने बताया मुम्बई गए हैं, लेटेस्ट फ़िल्मों की कैसेट लाने। इस दौरान चाची ने घर में थिएटर खोल दिया और समय मिलते ही फ़िल्म लग जाती। जो पड़ोसिनें चाचा के रहते घर आने से कतराती थीं, अब अक्सर ही दर्शक-दीर्घा में बैठी रहतीं। वैसे तो चाची ने धाक ज़माने के लिए ही कमरे में सोफा किनारे करवा दिया था जिससे कि दीर्घा बड़ी की जा सके पर चाची

का मुँह देख कर मोहल्ले की औरतों ने शिष्टाचार के नाते, चाची जैसा ही मुँह बनाकर पिक्चर देखने में अच्छाई समझी।

माँ को देवरानी होने के नाते कुर्सी पर बैठना होता, बाकी औरतें दरी पर ही बैठतीं।

'राम तेरी गंगा मैली' चाची को बहुत पसन्द थी और हर दूसरे दिन एक शो तो हो ही जाता। चाची हमेशा 'सुन साहिबा सुन...' गाने के बाद ही इंटरवल करतीं। हो सकता है कि चाची को ग़ुस्सा रहा हो कि राज़ कपूर ने उनसे पूछ कर इंटरवल क्यों नहीं दिया इसलिए वह कहतीं—"हम कहतीं हैं, चाय-वाय पी ली जाए, बहुत देर से बैठे हैं और हम कहती हैं कि गाने के बाद तो पिक्चर रोकनी ही चाहिए।

इसके बाद हम बच्चों को किसी-न-किसी काम से बाहर भेज देतीं। वापस आने पर फ़िल्म आगे चल रही होती पर वहाँ से नहीं जहाँ हमने छोड़ी थी। एक दिन मैंने छोटी से पूछा हम पूरी फ़िल्म कब देखेंगे?

छोटी बोली—"कभी नहीं!"

फिर बोली—"माँ से पूछूँ?"

मैं उसे चुप करा देता और लाल कौवे की झूठी कहानी सुना देता।

'चाची थिएटर' में मैंने तक़रीबन 40 फ़िल्में देखी होंगी। 40 से 41 भी हो सकती थीं पर एक दिन पापा घर आकर बोले—"तैयार हो जाओ हम लोग पिक्चर देखने जाएँगे।"

माँ और मैं बहुत ख़ुश थे पर टिकट का दाम देखकर माँ और पापा थोड़ा उदास हो गए। फिर भी हमने 3 रुपये 45 पैसे में बालकनी में बैठकर 'गांधी' देखी। मुझे भगत सिंह की कहानी सुनकर उनके जैसा बनने का मन करता पर गांधी को देखकर उनके जैसा बनने को मन नहीं किया। मार खाते जाओ और हाथ न उठाओ पर गांधी जी बहुत समझदार थे। मैंने उनसे कुछ सीखा था पर किसी को बताऊँगा नहीं। अगले दिन चाची को पता चला कि हम लोग गए थे तो फ़ौरन माँ को तलब किया गया और पूछताछ शुरू हुई;

"हीरो कौन था?"

"हीरोइन का नाम?"

"विलेन कौन था, हीरो का बाप कि हीरोइन का?"

माँ लगभग संज्ञाशून्य हो गई थी और इन बातों का जवाब न दे पाई।

चाची को शक हुआ कि हम लोग फ़िल्म देखने गए थे या नहीं माँ को किसी का भी नाम याद नहीं आया। चाची को अफ़सोस हुआ, फिर उन्होंने माँ को समझाया, हम कहती हैं फ़िल्म देखने जाने से पहले पूछ लिया करो, ऐसे पैसे बर्बाद करने से क्या फ़ायदा। माँ को बहुत ग्लानि हुई और फिर माँ शायद ही कभी बाहर फ़िल्म देखने गई। चाहे फ़िल्म चले या घर में कोई मेहमान आए प्रीति अपना काम ख़त्म करके बारजे पर बैठ जाती। चाची उस पर चिल्लातीं, हम कहती हैं यह हुड्ड दिन भर बारजे पर टँगे कौन सी पिक्चर देखती है?

पापा भी चिल्लाते थे पर सिर्फ़ माँ पर, माँ सीधी थी पर पापा कहते थे बेवक़ूफ़। माँ मुझे बहुत प्यार करती थी पर पापा कभी-कभी माँ को डायन कहते थे। मुझे तो डायन से डर लगना बन्द हो गया। जब कोई डायन नाम लेता तो मुझे माँ याद आती। पापा बोलते चाची को देख कितने सलीके से हर काम करती है और तू फूहड़ कुछ नहीं जानती। माँ रोती तो लगता आत्मबलिदान के सम्मान में अपने-आपको अश्रुपुष्प चढ़ा रही है। मैंने कभी घृणा और क्रोध से उन्हें रोते नहीं देखा। चाची, पापा को समझाती, सीख जाएगी, उसके घर में अलग माहौल रहा होगा। शायद माँ को इन बातों का जवाब पता था पर माँ ने कभी दिया नहीं और चाची के स्थिति सँभाल लेने की कोशिश को सिर आँखों लिया। पापा ग़ुस्से में भी खाना ज़रूर खाते, माँ न भी खाए तो भी। माँ फिर भी न ग़ुस्साती और मैं सोचता काश चाची मेरी माँ होती पर नहीं, यह वाली माँ ही ठीक है। इस बार माँ और मैं 'चाची थिएटर' गए तो चाची ने सिलसिला दिखाई और अमिताभ बच्चन और रेखा के रिश्तों के सम्बन्ध में अपनी बेबाक राय बताई। चाची ने बताया कैसे अमिताभ ने घर पर रोती जया और बच्चों को छोड़कर रेखा के साथ छुट्टियाँ बिताई। माँ का विस्मय उनकी आँखों में दिखता था। कैसे चाची सब जानती हैं? चाची कभी-कभी तो माँ को उन फ़िल्मों की कहानी भी सुनाती जो रिलीज होने वाली होतीं।

चाची ने 'अवतार' देखी और राजेश खन्ना का बुढ़ापे का हाल देखकर माँ से बोलीं, बच्चों को ढंग से पालना चाहिए वरना बड़े होकर यह हाल करते हैं।

अवतार में सचिन नौकर था पर बहुत ईमानदार और अपने बाबूजी की मार खाकर भी कुछ न बोलता पर मैं पापा के ग़ुस्सा होते ही भागने लगता। वह दौड़ाते, पकड़ते और मारते। मैं फिर भी भागता।

चाची ने समझाया कि पापा सब कुछ मेरे अच्छे के लिए करते हैं और मार खाने में भी मेरी भलाई ही है अर्थात चाची अब 'चाची गांधी' बनना चाहती हैं? माँ ने भी समझाया, पापा थक जाते हैं इसलिए भागा मत करो, खड़े होकर मार खा लिया करो। माँ मुझे पंचतंत्र और सदाचार की कहानियाँ सुनाती पर मार खाना मुझे समझ में नहीं आता। मार खाने के बाद मैं खाना नहीं खाता जैसे गांधीजी करते थे (वह बात मैंने गांधी फ़िल्म देख कर सीखी थी)।

खाना न खाने पर माँ मुझे मनाने आती और फिर माँ मुझे अपनी माँ के किस्से सुनाती। नानी का आम का बाग था और जब नानी ग़ुस्सा होती और माँ को मारने दौड़ती तो माँ भाग कर बाग में छुप जाती। माँ, नानी को याद कर उदास हो गई पर मैं ख़ुश हो गया क्योंकि मैं भागकर ग़लत नहीं करता था। चाची की भी माँ थी और वह भी बहुत पैसे वाली थी। चाची की माँ मतलब प्रीति और छोटी की नानी और चाचा के लिए अम्मा जी। चाची के भाइयों ने 'अवतार' के नालायक बच्चों वाला बर्ताव किया था इसलिए छोटी की नानी ने यहाँ वनवास लिया था। नानी को भी फ़िल्मों का शौक़ था पर डरावनी। हम बच्चों को नानी की डरावनी फ़िल्में देखने को नहीं मिलती थी। मैं और छोटी बारजे पर खड़े रहते और सड़क ताकते। सड़क की दूसरी ओर पान की दुकान थी 'झकम झोर पान शॉप', वहाँ हमेशा तीन-चार लड़के खड़े रहते और हमको घूरते। सिगरेट पीकर धुआँ हमारी तरफ़ उड़ाते, मैं उन्हें ठेंगा दिखाकर छुप जाता। प्रीति नहाने के बाद बाल वहीं सुखाती। पहले तो चोटी करती थी पर अब बाल खुले रखती। खुले बालों में प्रीति और सुन्दर दिखती थी। प्रीति के बाल लम्बे थे और वह छोटी इसलिए बाल घुटनों से नीचे तक लम्बे थे। अब चाची भी काम ख़त्म करके बारजे पर बैठ जाती, तब प्रीति अन्दर आ जाती। प्रीति बारजे को किसी के साथ बाँट नहीं सकती थी। चाची वहाँ बैठकर गेहूँ बीनती और कंट्रोल की सरकारी दुकान को गाली देती, जो इतना गन्दा गेहूँ राशन कार्ड पर देते।

चाची कहतीं, बाज़ार में गेहूँ महँगा है और इधर हड़ताल के चलते चाचा की कमाई बन्द हो गई है।

हड़ताल और लड़कियों में रेस हो रही थी, लम्बी होने की। माँ भी अक्सर गेहूँ बिनवाती और चाची से कुछ कहना चाह कर भी न कह पाती क्योंकि चाची की फ़ेहरिस्त बहुत लम्बी थी। चाची प्रीति की शादी की बात करती हुई कहती।

हम कहती हैं, यह इतनी जल्दी बड़ी कैसे हो गई और हड़ताल में शादी कैसे कराएँ?

सच अगर चाची के पास पुश्तैनी घर न होता तो क्या होता?

शायद चाचा झोंपड़े में रहने लगते जहाँ से हमारी महरी आती थी। फिर शायद चाची भी घर-घर बर्तन माँजती। मैं फिर रोज़ फ़िल्में न देख पाता पर चाची अभी भी रोज़ फ़िल्में देखती।

चाचा मुम्बई से बहुत से कैसेट लेकर आए थे। प्रीति माँ को बुला लाई, माँ ने चाचा के पैर छुए। चाचा ने 'हत्या' फ़िल्म लगा दी, पार्टी सीन था जिसमें गोविन्दा डांस कर रहा था अचानक चाचा चिल्लाए—"देखा?"

हम सब ने चाची की तरफ़ देखा, चाची गर्व से मुस्कुरा रही थी। चाचा ने फ़िल्म रिवाइंड की और फिर प्ले कर दिया। चाचा फिर चिल्लाए। मेरा प्रश्नवाचक चेहरा देखकर बोले—"गधे दिखा कि नहीं वह खड़े हैं हम!"

पता नहीं पार्टी में घूमते कैमरे में अँधेरे-उजाले के बीच वहाँ कौन खड़ा था पर डाँट से बचने के लिए मैंने मुस्कुराकर 'हाँ' कर दी।

छोटी उछल रही थी—"गोविन्दा चाचा! गोविन्दा चाचा!"

मैं गोविन्दा को चाचा नहीं बोल पाया पर गोविन्दा ने हमारे परिवारों के बीच अन्तर बहुत बढ़ा दिया था। अब चाचा का वी.सी.पी. भी ख़ूब चलने लगा था वह घर पर कम ही दिखते। चाचा ने कई फ़ोटो फ्रेम में लगवा कर ड्राइंग रूम में टाँग दिया था। एक फ़ोटो में चाचा अमिताभ बच्चन के साथ तो दूसरे में जयाप्रदा के साथ। इसी तरह गोविन्दा और अमरीश पुरी भी चाचा के साथ फ़ोटो में मुस्कुराए। 'हत्या' फ़िल्म के उस सीन की तरह न जाने कितने सीन हमने देखे जिसमें चाचा दिखाई पड़ रहे थे। चूँकि अब चाची ज़्यादातर घर के अन्दर ही रहती हैं तो प्रीति का ज़्यादातर समय बारजे पर ही कटता और अब तो प्रीति एक छोटी सी बाल्टी लगी रस्सी लटका देती और सब्ज़ी वाला सब्ज़ी के साथ पैसे वापस रख देता। बारजे से एक दिन नन्हे दूधवाला मोपेड पर जाता दिखा। वह मोपेड पर बैठकर ख़ूब हॉर्न बजाता। हॉर्न की आवाज़ ऐसी जैसे 10-12 कौवे आधे सेकंड से कम के अन्तर में एक साथ बोलने की कोशिश कर रहे हों।

आज पापा, माँ से बता रहे थे कि प्रीति के लिए लड़का ढूँढ़ा जा रहा है। पापा खाना खाते-खाते सोचने लगे और फिर खाने लगे।

मैं बिस्तर पर लेटे-लेटे सब सुनता रहा। चाची ने प्रीति की कई फ़ोटो भी खिंचवाई थी जिसमें वह ज़रूरत से ज़्यादा गोरी दिख रही थी। चाची फ़ोटो देख-देख निहाल हो जाती थी और फिर ऐसी कोई फ़िल्म लगा देतीं, जिसमें लड़की की विदाई का सीन हो और फिर चाची और चाची की माँ हुआ-हुआ की आवाज़ करके रोने की प्रैक्टिस करतीं। चाचा के आने पर फ़िल्म तो चलती रहती पर प्रैक्टिस ख़त्म हो जाती। आज चाचा ने पापा के साथ चाय पी और शादी के बारे में बातचीत की।

जनवासा, हलवाई, मेहमान, रजाई-गद्‌दा, कमरे, मोठ-दालमोठ, मटमंगरा, तेल, चना-दाल, अरहर, आटा द्वारचार, तिलक, गहने, सगाई, साड़ी आदि शब्दों के साथ बातचीत ख़त्म हुई। चाचा के चेहरे पर गहरी ज़िम्मेदारी के भाव थे जिसकी छाया पापा के चेहरे पर पड़ रही थी। फिर पापा ने घर की लड़की, ख़र्चे, वगैरह, कोई भी काम, हम हैं, कभी भी, लड़के वाले, ख़ुशी आदि शब्दों के साथ विदा ली।

स्कूल से मैं सीधे चाची के घर पहुँचा तो चाची ने मुझे 'झकमझोर पान' से छह मीठे पान बँधवा लाने को कहा। घर में बहुत चहल-पहल थी पर वी.सी. पी. पर फ़िल्म चल रही थी और आवाज़ बन्द कर के रखी थी।

आज फ़िल्म देखना मुश्किल था, सभी कामकाज में व्यस्त थे क्योंकि प्रीति को देखने लड़के वाले आ रहे थे। प्रीति साड़ी पहनकर और छोले पर कटी प्याज और धनिया छिड़ककर कमरे में आई पर वह उदास दिख रही थी। छोटी फुदक रही थी। चाचा बात करते-करते हाथ जोड़ लेते थे। लड़का मोटा और चश्मा लगाता था पर गोरा और लम्बा भी था। मैंने छोटी से कहा तुम भी शादी कर लो, छोटी मुझे चिकोटी काट कर भाग गई। प्रीति जब अन्दर कमरे में आई तो रोने लगी, मैं वहीं बैठा था। प्रीति ने मुझे गले लगा लिया, मैं डरकर बाहर भाग आया। बाहर चाचा ने 'संसार' फ़िल्म लगा दी थी और बोल रहे थे बताइए—"भाई साहब क्या दिन आ गए हैं बेटा बाप से पैसों का हिसाब कर रहा है?"

पापा भी मेरी तरफ़ देखकर बोले—"आजकल के लड़के तो बाप को गदहा समझते हैं बताइए।"

चाची को भी बोलना था—"यह तो हमारी फेवरेट फ़िल्म है। आप लोग घर पर वी.सी.पी. पर फ़िल्म देखते हैं कि हॉल में?"

वी.सी.पी. बोलते समय चाची के चेहरे पर कई तरह के भाव थे, किसी एक की व्याख्या कर पाना आसान नहीं होगा पर चाची का मतलब था घर में वी.सी.पी. और गोविन्दा (चाचा) का होना सामाजिक सीढ़ी पर ऊँचा स्थान दिलाता है।

मेहमान बोले—"अब बहू आ जाएगी तो साथ में ही देखेंगे।"

चाची हँसी।

चाचा हँसे।

पापा हँसे।

माँ हँसती है तो अच्छा लगता है।

फिर सब लोग हँसते-हँसते चले गए। पापा, चाचा बारजे पर खड़े बातें करते रहे, उधर माँ और चाची रसोई में लग गई। छोले ज़्यादा बन गए थे इसलिए हमने खाना वहीं खाया।

चाची थिएटर का अगला शो 'तेरी मेहरबानियाँ' था। चाची तो फ़िल्म ख़त्म होते-होते चाचा से सुबकने लगीं।

हम कहती हैं—"हमारे लड़का तो है नहीं एक कुत्ता ही पाल लो मुखाग्नि देने के लिए।"

चाचा भी सोचने लगे। मैं चला आया, फ़िल्म अच्छी थी, हीरो मर गया, चाचा ने कुत्ता नहीं पाला, दिन भर बुकिंग पर रहने लगे। जब घर पर वी.सी.पी. नहीं रहता तो मेरा भी जाना कम हो गया था पर छोटी ज़रूर मेरे घर आ जाती फिर हम दोनों भैंस के पास जाते। भैंस हमसे बात नहीं करती और पूँछ मारकर भगा देती। ग़ुस्सा थी क्योंकि हम लोग बहुत दिनों बाद मिलने गए थे।

पापा जब शाम को लौटे तो माँ को बताया कि प्रीति की शादी तय हो गई है। साढ़े तीन लाख कैश बोल रहे थे पर दो में मान गए हैं। लड़के के बाप बढ़िया आदमी हैं, बहुत साफ़ बात करते हैं—"आप चाहे तो बारातियों को कद्दू पूड़ी खिला देना पर हम दो लाख कैश तो लेंगे ही।"

पापा ने यह भी बताया कि कैसे उनकी पूरी शादी 40 हज़ार में हुई थी, माँ चुप रही।

माँ रोज़ सोते वक़्त मुझसे बात करती और मुझसे पूछती—"जब तुम बड़े इंजीनियर बन जाओगे तो हमको अपनी कार में घुमाने कहाँ ले जाओगे?"

मैं बोलता—"अमेरिका!!"

माँ ख़ुश होकर मुझे गले लगा लेती।

अगले दिन से माँ दोपहर में चाची के यहाँ चली जाती और गेहूँ बिनवाती। अगर वी.सी.पी. घर पर होता तो फ़िल्म चलती वरना चाची ही कुछ-न-कुछ मिमियाती। छोटी तो जूता कैसे चुराएँगे की प्लानिंग करती रहती और मुझे भी पैसों के लालच में इस साज़िश में शामिल कर लिया। प्रीति अब बारजे पर बैठती तो उदास मटमैली-सी लगती। नाउन रोज़ आकर प्रीति को उबटन लगाती और प्रीति पीली-पीली हो जाती। शादी के दिन गिनती के ही बचे थे। पापा के हिस्से जनवासा, वहाँ का नाश्ता और हलवाई का इन्तज़ाम था। लड़के वाले सौ बाराती लाना चाहते थे पर पापा के हिसाब से सत्तर ही ठीक रहेंगे। चाचा ने पापा को एक अच्छा होटल बुक कराने को भी बोला जिसमें गोविन्दा (चाचा) रुकेंगे। चाची को यह बात शायद पहले से पता थी पर छोटी सुनकर फुदकने लगी। प्रीति यह सुनकर ख़ुश हुई और फिर अचानक उदास और मटमैली हो गई।

पापा ने पूछा—"क्या भाईसाहब आपने हमसे यह बात छुपाकर रखी हम तो घर वाले हैं!"

चाची हँसी।

चाचा भी हँसे।

पापा को हँसना पड़ा।

माँ वहाँ न थी, होने पर हँस सकती थी।

चाची—"हम कहती हैं इन बातों पर अपनों की ही नज़र लगती है इसलिए हमने किसी को नहीं बताया।"

चाचा—"हाँ! और होटल वालों को भी मत बताना बेकार में अख़बार वाले परेशान करने आ जाएँगे।"

पापा—"गोविन्दा जी?"

चाचा—"अरे भई! इस बार मुम्बई में मुलाक़ात हुई तो हमने न्यौता दे दिया, बिटिया की शादी है ज़रूर आएँगे।"

पापा—"अच्छा, अकेले आएँगे या सपरिवार?"

चाचा बात ख़त्म करना चाहते थे—"ऐसे कभी पूछा जाता है क्या कि सुनीता भाभी भी आएँगी क्या?"

पापा को होटल में कितने कमरे बुक करने हैं उसकी चिन्ता थी पर चाचा के इस तरह झिड़कने पर उन्हें अपनी नादानी पर ग़ुस्सा आया। रात को पापा ने माँ को बताया कि होटल विजय के सुपर डीलक्स कमरे में गोविन्दा को रुकवाएँगे।

माँ ने रोटी देते हुए पूछा—"अकेले या परिवार के साथ आ रहे हैं?"

पापा मेरी बन्द आँखों से सुनिश्चित होकर दाँतों से हरी मिर्च काटते हुए बोले—"हमारे घर में मेहमानों से इस तरह बात नहीं की जाती, तुम्हारे ख़ानदान में यह रिवाज होगा। बहनोई को ठीक से खिला-पिला भी नहीं पाते।

माँ ने डरकर मुझे देखा होगा पर मैंने आँख नहीं खोली थी इसलिए माँ निश्चिन्त होकर मेरे पास लेट गईं। मैंने खाना नहीं खाया और मैं उसी तरह सोते-सोते सो गया।

शादी के दिनों के कम होने के साथ मेहमानों की संख्या बढ़ती जा रही थी। छोटी की मौसी, नानी, मामी के साथ माँ भी व्यस्त रहती। मैं अकेला हो जाता और भैंस के सामने बैठा रहता। भैंस, कौवे से बात करती और मेरी तरफ़ ध्यान नहीं देती। नन्हे दूध दुहने से पहले थन धोता फिर अँगुली में फँसा-फँसाकर दूध निकालता। कभी-कभी भैंस को बड़ा सा इंजेक्शन लगाता। भैंस तब रोती थी पर दूध दे देती थी। मैं चाची के यहाँ कम जाता। छोटी अपने मामा के लड़के के साथ खेलती। प्रीति बारजे पर बैठी कुछ लिखती रहती। शायद लिस्ट बना रही होगी कि क्या-क्या सामान ले जाना है। बस वी.सी.पी. न ले जाए वरना हम लोग फ़िल्म कैसे देखेंगे?

पापा ने कहा—"पैर पुजाई में सोने के कंगन और कलेवा में अँगूठी देंगे।"

माँ ने अपने गहने गलवाने के लिए दे दिये। पापा हम लोगों को घुमाने ले गए। माँ ने कुल्फी, मैंने सॉफ्टी खाई। सुबह प्रीति मेरे घर आई और माँ से बातें की। माँ ने मुझे बाहर भेज दिया। मैंने खिड़की से देखा कि माँ परेशान थी। प्रीति माँ के गले लग रोई, फिर माँ प्रीति को लेकर चाची के यहाँ गई। अब मैं और छोटी खिड़की पर खड़े थे। अन्दर चाची, प्रीति को बाल खींचकर मारने लगी तो माँ ने बचा लिया। माँ, प्रीति को लेकर घर आ गई और मुझे लिम्का लाने को कहा। प्रीति लिम्का पीकर रोती रही, मैंने भी एक घूँट पिया और डकार ली। डकार लेने पर माँ हँसती थी पर आज मैं अकेले हँसा।

शाम को पापा देर से आए और मुझे बाहर भेज दिया।

और फिर माँ पर चिल्लाए—"बढ़ावा, डायन, गोविन्दा, फ़ूहड़, इश्क़, इज़्ज़त, नाक और शादी बाक़ी कुछ सुनाई नहीं पड़ा। माँ आज बहुत रोई और बिना खाना बनाए सो गई। मैंने और पापा ने चाची के यहाँ खाना खाया। कल बारात आनी थी और आज रात छोटी के मामा के लड़के भानू ने ख़ूब डांस किया। ढोलक बज रही थी, सब लोग गा रहे थे, माँ वहाँ नहीं थी और मैं भी वापस आ गया। रात भर लोगों ने गोविन्दा के ही गाने गाए कि कल गोविन्दा चाचा आएँगे तो भानू नाच के दिखाएगा। गीता मौसी हरी साड़ी में, रक्कू मामा सफारी सूट में, चमन भैया शेरवानी में और लब्बो मामी बनारसी में गोविन्दा के साथ फ़ोटो खिंचवाएँगी। बारात तो रात आठ बजे आएगी पर गोविन्दा (शायद परिवार के साथ) शाम तीन बजे तक आ जाएँगे। पापा ने माँ को सुआपंखी रंग की साड़ी और अपनी टाई प्रेस करने को बोल दिया। फ़ोटो खिंचवाने के लिए गोविन्दा के लिए कार सज गई थी और पापा दो बजे स्टेशन के लिए निकल गए। चाची ने फाइनल रिहर्सल के तौर पर वी.सी.पी. पर 'बाबुल की दुआएँ लेती जा...', 'बाबुल का यह घर बहना...' गाने लगा दिये और नानी के साथ हुआ-हुआ, हाँव-हाँव करके रोने लगी। घर की कई औरतें सिर्फ़ आवाज़ों में शामिल हुई, रोना अभी ज़रूरी नहीं था। चाचा परेशान भाग रहे थे, फूल वाला स्टेज सजाने आया था पर स्टेज नहीं बन पाया था।

चाचा—"साले उल्लू बनाते हैं जैसे हमने तो काम नहीं किया, तीन फ़िल्में बोलते हैं तो चार लेकर जाते हैं और यह साले छह बजे तक रेडी करने को बोला था, अब क्या बाराती आकर ख़ुद बनाएँगे स्टेज?"

बारात साढ़े दस बजे तक आ गई थी, स्टेज सज चुका था। बारातियों को लिम्का नहीं थम्स-अप चाहिए था। थम्स-अप ख़त्म हो गया था क्योंकि बहुत सी बोतलें तो शैंपेन प्रभाव को देखने में बर्बाद हो गई थीं। पापा जब तक पहुँचते द्वारचार ख़त्म हो चुका था। पापा जब अकेले कार से उतरे तो सबकी निगाहों में अजीब-सी उलझन थी।

लड़के के बाप ने पापा से बोला—"हाँ भाई साहब कैसे हैं? आपने कहा था इसलिए हम सिर्फ़ ख़ास लोगों को ही बारात में लाए हैं, गोविन्दा जी को बुलाइए, हमारे बड़े ताऊ जी फ़ोटो खिंचवाएँगे।"

चाचा हँसते हुए पापा को एक तरफ़ ले गए। चाचा बार-बार रुमाल से मुँह पोंछ रहे थे और पापा इधर-उधर झाँक रहे थे।

चाचा की आवाज़—देर, ट्रेन, सेकंड एसी, स्लीपर, पूरा स्टेशन, ट्रेन नम्बर, ठीक से? स्टेशन मास्टर...?"

पापा का जवाब—"हर जगह, हर ट्रेन, 2 से 8, गार्ड, स्टेशन-मास्टर, क्या बताएँ, फोन नम्बर है?"

चाचा वापस हँसते हुए लड़के के बाप के पास आए और जयमाल की रस्में शुरू करने की बात की। लड़के के बाप ने पापा को और फिर चाचा को घूरा फिर अपने ताऊ से बोले—"बहुत धोखेबाज लोग निकले, बताइए, हमसे बाराती तक कम करवा दिये, थम्सअप तक नहीं पिला पाए।"

लड़के के बाप को रस्में निभानी थी सो वह गुस्सा हो गए। चाचा ने मुम्बई फोन मिलाया पर फोन नहीं लगा। चाची और नानी, हिच-हुचक हिच-हुचक की आवाज़ के साथ शुरू हो गईं। माँ नहीं रोई, माँ को पता था अभी नहीं, विदाई के समय रोना चाहिए।

चाचा, पापा, मौसा, फूफा, लड़के के पापा और लड़के के ताऊ जी के साथ घर के अन्दर चले गए। फिर थम्सअप अन्दर गया, फिर मिठाई और थोड़ी देर के लिए गाना बजाना बन्द हो गया। हम बच्चे आलू चाट खा रहे थे और बिना गाने के कूद रहे थे। आधे घंटे बाद सब लोग घर से हँसते हुए बाहर निकले। चाचा और लड़के का बाप एक दूसरे से हाथ मिलाते जा रहे थे और फ़ोटो खिंच रही थी, जैसे समाचार में ज्ञानी जैल सिंह हाथ मिलाते रहते हैं। फिर शादी में ख़ूब मजा आया और छोटी को साढ़े चार सौ रुपये जूता चुराई में मिले। सुबह विदाई के समय चाची और नानी प्रैक्टिस के हिसाब से रोईं, बाकी औरतों ने रोने को गाने में ढाल दिया था—

हमरी...बिटिया...लई जा...हुआँ-हुआँ
जा...कई...च...री...ता...न...रे
हाँव-हाँव...हुआँ-हुआँ...हाँव-हाँव

माँ और पापा भी रोए, मैंने कार पर कुल्ला किया।

चाची ने विदाई के बाद शुरू किया—"गोविन्दा, फ्लॉप, मोटा, घमंडी, साँड़ आदि के साथ गोविन्दा चाचा को कोसना। धीरे-धीरे सारे मेहमान चले गए और हम लोग अपने घर पर खाना खाने लगे।"

चाची चौधरी

नन्हे की भैंस ने छोटी और मुझसे बात करनी शुरू कर दी। कौवा उसकी पीठ पर बैठा कीड़े खा रहा था, उसकी पूँछ थोड़ी लाल हो गई थी। चाची वी.सी.पी. पर अब इंग्लिश फ़िल्में देखने लगीं, मैंने भी देखा था जेम्स बांड!

चाची को फ़िल्म समझ नहीं आती थी पर वह अपनी लबड़ धों-धों जारी रखती थीं।

होरीलाल की अम्मा

ये हरामी हिजड़ा है, कि नौटंकी करता है? ऐसा ठुमक-ठुमक चलता है जैसे यहीं मुज़रा करेगा।"

"अम्मा का ख़्याल नहीं होता तो साले को कब का जूता पैज़ार कर दिये होते।

"इस महीने का किराया दिया कि नहीं?"

"हमसे क्या पूछ रहे हैं? अम्मा लेती हैं, हम दोनों तो उनको चूतिये ही दिखते हैं।"

"हमने भी कितनी बार बोला, अम्मा, उमर हो गई है, क्या दुनियादारी में लगी हो...पर ज़िद है कि अपना खाना ख़ुद बनाना है और किसी बहू की रसोई में पैर नहीं रखना है।"

"हमको लगता है रसोई अलग होने के बाद से अम्मा ने मेन रसोई का चूल्हा ठंडा नहीं पड़ने दिया।"

"तुम्हारा मतलब है कि हमने अलग करवाया? मधु को इतने लोगों का खाना बनाते नहीं बन रहा था तो उसने यही बोला कि अलग होने से जिसका जो मन हो और जब मन हो खाएगा।"

"पर भाभी का तरीक़ा ग़लत था, अम्मा से आप बोलते तो बेहतर होता!"

"बढ़िया है, अब तुम तरीक़ा सिखाओगे? जब शादी के बाद घर लौटे थे तीन दिन तक दरवाज़ा नहीं खुला था तुम्हारा, सारे रिश्तेदार बाहर बैठे रहते थे, मधु ने सबको बना-बनाकर खिलाया। तब तो दही जमाए थे मुँह में, तब बोल देते, जाओ अमिता ज़रा देख लो, भाभी अकेले लगी होंगी, तब तुम लगे पड़े थे।"

"ग़लती थी आपके साथ चाय पी, बड़े का लिहाज है इसलिए जाने दीजिए।"

जो आख़िरी पंक्ति थी, वो मेरे चाचा की थी। मेरे पापा अभी भी छत पर खड़े थे, चाय का कप हाथ में लिए जबकि चाचा जा चुके थे। मैं वहीं कोने में दीवार के सहारे टिका चुपचाप सब सुन रहा था। चाचा के जाते ही पापा को ख़्याल आया कि मैं वहीं खड़ा उनकी बातें सुन रहा था।

पापा—तुम साले होरीलाल बनते जा रहे हो, जहाँ देखा दो लोग बातें कर रहे हैं, लगे सुनने।

मैं, अब रोने का उपक्रम कर रहा हूँ।

पापा—"औरतों की तरह रोने मत लगा करो।"

मैं अब चुप हूँ पर आँसू बहे-बहे से चिपके हुए हैं।

पापा—"छत पर खेलने आते हो तो थोड़ा खेला भी करो।"

मैं—"अमिता चाची ने बोला, कॉर्क के बॉल से मत खेला करो, पत्थर जैसी गेंद है चोट लग जाएगी।"

पापा—"बड़ा चाची के बाप गावस्कर थे जो उनको पता है। लाओ मैं फेंकता हूँ, तुम बैटिंग करो।"

मैं अब ख़ुश हूँ।

अब तक की बातचीत में बहुत कुछ स्पष्ट हो चुका होगा और शायद गावस्कर का नाम सबको पता नहीं होगा जो कि बताना आवश्यक है। पूरा नाम सुनील गावस्कर है और वो भारतीय क्रिकेट के महान बल्लेबाज हैं। चाचा और मेरे पापा को तो सबने सुन ही लिया है उनके बारे में वैसे बताने को कुछ ख़ास नहीं है सिवाय इसके कि हर बुधवार की शाम दोनों चाय साथ पीते हैं खुली छत पर, और अन्त में एक बहस होती है और चाचा चले जाते हैं। पापा भी कभी-कभी चले जाते हैं पर आज मैं था इसलिए चाचा ने जाना उचित समझा।

अब बात होरीलाल की, होरीलाल हमारे पुश्तैनी घर के सबसे पीछे वाले हिस्से में रहता था। घर लगभग 140 साल पुराना था। पापा के दादा जी ने बनवाया था, बाहर से 80 फीट लम्बा और 35 फीट चौड़ा एक संयुक्त परिवार वाला घर था पर अन्दर से इतना टूटा था कि अब जोड़ने की जगह ही नहीं बची थी। जिस हिस्से में हम लोग रहते थे वो सब मिलाकर 250 वर्ग फीट से ज़्यादा नहीं था। होरीलाल का हिस्सा हमारी दीवार से लगा था। पापा और माँ अक्सर बातें करते कि अगर होरीलाल चला जाए तो दीवार गिराकर उसका

हिस्सा भी अन्दर मिला लेंगे, कुछ नहीं तो एक कमरे की जगह हो जाएगी और मेरे लिए एक कमरा मिल जाएगा, पर वो बुढ़िया किसी को सुने तब न!

मेरे पापा हमेशा अम्मा बोलते थे पर माँ घर के अन्दर बुढ़िया और दरवाज़े के बाहर अम्मा जी बोलती थी। माँ ने मुझे ख़ूब गले लगाकर समझाया था कि कैसे दादी ने उनका जीना हराम किया हुआ था, और कैसे होरीलाल के चलते मेरे भविष्य में बहुत अन्धकार था। वो अँधेरी कोठरी ही मेरी क़िस्मत की चाभी थी और इसीलिए मैं चाहकर भी दादी को नहीं बता सकता था कि माँ, दादी को क्या बुलाती थी।

यह होरीलाल ही समस्या की जड़ था। बहुत छोटा सा था जब एक दिन दादी ने उसे ठंड की रात, घर के बाहर दालान में, ठिठुरते हुए पाया था। पहले तो दो-तीन दिन वहीं दालान में पड़ा रहा और जो कुछ मिला वो खा लिया। उस समय लगभग ग्यारह साल का था और अब मैं उसी उम्र का हूँ। इस बीच कितने साल निकल गए इसकी गणना दादी सालों में नहीं, देसी घी के दाम से करती हैं। आज जो मिलावटी घी चालीस रुपये किलो मिलता है उस ज़माने में आना-दो आना में मिल जाता था। दादी जब बोलना शुरू करती तो दादी क्या बोल रही हैं उससे ज़्यादा मैं उनके पिचके मुँह को देखता रहता। हाथों में इतनी झुर्रियाँ कि ऐसा लगता किसी ने आटा सान के रख दिया हो और सूख के आटे में दरार पड़ गई हो। दादी एक बार शुरू होने पर वही बातें दुहरातीं पर मैंने कभी दादी को नहीं बताया कि मैं वो सब सुन चुका हूँ।

दादी के नाना रायबहादुर थे।

बाबा रोज़ साइकिल से ऑफ़िस जाते थे।

पूरे मुहल्ले में सिर्फ़ उनके पास ही साइकिल थी।

बाबा शाम ठीक छह बजे घर लौटते थे।

बाबा को सफेद रंग के कपड़े बहुत पसन्द थे।

बाबा रोज़ शाम घर आकर अख़बार पढ़ते और एक पेग व्हिस्की पीते फिर खाना खाते और सो जाते।

सुबह 4 बजे उठ जाते और सबको उठा देते।

बाबा ने कभी कोई नशा नहीं किया।

पान को तो हाथ तक नहीं लगाया और बीड़ी-सिगरेट से तो उन्हें नफ़रत थी।

बस हर शाम चाहे गर्मी हो या जाड़ा एक पेग पीना ज़रूरी है।

उनको तो ओढ़ने वाली चद्दर भी प्रेस की हुई चाहिए होती थी, इसलिए दादी चद्दर को गद्दे के नीचे दबा के रख देती तो सब बिलकुल प्रेस किया हुआ मिलता।

बाबा की एक ख़ास आदत थी कि अगर कोई घर तक आया, चाहे वो रिक्शावाला हो या धोबी, बाबा उसको खाना खिलाए बिना जाने नहीं देते थे और इसीलिए दादी हमेशा दो लोगों का खाना अधिक बनातीं, बस होरीलाल को भी ऐसी भायीं रोटियाँ कि कभी घर छोड़ के नहीं गया। जो काम भी दादी बोल दें तो बस जान लगा देता। बाबा ने बहुत कोशिश की कि पता चल सके होरी का गाँव कहाँ है, वो कहाँ से और क्यों भागकर आया था। दादी को हमेशा लगता कि उसकी माँ ज़रूर तड़पती होगी अपने बेटे से मिलने को। दादी तो कई बार डाँट देतीं कि ऐसी औलाद किसी को न दे भगवान जो अपने माँ-बाप को न याद करे। पर होरी जैसे दूसरा जन्म ले चुका था वो बस यही बोलता कि दुनिया के सारे माँ-बाप भगवान नहीं होते और अगर होते अम्मा तो दुनिया में कोई पाप नहीं बचता। दादी होरी के इस तर्क के आगे चुप हो जातीं पर उन्होंने ठान लिया था कि एक दिन पता ज़रूर लगाएँगी कि होरी आया कहाँ से है। बाबा हमेशा होरी को बोलते रहे कि पढ़-लिख लो पर वो जीवट था, सिर्फ़ काम करता और सुबह आठ रोटी खाता और शाम को एक थाली भर के चावल। वो भी बाबा की तरह ही था, दिन में चावल नहीं खा सकता था और रात को रोटी नहीं।

बाबा उसको बहुत पसन्द करते, दादी से हमेशा कहते कि बुरे वक़्त में कभी अपने काम नहीं आते पर पराये ज़रूर आते हैं और ये लड़का हमेशा तुम्हारा ख़याल रखेगा। दादी हँस देतीं क्योंकि उनके दो लड़के थे और एक लड़की पर बाबा, दादी को कभी ज़्यादा समझदार नहीं समझते थे।

समय बीता और होरीलाल लड़का नहीं रह गया था और वैसे भी पापा और चाचा बड़े हो चुके थे, बुआ भी थीं और इसीलिए यह निर्णय लिया गया कि होरीलाल मकान के पिछले हिस्से में छोटी-सी कोठरी में रह सकता है, दिन भर घर का काम करे और काम करने के बाद अपने घर जाकर सोए। दादी को यह बात कभी पसन्द नहीं आई पर पापा और चाचा ही पुरुष थे, बाबा के मरने के बाद, अतः मन मारकर भी दादी कुछ न बोल पाईं।

पहले तो यह तय हुआ था कि वह पीछे कोठरी में रहेगा पर मेरी माँ के आने के बाद यह भी तय हो गया कि अब होरीलाल अपना खाना ख़ुद बनाएगा क्योंकि आठ रोटी इनसानी ख़ुराक नहीं होती, इसलिए वह अपना खाना ख़ुद बनाए। पापा ने इस बात का कभी विरोध नहीं किया, पर दादी को बहुत नाराज़गी थी।

दादी ने दोनों बेटों की रसोई तो अलग कर दी पर कसम खा ली कि मुख्य रसोई कभी बन्द नहीं होगी। दादी अपना खाना ख़ुद बनातीं। कोई कितना भी समझा ले पर होली पर अपनी गुझिया, दिवाली पर बेसन के आम, होली पर कटहल की रसेदार तरकारी। जैसे-जैसे उम्र बढ़ती गई दादी की सब्ज़ी कभी कच्ची तो कभी जली होती पर होरीलाल जब भी खाना खाता, तारीफ़ करते न अघाता। दादी उसको अक्सर बुला लेतीं और रसोई में ही बैठाकर सप्रेम खिलातीं। दादी को बाबा ने सिखाया था कि गरीब लोगों को खाना खिलाने के बाद उनको कुछ पैसे दे देने चाहिए। दादी होरीलाल को हमेशा ही दस-पाँच थमा देतीं। होरीलाल ने कभी मना नहीं किया जैसे सब कुछ लिखित था और ऐसे ही होना चाहिए।

पापा और चाचा इस बात से बहुत चिढ़ते थे पर दादी के रहते किसी को कुछ बोलने की हिम्मत नहीं पड़ती। वैसे भी दादी अपनी पेंशन से सब कुछ करतीं।

होरीलाल, अब घर के काम नहीं करता था बस दादी के पैर दबा दिये नहीं तो उनके लिए सब्ज़ी ले आया, जब से घर का काम छूटा, उसका मुख्य काम था मजदूरी पर वो बेलदारी नहीं करता, उस काम में उसका मन बिलकुल नहीं लगता था, बस ट्रकों से सब्ज़ी, दाल इत्यादि के बोरे उतरवाना और फिर छोटी-छोटी दुकानों तक सिर पर लादे पहुँचा देना। लेकिन उसके चलने और बात करने के तरीक़े से वो कभी सामान्य नहीं लगता। कमर मटकाकर चलना, लम्बे बाल, आँखों में काजल; बहुत कुछ हिजड़ों की तरह ही दिखता। अक्सर बाहरी दुनिया के मनोरंजन का साधन भी था पर मैंने होरीलाल को कभी किसी को ग़ुस्से में जवाब देते नहीं देखा, जैसा मज़ाक कोई करता उसी भाषा में वो जवाब दे देता। उसके चेहरे पर एक चमक थी, एक निश्चेष्ट प्रसन्नता सदैव उसके ललाट पर विद्यमान रहती। बाबा कहते थे कि आपके कपड़े आपके व्यक्तित्त्व की पहचान होते हैं, ऐसा दादी ने बताया था। इसी तरह सिर्फ़ साफ़ दिलवाले ही सफेद और साफ़ कपड़े पहनते हैं, होरीलाल कभी भी काले कपड़े नहीं पहनता।

एक दिन सुबह घर में हंगामा मच गया, थोड़ी ही देर में पूरे मोहल्ले से आवाज़ें शुरू हो गईं। पता चला कि मीना आज नहीं आई, सबके शौचालय में मल पड़ा हुआ था, उसे निकाले कौन? यह उस समय की बात है जब जमादारिन मोहल्ले के हर घर जाती और अपने छोटे से फावड़े से मल खींचकर बाल्टी में भरती फिर गली की किसी नाली में उसे बहा देती। किसी ने बोला किसी के साथ भाग गई और अपने माँ-बाप की नाक कटा दी, वैसे मीना सुन्दर थी और जब मल से भरी बाल्टी लेकर चलती तब भी उसकी कमर पर बल यूँ पड़ते जैसे कोई नर्तकी हो। बात बढ़ने लगी, आनन-फ़ानन में दूसरे मोहल्ले से जमादार बुलाया गया और जब सबका पेट साफ़ हो गया तो विवेचना शुरू हुई। इस बीच अचानक किसी ने ध्यान दिलाया कि होरीलाल भी नहीं दिख रहा। परसों ही तो होरीलाल गंगा मैया को चुनरी चढ़ाने वाले दल के साथ संगम की तरफ़ जाता दिखा था। एक लम्बा सा बाँस, बाँस के ऊपरी सिरे पर एक ध्वज और नीचे बाँस को सन्तुलित करते हुए होरीलाल का अद्‌भुत नृत्य, पहले जब वह निकलता था तो गली में सब लोग गुलाल चढ़ाते थे; ऐसा दादी ने बताया पर अब तो उसका नृत्य बड़ा अभद्र माना जाने लगा है। दादी घंटों होरीलाल का गाना सुन सकती थीं और उसका नाच देख सकती थीं, पिछली बार दादी ने दो रुपये के नोटों का बंडल न्योछावर कर दिया था, उस रात घर में बहुत लड़ाई हुई थी, माँ और पापा के बीच, इसलिए दादी मुझे अपने पास सुलाने ले गईं। उस रात दादी ने बहुत कुछ बताया जैसे की उनके पास एक साड़ी हुआ करती थी जिसको तह करके एक माचिस की डिब्बी में रखा जा सकता था, हाथ के बने हुए रेशम की साड़ी थी, फिर उन्होंने चाँद दिखाया और बताया कि कैसे दादी, पापा को बचपन में डराती थीं, चाँद में बुढ़िया दिखाकर। दादी ने बताया कि कैसे एक बार इसी घर में अंग्रेज़ घुस आए थे, बाबा के भाई को गिरफ्तार करने और कैसे दादी ने सारा जेवर तहख़ाने में छुपा दिया था। अब मुझे दादी से ये कहानी भी पता चली कि बाबा के एक भाई थे मतलब दादी के देवर। वो दिन भर घूमते-फिरते और गांधी जी के कहने पर पढ़ाई-लिखाई छोड़कर मीटिंग में जाते। एक बार उन्होंने बाबा से सिफ़ारिश लगवाकर पोस्ट ऑफ़िस में नौकरी कर ली और दस दिन के अन्दर वो पोस्ट ऑफ़िस जल गया। बाबा के भाई उसके बाद से कभी घर नहीं लौटे पर पुलिस अक्सर आती रहती। उस रात के बाद से मैं अक्सर दादी के साथ

उनके पूजा वाले कमरे में जाता जिसकी ज़मीन के नीचे तहख़ाना था। दादी ने कभी भी तहख़ाना नहीं खोला पर उनके किस्से इतने बढ़िया होते थे कि मुझे लगता कि अगर दादी के पास रोज़ सो पाता तो कितना अच्छा होता पर माँ मुझे रोज़-रोज़ दादी के पास सोने से मना करती।

होरीलाल का कुछ पता नहीं चला—सबने लगभग मान लिया था कि मीना छिनाल थी क्योंकि जात भी उसकी वही थी और होरीलाल की जात का किसी को कुछ पता नहीं था इसलिए वो भी नीची जात का रहा होगा, अतः उनका साथ भाग जाना तर्कसंगत था।

आज माँ छत पर बिना सिर पर पल्ला रखे (बिना सिर ढके) इधर-उधर टहल रही थी और बड़बड़ाए जा रही थी।

माँ—"मैंने कितनी बार बोला कि ऐसे आदमी का घर हमारी दीवार से जुड़ा है बुरा असर पड़ सकता हैं बच्चों पर। जब से इस घर में आई हूँ, हमेशा नज़र में उसके चोर देखा, हमको उसने कभी सीधी नज़र से नहीं देखा।"

चाचा—"हराम की पैदाइश थी, दिखा गया अपनी औक़ात..."

माँ—"आप तो देवर हैं हमारे, हमने बोला कि हमारी नहीं तो नई बहू का सोचिए पर न जाने क्या जादू किये बैठा है।"

पापा—"ह्म्म्मम्भ।"

माँ—"अब दीवार गिरवाइए और उसको नमस्ते बोलिए।"

पापा—"हम्म्म्म।"

मेरे पापा 'हम्म्म्म' को कई तरीक़े से बोल सकते थे और हर तरीक़े में एक अलग अर्थ छुपा होता था। दो दिन घर में यूँ ही तनाव में कट गए, दादी ने खाना नहीं बनाया बस चाय बना-बनाकर पीती रही।

तीसरे दिन हो-हल्ला सुनकर माँ और मैं छत पर गए तो देखा कि होरीलाल लगभग 6 बोरियों के साथ बैठा है।

होरीलाल—"अम्मा, बड़ी बहू और छोटी बहू को बोलो कि पाल डाल दें, अब रोज़ अपने गाँव का पका आम खाया जाएगा, बड़का भैया आप लोग नहीं जाइएगा तो वो अधिया वाले ख़ुद कुछ नहीं देने आएँगे।"

होरीलाल बिना कुछ बताए दादी के लिए गाँव से आम लेने चला गया था, गाँव में भी सभी उसको जानते थे, खेती-बाड़ी मजदूर करते थे, कोई चला गया तो सामान भिजवा दिये, नहीं तो नहीं!

उस दिन के बाद से तो कई दिन तक होरीलाल के नाम की चर्चा नहीं हुई, दादी शायद अब जान-बूझकर नये-नये मौक़े तलाशती होरीलाल की तारीफ़ करने के।

एक दिन होरीलाल और मैं दादी के पैर दबा रहे थे, होरीलाल ने बड़े सकुचाते हुए दादी से पूछा—"अम्मा, अगर बुरा न मानो तो कुछ पैसे उधार दे दो।"

दादी ने एक पल नहीं सोचा और अपनी पूजा वाली कोठरी में से निकाल लाईं और सौ रुपये थमा दिये, होरीलाल शरमा सा गया उसे तो सिर्फ़ 30 रुपये चाहिए थे पर दादी ने बोला कि रख ले।

होरीलाल ने बताया कि उसका एक दोस्त उसके साथ रहेगा कुछ दिनों तक, इसलिए ख़र्चे के लिए ज़रूरत थी। दादी ने कुछ नहीं सुना बस आँख बन्द करके पैर दबवाने का मज़ा लेती रहीं। उस रात होरीलाल बहुत ख़ुश था, मैंने होरीलाल की ख़ुशी देखी थी ऐसा लग रहा था की वो ख़ुश भी है और शरमा भी रहा है।

होरीलाल ने जिस रात पैसे लिये थे उसके अगले दिन मैंने माँ को सब बताया था और उसी दोपहर मीना लौट आई थी। मीना की गोद में एक छोटा-सा बच्चा था। होरीलाल का दोस्त ढोलक बजा रहा था और होरीलाल झूम-झूम के नाच रहा था। दादी ने दूर से ही इक्कीस रुपये मीना की तरफ़ फेंककर न्योछावर कर दिये। होरीलाल ने आकर दादी के पैर पकड़ लिए, दादी ने बहुत प्यार से उसको भी पाँच रुपये दिये।

माँ से दादी का पैसा उड़ाना देखा नहीं गया।

माँ ने पूछ लिया—"क्यों मीना, किसके साथ भागी थी?"

मीना कभी बाल्टी से टट्टी नाले में बहाते हुए इतना मुँह नहीं सिकोड़ी होगी जितना उसने माँ को जवाब देते हुए सिकोड़ा था।

मीना—"भाभी, भागी नहीं थी, शादी की है उसके साथ। मेरे घरवाले तैयार नहीं थे।"

माँ बहुत विचित्र मुँह बनाकर एक वितृष्णा के साथ हँसी।

होरीलाल नाचते नाचते रुक गया और हँसते हुए ही बोला—"बड़ी बहू, मीना कितने टाइम बाद वापस आई है और आप भी क्या लेके बैठ गईं।"

वैसे तो होरीलाल ने माँ के साथ ठिठोली करके बात को रफ़ा-दफ़ा करने की कोशिश की थी और अपनी बात ख़त्म करते ही वो और उसका दोस्त

और झूम-झूम के गाने और नाचने लगे पर माँ से सबके सामने होरीलाल के द्वारा किया गया यह अपमान सहा नहीं गया। माँ चुप रही। दादी को शायद सब दिख गया था और वे न जाने किस अनिष्ट की आशंका से मेरा हाथ पकड़े बैठी रहीं, होरीलाल बहुत देर नाचा पर दादी नहीं मुस्कुराईं।

दादी को शायद उस दिन के बाद से मैंने मुस्कुराते देखा भी नहीं, उनको पता नहीं क्या हो गया था। मैं कमरे में जाता, पैर दबाता और चला आता, दादी पहले की तरह कभी नहीं बोलतीं—आज सिर भी दबा देना। जितना दबा देता उसके आगे कुछ नहीं बोलती। उस दिन शायद होरीलाल ने भी भाँप लिया था और उसने हमारे दरवाज़े आना बहुत कम कर दिया था। चूँकि होरीलाल ने आना कम कर दिया था इसलिए दादी कभी किराया माँगने के बहाने उसका हालचाल पूछने चली जातीं। मुझे भी होरीलाल से मिलने का मन होता था इसलिए मैं भी दादी के साथ चला जाता। होरीलाल जब मिलता बहुत ख़ुश दिखता। होरीलाल और उसका दोस्त अब साथ ही निकलते और काम ख़त्म करके साथ ही लौटते। होरीलाल का घर न आना सबसे ज़्यादा दादी को खलने लगा था पर दादी छत से होरीलाल को देखतीं तो मुस्कुरा देतीं।

दादी की तबीयत अब वैसी नहीं रहती, माँ-पापा और चाचा ने काफ़ी देर बात की और दादी को मनाने की कोशिश की कि वो अब अपना खाना बनाने का नाटक बन्द करें क्योंकि अगर कुछ ऊँच-नीच हो गई तो दुनिया उन्हीं का गला पकड़ेगी पर ज़िद्दी दादी नहीं मानी।

होरीलाल के तो जैसे पंख लग गए थे हमेशा हँसता गुनगुनाता घूमता और दोस्त के आने के बाद तो वो अजीब-अजीब तरह के रंग-बिरंगे कपड़े पहनता, छोटी-सी कोठरी में नाचता-गाता।

माँ की चिढ़ बढ़ती जा रही थी उस छोटे से घर में और उनका घर बड़ा करने का मन अब नियंत्रण से बाहर होता जा रहा था। एक दिन पापा और चाचा ने काफ़ी देर तक छत पर चाय पी और फिर दोनों दादी से मिलने गए। मेरी होरीलाल वाली आदत और विकट हो चली थी। बहुत साफ़ नहीं पर कुछ सुनाई पड़ा—

पापा और चाचा—"अम्मा, घर छोटा, अलग-अलग, रसोई घर, पार्टीशन, सुख-दुख...।"

दादी—"चिता, मौत, बेटी, चार दिन, ज़िन्दगी, चार हिस्सा...।"

कुछ ही देर में पापा और चाचा छत पर खड़े थे—

"अब ये जिज्जी का हिस्सा क्यों? ब्याह करके गईं, जितना बन पड़ा किया और अभी भी करते हैं।"

"पर ये चौथा हिस्सा किसका है?"

"और कौन उनका लाडला छक्का।"

"कौन होरीलाल?"

पापा ग़ुस्से में निकल गए, उनको ये भी नहीं दिखा कि मैं वहीं खड़ा सब सुन रहा था। आज चाचा ने खुली छत पर सिगरेट जला ली। उनको भी मैं नहीं दिखा।

पापा और चाचा उस दिन से बहुत उखड़े-उखड़े रहने लगे, दादी कम बोलतीं लेकिन अपनी रसोई में ही बैठी रहतीं। होरीलाल का आना बिलकुल बन्द-सा हो गया था।

गर्मी भी बढ़ने लगी थी, मैं स्कूल से लौटकर अपने कूलर लगे कमरे में बैठ जाता। दादी को कूलर से ठंड लगती इसलिए मैंने उनके पास जाना कम कर दिया। एक दिन पापा को शक हुआ कि होरीलाल कूलर ख़रीद के लाया है, पापा भी इन्तज़ार में बैठे रहे कि कब वो कूलर चलाए और वो उसके घर जाएँ। मैंने भी उस दिन बता दिया कि होरीलाल ने दादी से सौ रुपये लिये थे। पापा ग़ुस्से में भुनभुनाते रहे और फिर अचानक कूलर के चलने की आवाज़ आई। पापा दनदनाते हुए निकले कि आज उसका कूलर तोड़ फेकेंगे, एक तो साला किराया टाइम पर नहीं देता और उस पर फोकट की बिजली भी ख़र्च करता है।

माँ और मैं पिछली खिड़की से बस झाँकते रहे।

पापा घर में दरवाज़ा धकियाते हुए घुसे और फिर थोड़ी ही देर में होरीलाल के लम्बे बाल उनके हाथों में थे। वे होरीलाल को मार रहे थे। जब पापा को बहुत ग़ुस्सा आता और वे चिल्लाते तो थूक उनके होठों पर आकर जम जाता था। पापा होरीलाल को मारे जा रहे थे। होरीलाल, पापा से हाथ जोड़े माफ़ी माँग रहा था और पीछे से होरीलाल का दोस्त उसको बचाने आया पर तब तक मुहल्ले के और लोग भी आ गए। पापा चिल्लाए जा रहे थे, मेरी समझ में कुछ नहीं आ रहा था सिर्फ़ कुछ बड़े भारी शब्द सुनाई दिय—

"रंडीखाना, लौंडेबाजी, हमारा घर, मन्दिर, बूढ़ी अम्मा, बच्चे वाले, शरीफ़, नंगे, चोर, सौ रुपये, दो आदमी, घटिया, पुलिस, न देखा-न सुना, आदमी-आदमी, आदमी-औरत...?

थोड़ी देर में मुहल्ले के लोग मिलकर होरीलाल और इसके दोस्त को मारे जा रहे थे। दोनों लगभग नंगे ही थे और सबने इतना मारा कि शरीर पर कोई कपड़ा नहीं बचा। माँ ने मुझे अन्दर खींच लिया और तुरन्त मन्दिर में दिया जला कर ॐ का पाठ करने लगी। पता नहीं उस समय दादी कहाँ थीं। अगर ऊपर से देख रही होतीं तो शायद होरीलाल को आकर बचा लेतीं।

उसी रात होरीलाल को उसके सामान के साथ पापा और चाचा ने घर से निकाल दिया। होरीलाल को शायद बहुत मारा था, इसलिए वो रातोंरात वहाँ से चला भी गया। मुझे किसी ने नहीं बताया कि आख़िर हुआ क्या था। मुझे यही लगा कि सौ रुपये के चलते उसको इतनी मार पड़ी।

अगले दिन मैं उत्सुकतावश सुबह-सुबह ही दादी के पास गया, दादी चुपचाप बैठे रसोई में चाय पी रही थीं। कुछ देर खड़ा रहा और फिर वापस आ गया पर दादी ने नहीं बुलाया। मैं जब भी दादी के पास जाता तो वे सोती मिलतीं शायद सोने का नाटक करतीं क्योंकि पहले तो बोलती थी कि नींद नहीं आती, थोड़ा हाथ-पैर दबा दो। पर अब मैं उनके पास जाता भी तो चुपचाप पड़ी रहतीं।

मेरी छात्रवृत्ति की परीक्षा आने वाली थी, अगर मैंने पास कर ली तो हर महीने दस रुपये वज़ीफ़ा मिलेगा सरकार से। पापा ने बोला कि पढ़ लो ध्यान लगाकर, माँ भी अब बहुत प्यार करने लगी थी, पहले मुझे लगता था कि अगर दादी मेरी माँ होती तो अच्छा होता पर अब मैंने वो सोचना बन्द कर दिया, अपनी माँ ही सबसे अच्छी होती है।

पापा ने पीछे की दीवार गिराकर होरीलाल के कमरे को घर के अन्दर ले लिया। माँ ने बोल दिया था कि पूजा करनी होगी क्योंकि वो कमरा अशुद्ध था इतने सालों से कोई और रहता था। पूजा में सब आए पर दादी नहीं आईं, दादी दुबली होती जा रही थीं। माँ ने पापा से बोला—

"लगता है आप लोगों ने अम्मा को चार हिस्से के बारे में कुछ बोल दिया इसलिए उनको बुरा लगा होगा। आपको क्या करना है, अपना हिस्सा मिल जाए, हम लोग अपना अलग घर बना लेंगे, हमारे बच्चे को भी अच्छा माहौल मिलेगा यहाँ की गन्दगी से दूर।"

पापा इस बार हम्म्म्म के साथ अम्मा (?) भी बोले।

माँ—"जब चार हिस्से लग ही रहे हैं तो उनके छोटे लाडले और जिज्जी से भी बोलिए की 4-4 महीने वो भी रखें।

पापा—"हम्म्म्म।"

पापा और चाचा के परिचित के ख़रीददार भी घर देखने आने लगे। माँ ख़ुश थीं कि अगर घर बिका तो भी सही और नहीं बिका तो हमारा घर अब बड़ा हो ही गया था।

चाचा ने अब नौकरी छोड़ दी थी और वो भी पापा की तरह कोई बिजनेस करना चाहते थे। एक बुधवार की शाम पापा ने समझाया भी।

पापा—इतना आसान नहीं है जैसा तुम लोगों को लगता है...।

चाचा—हम्म्म, गाँव के खेत का भी बँटवारा हो जाए तो बेहतर होगा। हमने पता किया है वो अम्मा के नाम नहीं है इसलिए उसके दो हिस्से ही लगेंगे।

पापा—सही रहेगा, तुम भी अपना कुछ बिजनेस जमा लो अब, कब तक दूसरों की नौकरी करोगे।

पापा और चाचा ने निर्णय लिया कि इतवार को अम्मा से बात की जाए।

बुधवार से रविवार तक किसी को पता ही नहीं चला कि समय कैसे निकल गया। रविवार को पापा और चाचा बहुत देर तक अम्मा-अम्मा करते रहे पर अम्मा नहीं हिलीं। फिर पापा रोने लगे, चाचा भी रोने लगे, फिर माँ रोई और चाची भी, मुझे रोना नहीं आ रहा था क्योंकि दादी का पोपला मुँह बहुत प्यारा लग रहा था, पापा ने मुँह में गंगाजल डालकर मुँह बन्द कर दिया। गर्मी बहुत थी इसलिए बर्फ की सिल्ली मँगाई गई, मैंने इतनी बड़ी बर्फ कभी नही देखी थी, पापा ने बोला था कि फ्रिज लाएँगे उसमें बर्फ जमती है पर इतनी बड़ी बर्फ? मेरा मन कर रहा था कि मैं भी दादी के साथ उस बर्फ की सिल्ली पर लेट जाऊँ, ठंडा-ठंडा लगेगा पर बहुत लोग आ गए थे इसलिए मैं वहीं कोने में खड़ा रहा।

दादी को गए बारह दिन बीत गए, पापा के बाल साफ़ हो चुके थे, चाचा के भी, दोनों को देखकर बहुत हँसी आती...पर दोनों लोग बहुत गम्भीर रहते इसलिए मैं दादी के कमरे में जाकर हँस लेता जहाँ मुझे कोई न देख रहा हो। इस बीच एक और बुधवार आया और इस बार छत पर सिर्फ़ पापा और चाचा नहीं, माँ और चाची ने भी बातचीत की और ये निर्णय लिया गया कि

पापा सारे ख़र्चे करेंगे और बाद में पापा और चाचा आधा-आधा बाँट लेंगे और अगर बुआ गाँव वाले खेत का हिस्सा माँगेगी तो फिर तेरही के ख़र्चे के तीन हिस्से होने चाहिए और आगे से फिर बुआ के बच्चों की शादी में कोई भात-वात नहीं जाएगा।

आज तेरहवीं थी, पूजा आँगन में चल रही थी, मुझे बहुत धुआँ लग रहा था आँखों में इसलिए मैं घर के बाहर आकर खड़ा हो गया। गली में बहुत से लोग आ-जा रहे थे और मैं बैठे-बैठे अपनी छात्रवृत्ति के बारे में सोच रहा था कि मुझे भी अपना पैसा मिलेगा जब मेरा नाम लिस्ट में आएगा।

तभी किसी ने मेरे कन्धे पर हाथ रखा, मेरे मुड़ते ही उसने मेरे हाथों में 100 रुपये रख दिये। वो अचानक झुका, दरवाज़े पर माथा लगाया और निकल गया।

मुझे उस आदमी से बात करनी थी, मैं उसे पहचान नहीं पाया था, न सिर पर बाल, न दाढ़ी, मैं भागकर घर के दालान से गली में आ गया पर वो बहुत तेज़ी से निकल गया। दूर जाते जब मटकती कमर दिखी तो समझ आ गया कि आया था वो अपनी अम्मा से मिलने...

कहानी

"कुछ ज़्यादा ही महँगा होटल नहीं है? लिफ़्ट में भी कार्ड लगाओ!"

"रूम भी कार्ड से ही खुलेगा।"

"मुझे लगा लंच पर बातें करेंगे, मुझे साइनस है। एयर कंडीशनर से उलझन होती है।"

"बन्द कर दिया, अब बैठ जाओ।"

"अन्दर आने का कोई ख़ास कारण?"

"बाहर बैठने का भी कोई कारण नहीं था।"

"पर बात वहाँ बाहर बैठकर भी हो सकती थी मतलब..."

"मन हो तो दरवाज़ा खोल के रख लो"

"ऐसा लग रहा है जैसे ग़ुस्सा निकालने आई हो।"

"अब बैठ जाओ।"

"लो...अब ठीक?"

"बर्फ़ी खाओगे?"

"दो..."

"लो..."

"घर से बनाकर लाई हो?"

"स्टील के टिफिन में भी कोई मिठाई बेचता है क्या?"

"अच्छी बनाई हो, ख़ूब काजू बादाम भर-भर के पड़े हैं, पर कब से नीचे बैठी थी अब याद आई बर्फ़ी की?"

"नीचे रेस्त्राँ में कैसे निकालती?"

"हाहाहा..."

"तुम्हें मुझ पर हँसी आ रही होगी न!"

"क्यों?"

"इस तरह से मिलने के लिए बुलाया।"

"नहीं-नहीं, उस पर नहीं पर तुम होटल में कमरा बुक की होगी ये अन्दाज़ा नहीं था।"

"तो क्या सड़क पर घूमती रात को? और वैसे भी इतने सालों बाद मिल रहे हो। सिर्फ़ खाना खाकर थोड़े ही निकल जाते।"

"पता नहीं, इतना सब नहीं सोचा। बस चला आया।"

"मान लो कि अभी भी प्यार है।"

"..."

"चुप! उस समय तो ऐसा घर में घुसकर, पापा के सामने कार्ड दे गए थे।"

"हाहाहा..."

"याद है क्या लिखा था?"

"बिलकुल, THIS YEAR, I have resolved to be strong, I won't stammer, I won't mumur but I will hammer this message to your home that I LOVE YOU...आर्चीज़ का साठ रुपये का कार्ड था।"

"पैसे बोलना ज़रूरी था?"

"यादें हैं, कोई अख़बार की कटिंग थोड़े है कि उतना काट के रखा जितना काम का है।"

"अगर पापा पकड़ लेते?"

"नहीं पकड़ पाते।"

"क्यों?"

"क्योंकि उन्होंने अपनी ज़िन्दगी में कभी कोई समझदारी वाला काम किया ही नहीं।"

"पापा के बारे में ऊटपटाँग मत बोलो बस।"

"तुम्हें मिलना है तब तुम मिलोगी, क्या बोलना है मुझे, तुम निर्णय करोगी, सब तुम्हारी मर्ज़ी का है? नये साल पर मेरा कार्ड रख लिया पर कभी जवाब देते नहीं बना न?"

"सच बोलूँ उस समय मेरे मन में तुम्हारे लिए प्यार जैसा कुछ नहीं था, इसलिए समझ नहीं आया कि क्या बोलूँ।"

"..."

"क्या हुआ?

"अपने आपको इतना चूतिया लग रहा हूँ कि क्या बताऊँ!

"ये अपनी सड़कछाप भाषा मेरे सामने मत बोला करो।

"तुम्हारी नहीं सबकी समस्या है। पादने में बदबू आती है और fart में ख़ुशबू। अभी nincompoop बोल देता तो पूछती क्या मतलब। जो शब्द आराम से समझ में आता है, भद्दा लगता है।"

"मेरे 'न' कहने का ग़ुस्सा?"

"तुमने 'न' भी कहाँ बोला था? पर मैं आज तक यही सोच रहा था कि तुम शायद किसी डर से अपनी बात नहीं कह पाई पर आज पता चला कि मैं मूर्ख था जो इतने साल उसको अनकहा प्यार समझता रहा।"

"तुमने भी तो बस एक कार्ड दे दिया और चुप बैठ गए।

"बस एक कार्ड? और क्या करता किडनैप कर लेता?

"क्यूँ? अगर जवाब नहीं दिया तुम्हारे साठ रुपये के कार्ड का, तो रास्ते में रोक लेते।"

"कब?"

"कॉलेज जाते समय।"

"तुम लड़कियों से कोई नहीं जीत सकता? रास्ते में रोक लेता? फिर बोलती कि हिम्मत कैसे हुई रास्ते में रोकने की!"

"तुम्हारे बगल में बैठ जाऊँ?"

"तुम्हारा कमरा, तुमने पैसा दिया है जहाँ मन हो बैठो?"

"ये पैसे-पैसे क्यूँ कर रहे हो?"

"पैसे-पैसे? तुम बाईस साल बाद बता रही हो कि तुम्हारे मन में कुछ नहीं था और ये सुनने के लिए मैं एक पागल की तरह फ्लाइट पकड़कर, पत्नी से झूठ बोलकर तुमसे मिलने आया हूँ।"

"मैं भी तो झूठ बोलकर आई हूँ।"

"अरे यार! मेरा ही क्यूँ कटता है।"

"पहले बताओ तुम दोबारा क्यूँ नहीं आए?"

"दोबारा?" तुमको शायद पता नहीं होगा इसलिए बता दे रहा हूँ वो तुम्हारी दीदी, उन्होंने क्या बोला था बुलाकर—"रुचि तुमसे बड़ी है और इसलिए ये सब बेकार है।" मैंने भी पलटकर बोला था—"अंजलि, सचिन से छह साल बड़ी है और वेंकटेश प्रसाद की बीवी ग्यारह साल बड़ी है।"

"हाहा...हाहाहा, पता है दीदी और हम बहुत हँसे थे, मैंने ही दीदी को बोला था तुमको समझाने को।"

"..."

"पर पता नहीं था कि तुम इतनी जल्दी समझ जाओगे।"

"..."

"ग़ुस्सा हो?"

"जाने दो, तुमसे बोला था पर रुक नहीं पाऊँगा।"

"फोन पर तो बोल रहे थे कि दो दिन रहोगे।"

"बेवक़ूफ़ हूँ न, इसलिए बोल गया, दीदी को बुला लो समझा देंगी।"

"दीदी पर क्यों चिढ़ रहे हो?"

"..."

"अच्छा बताओ, मेरी मोपेड किस कलर की थी?"

"लूना सुपर 8430, लाल और हेडलाइट गोल नहीं आयताकार।"

"हे भगवान! इतना प्यार करते थे?"

"..."

"पर उस समय बुद्धि नहीं थी, जिसको देखो वही प्रपोज़ कर देता था।"

"और कौन था?"

"सामने जो मंटू भैया रहते थे उन्होंने भी कोशिश की थी।"

"वो बकलोल? साला दो बार इंटर फेल हुआ था।"

"समझ नहीं आता उस समय हम लड़कियों को कि कौन सच्चा है और कौन मस्ती कर रहा है।"

"मस्ती? तुम मोपेड सीखते समय फिसल गई थी तो कौन आया था उठाने मैं कि मंटू?"

"तुम न...हे भगवान सब याद रखे हो!"

"मेरी याददाश्त ऐसी ही है, मंटू ने कैसे प्रपोज़ किया था, वो तो प्रपोज़ भी नहीं बोल पाएगा ठीक से।"

पापा ने केबल टीवी नहीं लगवाया था तो न एक दिन मैं गेट पर खड़ी थी, आकर बोला—"तुमको अगर मैच देखना हो आ जाना, हमारे यहाँ केबल लगा है।"

वो ज़िन्दगी भर 'श' को 'स' बोलता रहा और तुमको बुलाने आ गया—"क्या बोला, रुचि सरमा? आज भी अगर ये लाइन बोल दे तो जान जाएँ।"

"लाइन?"

"सुरेश शर्मा शरीफ़ नहीं शोशेबाज है।"

"हाहाहा..."

मंटू बोलेगा—सुरेस सरमा सरीफ नहीं सोसेबाज है।"

"हाहाहा...तुम तो कहानियाँ भी लिखते हो न?"

"हाँ, ख़ाली समय में।"

"और पढ़ाते क्या हो?"

"इतिहास और शान्ति अध्ययन।"

"तभी तुमको सब याद रखने की आदत है, अरे! अब बगल में बैठी हूँ तो छिटक क्यूँ रहे हो?"

"मेरा दिमाग़ इस समय सुषुप्तावस्था में है उसे मत उकसाओ?"

"क्यूँ? डरते हो कि मेरे बगल में बैठकर बहक जाओगे? ये बताओ मेरी शादी हुई, तुमको कब पता चला?"

"तब मैं दिल्ली में सिविल की तैयारी कर रहा था।"

"क्या किया तुमने, जब पता चला?"

"जब तुम्हारे अन्दर मेरे लिए कोई भावना ही नहीं थी तो तुमको क्या लगता है, मैं रोया?"

"मतलब तुम रोए थे!"

"सनकी नहीं हूँ।"

"रोए थे या नहीं?"

"नहीं! पर तुम तो विदाई में भी नहीं रोई थी, इतनी ख़ुश थी शादी से?"

"तुमको कैसे पता?"

"तुम्हारे श्री श्री 1008 पिता श्री महाराज वी.सी.पी. में कैसेट लगाकर पूरे मोहल्ले में शो करते थे बस ग़नीमत थी कि टिकट नहीं लगाते थे।"

"अगर टिकट लगाते तो क्या तुम लेते?"

"मेरा बस चलता तो तुम्हारे बाप का वी.सी.पी. तोड़ डालता।"

"कितना चिड़चिड़ाते हो? तुम शादी के बाद मेरे घर गए थे?"

घंटा नहीं जाता, पर मेरे बाप को, मेरे मामा जी की लड़की की शादी में तिलक के थाल में सजाने के लिए पचास और सौ के नोटों की नई गड्डी चाहिए थी, इसलिए जाना पड़ा। तुम्हारे पापा किसमें थे, पंजाब नेशनल में कि स्टेट बैंक में...?

"बहुत बुरा लग रहा है सोचकर कि तुम इतना प्यार करते हो?"

"करता था..."

"और अब?"

"क्या प्लान है तुम्हारा?"

"मैं तो यहीं रुकूँगी, इतने सालों बाद निकली हूँ दोनों बच्चे और उनके पापा घर सँभालें।"

"मैं निकल जाऊँगा, मेरी क्लासेस हैं।"

"आते समय क्लासेस का नहीं सोचा था?"

"तब नहीं सोचा था और ज़्यादा सोचता तो तुमसे मिलने नहीं आता।"

"लंच तो साथ करोगे?"

"हूँ..."

"क्या खाओगे, रूम में ही आर्डर कर देती हूँ।"

"पोर्क चॉप्स, मटन करी और चिकन बिरयानी।"

"देखकर उलटी आएगी, मैं शुद्ध शाकाहारी हूँ।"

"पता है पंडित हो, कोई पैदा हो तो पनीर, कोई मरे तो पनीर पर मैं क्या करूँ, तुम्हारे लिए अपने खाने की आदत बदल दूँ? हम लोग ठाकुर हैं और सब खाते-पीते हैं।"

"एक दिन नहीं खाओगे तो क्या हो जाएगा?"

"कमज़ोरी आ सकती है और चलते-चलते गिर भी सकता हूँ।"

"आज नहीं खाने दूँगी।"

"मैंने तुमको बोला कि तुम क्या खाओ, क्या न खाओ, किसको 'हाँ' बोलो किसको 'न' बोलो।"

"हमको पता है तुम सुअर नहीं खा सकते।"

"क्यूँ तुमने भी किसी बाबा के आश्रम में जाना शुरू किया है?"

"नहीं, जो जैसा खाता है वैसा हो जाता है, और तुम मुझे सुअर जैसे नहीं दिखते।"

"हाँ तो पूरा यूरोप, अमेरिका सुअर की तरह दिखता होगा तुमको!"

"तुम्हारी तरह बड़ी-बड़ी बातें नहीं आतीं। बस बोल दिया कि आज नहीं खाओगे तो नहीं खाओगे।"

"मुझे भूख नहीं है, मैं सिगरेट पीने जा रहा हूँ।"

"मैं भी ट्राई करूँ?"

"नहीं तुमको अस्थमा है, खाँसी आएगी...रुचि! छोड़ो, मुझे सिगरेट पीनी है।"

"सिर्फ़ गले लग रही हूँ, तुम्हारे साथ सोने नहीं आई हूँ।"

"क्यूँ गले लग रही हो? अभी चूम लूँगा तो फिर घबड़ा जाओगी।"

"फिर तो चूम ही लो आज।"

"मुझे सान्त्वना पुरस्कार नहीं चाहिए।"

"हट! अच्छा ही हुआ तुमको 'हाँ' नहीं बोला, तुम्हारे साथ नहीं रह पाते।"

"सही कहा, जो होता है अच्छे के लिए होता है।"

"बस यही सोचा था कि तुम्हारे साथ दो दिन बिताऊँगी, फिर कभी नहीं बात करूँगी।"

"वैसे भी तुम मेरे लिए अच्छा कब सोच पाई।"

"नहीं, तुमको समझ नहीं आएगा कि लड़की होने की क्या समस्याएँ हैं।"

"विधू भी यही बोलती है। तुम लड़कियों का—चित मैं जीती और पट तुम हारे।"

"शादी कब हुई? एक साल से चिट्ठी भेज रहे हो और आज जाकर तुम्हारी पत्नी का नाम पता चला।"

"हम्म..."

"रुक जाओ, फिर शायद कभी नहीं मिलेंगे।"

"क्या करना है, मुझे पता चल गया कि तुम्हारे मन में क्या है मेरे लिए।"

"क्या है?"

"कुछ नहीं।"

"मिलने से पहले बहुत कुछ था पर तुम शायद ठीक कह रहे हो, अब कुछ नहीं है।"

"ऐसा ही होता है। कुछ सपने जब तक सपने रहें तभी अच्छे लगते हैं, अगर सच हो जाएँ तो हक़ीक़त बुरी लगती है।"

"लगता है जैसा तुमने सोचा था अब उतनी सुन्दर नहीं रह गई हूँ मैं!"

"तो क्या 45 की उम्र में 20 साल के दिखेंगे हम दोनों!"

"न...न! तुम 43 और मैं 45 पर तुम तो अभी भी बहुत जवान दिखते हो।"

"विधू का कमाल है।"

"अब बार-बार विधू का नाम क्यूँ ले रहे हो?"

"तो किसका लूँ? तुम्हारी दीदी का?"

"तुम मेरी दीदी और पापा को छोड़ दो, उनकी कोई ग़लती नहीं है। मैंने बेवक़ूफ़ी की है और मेरी ग़लती...।"

"शादी ग़लती है तुम्हारी? इतनी बड़ी साड़ी की शॉप का मालिक है वो और हमसे ज़्यादा सुन्दर है।

"तुमने कब देखा?"

"तुम लड़कियाँ होश में रहती हो कि नहीं! व्हाटसऐप में फ़ोटो लगाओगी और पूछोगी कि तुमको कैसे पता?"

"तुमने कभी नहीं लगाई?"

"मुझे ये नौटंकी पसन्द नहीं है और सच बोलूँ, ये जितने भी मर्द अपनी बीवी को फेसबुक पर मेरे जीवन की शक्ति, मेरे जीवन का स्तम्भ, मेरी चाँद, मेरी ग्रह, मेरा उपग्रह लिखते हैं न! ये सब साले बाहर कहीं मुँह मार रहे होते हैं, इतना प्यार है तो, बीवी घर पर है, हाथ पकड़कर बोल दो, पूरी दुनिया को बताकर क्या मिलेगा।"

"मतलब मैं तुमसे मिलने क्या आ गई तो मैं अपने पति से प्यार नहीं करती?"

"अब तुम दो अलग बातों को जोड़ रही हो।"

"पर तुम्हारे हिसाब से तो मैं भी उसी श्रेणी की हूँ।"

"जो समझना है समझो, न अब तुम बच्ची हो और न हम वो पागल कि 22 साल से इसी ख़याल में जी रहे हैं कि मैं तुम्हें याद आता होऊँगा।"

"तुमने तो अपनी शर्तों पे ज़िन्दगी जी न?"

"भ्रम तो ऐसा ही है, बाकी कल को पता चले जैसे तुमने हमको कभी पसन्द नहीं किया, वैसे ज़िन्दगी भी हमारा काट रही थी, अब फिर से चूतिया बोलूँगा तो ग़ुस्सा जाओगी।"

"नहीं, मैं भी अक्सर बोल लेती हूँ अकेले में जब ग़ुस्सा आता है।"

"क्या बात है! बस चूतिया कि और कुछ भी।"

"क्यूँ बताऊँ! बाँसुरी वाले।"

"हाहाहा...मत बताओ, वैसे दीदी कहाँ हैं आजकल?"

"पापा-मम्मी के साथ।"

"क्यूँ? अपने पति को भी कुछ समझा दिया क्या?"

"नहीं, वो शादी के 5 साल बाद सड़क ऐक्सिडेंट में जीजा जी चले गए तो दीदी और कनु पापा-मम्मी के पास ही रहने आ गए।"

"क्या? हे भगवान, बिलकुल भी पता नहीं था, अब?"

"अब! दीदी जॉब करती हैं, मम्मी ने तो एक साल खाना नहीं खाया था पर कनु के साथ थोड़ा नार्मल हो गई हैं।"

"कनु?"

"दीदी का बेटा। तुम क्या घर नहीं जाते? तुमको पता नहीं चला?"

"नहीं पापा-मम्मी अकेले थे तो घर बेचकर नागपुर ही शिफ्ट हो गए।"

"वाह, अब सब साथ ही रहते हैं।"

"मतलब! हाँ एक तरह से।"

"मतलब?"

"मतलब एक ही बिल्डिंग है पर फ़्लैट अलग-अलग हैं।"

"क्यों?"

"अरे यार, मम्मी का घर था तो मम्मी ने अपनी तरह रखा। अब ये घर तो विधू का है तो उसे अपनी तरह से रखने का मन है। सही भी है, इसलिए एक साथ पर अलग-अलग फ़्लैट में।"

"इतनी समझदारी? मान गए?"

"क्यूँ तुम्हारे यहाँ सब साथ रहते हैं?"

"दुकानवालों की फैमिली में अलग नहीं रह सकते, सब साथ ही रहते हैं एक ही रसोई, बस सुबह से शाम चौका-चूल्हा फिर बच्चों का स्कूल।"

"और सितार?"

"सितार?"

"तुमने तो सितार सीखा था!"

"हाँ! पर एक दिन ग़ुस्से में तोड़ दिया।"

"किससे ग़ुस्सा थी?"

"पता नहीं।"

"मतलब अब नहीं बजाती?"

"नहीं।"

"अच्छी चीज़ों को मत छोड़ा करो।"

"अब जो छूट गया वो छूट गया।"

"..."

"..."

"अब शायद बोलने को कुछ नहीं बचा है।"

"शायद।"

"फिर तो रुकने का कोई फ़ायदा भी नहीं है।"

"क्यूँ? तुम तो घर से दूर रहना चाहती थी!"

"नहीं वो तो ऐसे ही बोल दिया था कि शायद तुम रुक जाओ।"

"नहीं सही नहीं रहेगा, न विधू के लिए और न ही तुम्हारे साड़ी बेचनेवाले के लिए।"

"कितनी बातें बना लेते हो? पर कभी अपनी कहानियाँ नहीं भेजी?"

"चिट्ठियाँ तो भेजी।"

"पता थे तुम्हारे पास पर कभी मिलने नहीं आए।"

"तुमने कभी बुलाया नहीं, और जब बुलाया तब आ गया।"

"तुम चिट्ठियाँ बहुत मोटी-मोटी भेजते हो।"

"पर तुमने मेरी एक भी चिट्ठी नहीं पढ़ी आज तक?"

"अच्छा! नहीं पढ़ी होती तो मिलने आती?"

"तुमने एक चिट्ठी नहीं पढ़ी है।"

"पागल हो क्या?"

"नहीं। तुमने अगर एक भी लिफ़ाफ़ा खोला होता तो शायद..."

"मतलब...?"

"मैंने सिर्फ़ सादे पन्ने भेजे थे।"

"सारी चिट्ठियों में...?"

"हाहाहा...अब पूछो मुझे कैसे पता कि तुमने एक भी चिट्ठी नहीं पढ़ी...मैं सोचता था कि एक दिन तुम पलटकर लिखोगी या डाँटोगी कि क्या मज़ाक है?"

"तुम सिर्फ़ मुझे रोता देखना चाहते हो, जिससे तुम्हारा बदला पूरा हो जाए।"

"इतने सालों बाद सिर्फ़ एक बार देखना चाहता था रुलाना नहीं।"

"पर सादे पन्ने क्यूँ भेजे थे?"

"मैं बहुत कम लिखता हूँ और कहानियाँ भी बहुत कम लिखीं हैं।"

"मेरे पास सादे पन्ने भेजे पर कहानी से क्या दुश्मनी?"

"मेरे पास इतना कुछ कहने को है नहीं, पढ़नेवालों को कहानी की शुरुआत, मध्य और अन्त चाहिए। मैं क्या सबको मजे देने के लिए बैठा हूँ?"

"तुम बहुत अच्छा बोलते हो। जब तक हो ऐसे ही बातें करो।"

"अब सिगरेट पी लूँ? एक चीनी कहानी सुनोगी?"

"सुनाओ।"

एक युवा तीरन्दाज़ी सीखने एक गुरु के पास गया। गुरु ने एक तीर देते हुए कहा—"एक साल इसके साथ रहो। मतलब खाना-पीना, सोना-जागना, हगना-मूतना...।"

"हाहाहा...तुमको मज़ा आता है न ऐसे शब्दों के प्रयोग में...।"

गुरु ने समझाया—"एक साल के लिए इसे अपने से अलग मत करना। एक साल बाद वो लड़का वापस गया। इस बार गुरु ने उसको कमान देते हुए वही बात दोहराई कि एक साल इस कमान को साथ रखना। एक साल और बीत गए। लड़के ने सोचा, इस बार तो कोई तकनीक बताएँगे पर इस बार गुरु ने नया पत्ता फेंका—अब तुम तीर-कमान दोनों के साथ एक साल रहकर आओ।" एक साल और बीता और जब दोनों मिले तो गुरु ने एक बत्तख की तरफ़ इशारा करते हुए कहा—"इसकी गर्दन पर तीर चलाओ। लड़के ने निशाना लिया और तीर सीधा गर्दन पर लगा।" गुरु उदास होकर बोला—"अभी तुम्हें साधना करनी चाहिए। तुम दूसरों के सामने ख़ुद को सिद्ध करना चाहते हो, तीरन्दाज़ वो है जिसके हाथ से तीर न छूटे जबकि उसको विश्वास हो कि उसका निशाना चूकेगा नहीं।"

"और तुम सिद्ध कर चुके हो, तुम्हारा तीर सीधा मेरी गर्दन पर लगा है।"

"नहीं...मुझे कुछ सिद्ध नहीं करना था। बस मिलना था एक बार और मिल लिया। अब निकलूँगा।"

"तुम कैसे जा रहे हो?"

"शाम की जो भी फ्लाइट होगी पकड़ लूँगा।"

"नीचे तक छोड़ दूँ?"

"नहीं! क्या फ़ायदा। यहाँ छोड़ो या एयरपोर्ट, साथ तो छोड़ना ही है, चलो निकलता हूँ।"

"खाना?"

"मैं सुअर खाऊँगा और तुम साथ नहीं खा पाओगी इसलिए फिर कभी।"

"ये साड़ी आंटी को दे देना, उनके लिए लाई थी।"

"मम्मी से कब बात हुई तुम्हारी?"

"सी.बी.आई. की मदद ली थी। अरे, कभी एक ही मुहल्ले में रहे हैं हम लोग। आंटी को साड़ी दे देना बस...।"

"विधू को दे दूँगा, अगर उसे कलर पसन्द आया तो।"

"तुम सच में अच्छी कहानी कहते हो।"

"अब भेजूँगा तो लिफ़ाफ़ा खोलना और पढ़ना।"

"आज जो सुनी वो बहुत अच्छी थी आगे कोई कहानी मत भेजना...और जब शादी हो जाए, कोई विधू मिल जाए तो एक बार मिलने ज़रूर आना ख़ुशी होगी, लो तुम्हारी लिफ़्ट आ गई।"

टर्मिनल-1

अनुराग 120 की स्पीड पकड़ चुका था। मैं उसको दो बार बोल चुका था कि कोई जल्दी नहीं है क्यूँकि मेरी फ्लाइट छह घंटे बाद है। पर मुझे शक था कि उसे मेरी बात सुनाई दे भी रही थी या नहीं। कार में म्यूजिक बहुत तेज़ बज रहा था। मुझे ख़ुद नींद के झोंके आ रहे थे पर मैं उसकी बातों को सुनने की पूरी ईमानदार कोशिश कर रहा था कि शायद वो कुछ बोलना चाह रहा हो और मैं सुन न पाऊँ। मैं बहुत तेज़ चिल्लाया—चुप रहो यार और कार आराम से चलाओ।

मैंने शायद ये सोचा भर था वरना वह जवाब देता। मैंने सुनिश्चित होने के लिए उसकी तरफ़ देखा। वह गाना गुनगुनाते हुए कार चला रहा था। मैंने हाथ बढ़ाकर कार का म्यूजिक सिस्टम बन्द करना चाहा फिर ये देखने के लिए रुक गया कि आख़िर बज क्या रहा है। गाने के साथ अनुराग की आवाज़ मिलकर आ रही थी। मुझे उन दो आवाज़ों में अन्तर करके ये समझने में थोड़ा समय लगा कि कौन ज़्यादा बेहूदा गा रहा था।

अनुराग—"तुम साले बढ़िया कर रहे हो पर मेरा भी ठीक ही है, क्यों?"

मुझे उसकी हर बात का जवाब नहीं देना था क्यूँकि पिछले चार घंटे हम सारे दोस्त सिर्फ़ बातें ही करते रहे थे। इस के आगे अब और कुछ सुनने या बताने को बचा नहीं था पर अनुराग कुछ बात करने का बहाना ढूँढ़ रहा था और इसी प्रयास में उसने एक ही लाइन को कई अलग-अलग तरीक़े से बोलकर मेरी प्रतिकिया देखनी चाही पर मैं समान भाव से मुस्कुराता रहा। मैं यही दिखाने की कोशिश कर रहा था कि मैं बहुत थका हुआ हूँ और वो अगर चाहे तो बिना बात किये भी कार चला सकता है।

अनुराग—"कहाँ रहते हो बैंगलोर में?"

"वाइट्फ़ील्ड में।"

अनुराग—"फ़्लैट लिया है कि पूरा बँगला?"

"फ़्लैट तो ऑफ़िस के पास लिया है और बँगला क्या एक रो हाउस जैसा है, जो ख़रीद के रख दिया है पर वह शहर से थोड़ा दूर है।"

अनुराग—"मतलब कोठी खड़ी कर ली?"

"तुम बँगला-कोठी बोलो या महल, जो भी है, प्लॉट लेकर बनवाया है, पर शहर से काफ़ी दूर है सरजापुर रोड।"

अनुराग—"वहाँ जोमाटो की डिलीवरी होती है?"

मुझे गाने पसन्द हैं पर जिस तरह के गानों से अनुराग की प्लेलिस्ट भरी हुई थी उससे चिढ़ थी। साँस खींच-खींचकर गाने को गाना, बोल भी ठीक से न बोल पाना और हिन्दी गानों के बोल बोलते वक़्त इस प्रकार से शब्दों का उच्चारण करना जैसे श्रोता को एहसास दिला रहे हों कि गाना बनानेवालों ने ग़लती से हिन्दी में बना दिया वरना अंग्रेज़ी में ये बेहतर सुनाई देता। कवर के नाम पर गानों का चीरहरण चल रहा है। जो बात असली गानों में होती है वह उसकी कॉपी या कवर में कभी नहीं आ सकती। आज के सिंगर क्या गा पाएँगे? सब ऑटो ट्यून लगाए बैठे हैं।

"जोमाटो? मतलब?"

अनुराग—"अबे हम जहाँ रहते हैं वहाँ जोमाटो वाले डिलीवरी करने से मना कर देते हैं।"

"क्यूँ? दिल्ली में ही रहते हो न?"

अनुराग—"सैनिक फार्म।"

"सैनिक फार्म, दूर है शहर से? मतलब आइ हैव नो आइडिया...।"

अनुराग—"नहीं झोंपड़ी के, बहुत पॉश इलाका है पर मेरा घर वहाँ से 300 मीटर अन्दर देवली लगता है, वहाँ रहता हूँ।"

(सुजॉय और अनुराग की हर बात में दो से तीन गालियाँ ज़रूर होती हैं इसलिए मैंने पहले से ही उन शब्दों की आवृत्ति को ध्यान में रखते हुए 'झोंपड़ीवाले' को चुन लिया था वरना पढ़नी मुश्किल हो जाती ये कहानी।)

"स्ट्रेंज।"

अनुराग ने खिड़की खोलकर सिगरेट जला ली। उसके एक हाथ से सिगरेट जलाने के करतब में मेरी घिग्घी बँध गई थी।

"मैं ड्राइव करूँ?"

अनुराग—"चुप बैठो बे। दिल्ली में हो, और दिल्ली है हम दिलवालों की। भाई आया है बैंगलोर से, ख़ुद छोड़कर आऊँगा और बोलो तो घर तक ले लूँ, वाइट्फ़ील्ड तक, कल ही टैंक फुल करवाया था।"

"गूगल मैप लगा दूँ टी-1 का?"

अनुराग—"कोई भी मैप लगाओ, प्लेन के अन्दर तक छोड़कर आऊँगा, दिल्ली में टी-1, टी-2, टी-3 सब एक ही हैं, कहीं भी छोड़ दूँगा बे।"

अनुराग फिर बहुत कुछ बोलने लगा। मुझे पता था कि वो आज नॉर्मल नहीं था। जब से मिला है अजीब-सी हरकतें कर रहा है। हम लोग पिछले एक साल से सोशल मीडिया के चलते एक-दूसरे के सम्पर्क में आए थे पर ये कमाल किया था फैज़ल ने। हम सबसे नम्बर लिए और फिर सबको व्हाटसऐप ग्रुप बनाकर जोड़ दिया। ग्रुप में उसने पहले ही दिन लिख दिया था कि हिन्दू-मुस्लिम, मोदी-पप्पू नहीं होगा, लेकिन उम्र का सम्बन्ध समझदारी से कभी नहीं रहा। यह पेट में अपेंडिक्स की तरह होती है और जैसे किसी भी उम्र में अपेंडिक्स का दर्द उठता है वैसे ही समझदारी भी किसी भी उम्र में जाग सकती है। ये भी ग़ौरतलब है कि कुछ लोगों को जीवन भर अपेंडिक्स का दर्द नहीं उठता। बस व्हाटसऐप ग्रुप क्या बना, आज़ादी का त्योहार शुरू हो गया जो कि 2014 में ही मिली थी। उस ग्रुप में पता चला कि लगभग 95 प्रतिशत लोगों को अभी तक अपेंडिक्स का दर्द नहीं उठा था। फिर एक-एक करके लोग याद आना शुरू हुए, जिनके चेहरे अब धुँधले ही सही पर दिमाग़ में थे।

अनुराग बहुत तेज़ था पढ़ने में, आईआईटी की तैयारी करता रहता था, ब्रिलियंट ट्यूटोरियल्स के नोट्स छुपा-छुपाकर पढ़ता था, क्लास में फिजिक्स, केमिस्ट्री और गणित के हर सवाल पर जवाब का हाथ खड़ा कर देता। मेरे घर में माँ-बाप समझाते कि क्लास के सबसे तेज़ लड़के से दोस्ती करो पर वह साला पास फटकने न दे। मुझे उस समय अपनी बुद्धि पर बहुत तरस आता था और बहुत कोशिशों के बाद, उसकी नकल करने की कोशिश के बाद भी कभी उसकी तरह नहीं पढ़ पाया। न्यूटन के तीन लॉ थे, पर तीनों को क्लास में समझाकर जब अनुराग ठुड्डी को सीने से सटाकर कुछ सोचने लगता तो मुझे यकीन हो जाता कि इसको न्यूटन का चौथा लॉ भी पता है पर

बताना नहीं चाहता कि कहीं किसी और का आईआईटी में न हो जाए। वो जब अपने गले को सीने से चिपकाकर बोलता तो लगता कि टोड टर्राने की जगह इनसानी आवाज़ में बोल रहा है। ज़रूरत हो न हो वह हर वाक्य के बाद हाथ में पकड़ी पेन या पेंसिल इस तरह ऊपर-नीचे करता जैसे वो किसी तरल पदार्थ की श्यानता को तोड़ते हुए धीरे-धीरे उसकी तली तक जा रहा है। फिर अचानक उसका सोचना रुक जाता और वह बैठ जाता और मैं तब तक मुँह बाए उसके बोलने का इन्तज़ार करता रह जाता। ऐसा नहीं है कि मैंने कोशिश नहीं की थी उससे दोस्ती करने कि पर अनुराग ने तो साथ में टिफिन खाने से भी मना कर दिया था। उस दिन के बाद से इतने करीब से अनुराग से आज जाकर मिला था। अनुराग की आवाज़ आज भी वैसी ही थी, बस समय और सिगरेट के साथ भारी हो गई थी।

अनुराग—मैं भी डिलीवरी वालों को उल्लू बनाता हूँ, सैनिक फार्म का पता दे देता हूँ। एक बँगला है जो ख़ाली पड़ा रहता है, जब डिलीवरी वाला फोन करता है वहाँ पहुँचकर तो बोलता हूँ—रुक वहीं! मैं सब्ज़ी लेने बाहर निकला हूँ, बस जाकर खाना ले लेता हूँ उससे, और सीधे घर।

इस बकवास का क्या मतलब था, मैंने पाँच बीयर पी थी और लगा था सँभाल लूँगा पर सिर दर्द से फट रहा था, दिन भर काम की थकान और उस पर 28 साल के बाद मिलने का दबाव, सब यही दिखाना चाहते हैं कि जवानी उतरी नहीं है और कौन कितनी दारू पीकर भी खड़ा रहता है। अगर 94 में 6 जोड़ें तो 2000 हुआ और अभी चल रहा है 2022, मतलब 28 साल हो गए थे। अच्छा हुआ व्हिस्की या रम नहीं पी थी वरना अब तक उल्टी कर रहा होता। मुझे कोई अफ़सोस नहीं होता अगर मैं अनुराग की कार में उल्टी कर देता। शायद इसी बहाने वह कार रोककर मुझे बाहर निकाल देता और मैं ऊबर-ओला करके एयरपोर्ट चला जाता। वैसे भी इस छोटी-सी कार में बैठने में तकलीफ़ ज़्यादा थी।

अनुराग—"मुझे, मेरी बीवी और बच्चों को पिज़्ज़ा बहुत पसन्द है। हम लोग एक साथ 3 हज़ार का पिज़्ज़ा मँगाते हैं और उसके बाद एक-एक बोतल कोक बस। पहले तो हफ़्ते में एक बार मँगाते थे पर अब बेटियाँ बड़ी हो गई हैं तो 15 दिन में एक बार, तुमको कहाँ का पिज़्ज़ा पसन्द है?" मैंने सोचा कि अगर नहीं बोलूँगा तो ये कोई नई बात ले बैठेगा इससे बढ़िया था कि ऐसे सवालों का जवाब देता चलूँ।

"इंडिगो डेली या फिर स्मोक डेली...उनका थिन क्रस्ट पसन्द है।"

अनुराग—"हम लोगों को डोमिनोज़ बहुत पसन्द है। क्या पिज़्ज़ा बनाते हैं साले, मैंने बहुत जगह खाया, और कोई इतना बढ़िया बना ही नहीं सकता। बाकी सब साले बस दिखावे का पैसा लेते हैं। तुम खाए हो कभी डोमिनोज़?

मैं नहीं चाहता था कि 'इंडिगो डेली' का नाम लूँ पर जैसे अन्दर से कोई बुलवा रहा हो, कोई दबा ग़ुस्सा था या अनुराग को नीचा दिखाना था, क्योंकि उसके चलते पूरे क्लास में कभी सिर उठाकर नहीं जी पाया, पर क्या फ़ायदा होगा अब? कुछ नहीं होगा पर मेरे बस में नहीं था यह सब, उस पर वह क्या बोले जा रहा था, उसे दिखाना क्या था, मैंने तो कुछ भी नहीं बताया कि मैं कहाँ खाता हूँ, क्या खाता हूँ। शाम को भी ऐसा ही लगा था। 28 साल बाद सिर्फ़ एक दो चेहरे याद थे पर कोई यह दिखाना नहीं चाह रहा था कि वे एक दूसरे को पहचान नहीं पाए थे। मैं बैंगलोर से सिर्फ़ दो दिन के लिए दिल्ली आया था और काम ख़त्म करते ही प्लानिंग हो गई। विकास ने पहुँचने में सबसे देर की थी और तब तक बाकी ने दबी आवाज़ में बता दिया था कि यह विकास की तीसरी शादी थी और किसी को नहीं पता था कि पहली दोनों कहाँ हैं। अब बात यहाँ तक हो गई कि अगर बाकी दोनों बीवियों को छोड़ दिया है तो पता तो चले कि वे कहाँ हैं? भाई ने छोड़ दिया है तो दोस्तों का ट्राई करना बनता है। सबको ख़ूब हँसी आई पर विकास के आते ही अचानक माहौल बदल गया। विकास अंग्रेज़ी माध्यम से ट्रांसफर होकर आया था हमारे स्कूल में। उससे पता चला था 'सेलिन डीयोन' और अंग्रेज़ी गानों के बारे में, वो अक्सर वही गाने गुनगुनाता। सबसे अद्भुत लगता था उसका अंग्रेज़ी में उत्तर प्रदेश माध्यमिक शिक्षा परिषद की इंटर की परीक्षा देने की योजना। विश्वास ही नहीं होता था कि जिसे हम लोग गुप्त ऊष्मा समझते थे वो लेटेंट हीट थी। उस समय अंग्रेज़ी को लेकर एक भय था। मतलब अगर कोई यदि अचानक, जैसे साइकिल चलाते वक़्त या क्रिकेट खेलते वक़्त पूछ ले कि "मैं जाता हूँ" का अंग्रेज़ी में अनुवाद करो तो 'आइ ऐम गोइंग' और 'आइ विल गो' निकल आता पर यदि कोई शान्त अवस्था में पूछता तो निश्चित था कि 'आइ कैन गो' निकलेगा दरअसल 'आइ गो' का ख़याल दिमाग़ में आ ही नहीं सकता था। कारण-कर्ता और कर्म के बीच किसी क्रिया का न होना सन्देहास्पद था। वैसे आज की शाम का पूरा कर्ता-धर्ता फैज़ल था।

उसने सबको मिलाने का बहुत बड़ा काम किया था। आज शाम को भी उसी ने सबको अपने रेस्त्राँ में खाने पर बुलाया था जहाँ हम आपस में मिले।

हम लोगों की पहली खुसर-पुसर वहीं हुई—"मुसलमान है न, घर नहीं बुलाएगा कि कहीं बीवी से कोई मिल न ले।" फैज़ल की बीवी बहुत सुन्दर है पर किसी ने आज तक देखी नहीं, साला फेसबुक पर भी कोई फ़ोटो नहीं डालता। मैं इस सारे मज़ाक का हिस्सा बन गया था क्यूँकि दोस्त बहुत दिनों बाद मिले थे। विकास था भी वैसा ही, हर समय लड़कियों के पीछे रहता था और फैज़ल कभी किसी को घर नहीं बुलाता था। ईद में सेवईं स्कूल ले आता पर कभी कोई उसके घर नहीं गया। वैसे भी फैज़ल सिर्फ़ क्रिकेट खेलने स्कूल आता था, बैट-बॉल स्कूल में ही छुपाकर रखता था पर कहाँ और कैसे, उसका हुनर था। चौक में उसकी कपड़ों की बहुत बड़ी दुकान थी। वो क्लास के हर टीचर से ट्यूशन पढ़ता था मतलब कि हिन्दी और इतिहास के टीचर तक को पैसे देता था पर पढ़ने कभी नहीं जाता था। हिन्दी के टीचर पाठक साब तो फैज़ल को देखते ही द्रवित हो जाते थे। उनके जीवन का ये एक विस्मयकारी अनुभव था कि किसी ने हिन्दी के ट्यूशन के लिए उन्हें पैसे दिये थे। पाठक सर पूरी क्लास के सामने फैज़ल की उपलब्धियाँ गिनाते हुए बताते कि फैज़ल जीवन्त उदाहरण है, इस बात का कि स्वस्थ तन में ही स्वस्थ मन का विकास हो सकता है। मैंने और विश्वविजय ने एक दिन चिढ़कर ब्लैकबोर्ड पर फैज़ल की जीवनी लिख डाली, वो भी ठीक पाठक सर की क्लास शुरू होने से पहले। पाठक सर क्लास में आए, पूरी जीवनी पढ़ी और फिर क्लास से बिना पढ़ाए चले गए। हम दोनों ने जो लिखा था वह कुछ यूँ था—

"फैज़ल क़ुरैशी का जन्म इलाहाबाद के गरीब परिवार में हुआ था, उनके पिता रिज़वान क़ुरैशी संगीत प्रेमी थे और दिन भर रेडियो सुनते रहते थे, उनके पितामह वयोवृद्ध आरिफ़ क़ुरैशी न मांसाहार करते थे और न जीवन में कभी एक भी बकरा काट पाए अत: उन्होंने कपड़े काटकर बेचने का काम शुरू किया। फैज़ल के माता पिता का देहान्त अल्पायु में ही हो गया था और उन्होंने स्वाध्याय एवं अपने गुरु पाठक सर से क्रिकेट, फुटबाल, गेंद-तड़ी इत्यादि खेलों का गम्भीर अध्ययन किया। ऐसी मान्यता है कि उनका जन्म क्रिकेट के मैदान में हुआ था किन्तु इतिहासविदों का मानना है कि उनके असली पिता पाठक जी ही हैं।

फैज़ल की पारियाँ मात्र इलाहाबाद में ही नहीं अपितु लखनऊ, कानपुर, मेरठ इत्यादि शहरों में भी जानी व मानी जाती हैं।"

चलती कार में चेहरे पर हल्की ठंडी हवा अच्छी लग रही थी, ठंड की शुरुआत हुई थी दिल्ली में और मन कर रहा था कि कुछ दिन रुककर दिल्ली के खाने के मज़े ले लिए जाएँ पर कल सुबह ऑफ़िस भी सीधे एयरपोर्ट से ही जाना था।

अनुराग—"क्या हुआ? क्या सोचकर हँस रहे हो?"

"विश्वविजय याद आ गया और फैज़ल की जीवनी भी..."

अनुराग ने कार अचानक दाएँ मोड़ ली।

"ये क्या? तुमने लेफ्ट मिस कर दिया। अब देखो मैप पर 42 मिनट दिखाने लगा पहले 32 में पहुँच रहे थे।"

अनुराग—"अबे तुम बैठे रहो बस, बहुत साइंस मत बताओ, हमसे ज़्यादा रास्ते जानते हो? ये गूगल गली में घुसेड़ देगा अभी, ज़्यादा गूगल-पूगल मत किया करो। हम रास्ता याद रखते हैं।"

मैं खिसियाकर चुप बैठ गया। अनुराग में हर बात पर धौंस जमाने की अजब ज़िद थी उससे कोई सीधी बात करना मुश्किल हो रहा था। रेस्त्राँ में बैठा था तो बिलकुल चुप रहा, सबने बात की पर अनुराग ने सिर्फ़ गर्दन हिलाकर वहाँ रहने की ज़रूरत पूरी की थी पर वो लगातार मुझे घूरे जा रहा था। पहले मुझे लगा पीकर आया है, फिर फैज़ल ने बोला कि ये उसकी हर शाम की कहानी है, अनुराग की बोतल शाम 7 बजे के बाद खुल जाती है। आज सब फैज़ल के रेस्त्राँ में ही मिले थे। फैज़ल ने 'प्लांट बेस्ड मीट' का रेस्त्राँ खोला था। फैज़ल मुस्लिम होकर नकली मीट की दुकान खोलेगा! ठीक है कि नया ट्रेंड आया है इस मीट का, पर फैज़ल मुस्लिम है तो वो मांस आराम से बेच ही सकता था, ऐसा कुछ खोलेगा अन्दाज़ा नहीं था। पर फैज़ल के अलावा ये कर भी कौन सकता था। बिजनेस उसके ख़ून में था और वो धन्धा समझता था। मैंने और फैज़ल ने स्कूल में पढ़ाई कम और साथ क्रिकेट बहुत खेला था। मैंने फैज़ल से कभी प्रतियोगिता नहीं की, वह अपने खेल में अच्छा था।

"अच्छा! ये तो नई बात पता चली और वैसे भी तुमने कभी किसी को घर बुलाया कहाँ जो पता चलता। अच्छा हुआ तुम्हारे घर नहीं आया वरना लौकी खिला देते।"

फैज़ल—"सिर्फ़ लौकी नहीं यार, साथ में रोटी दाल चावल और उबला अंडा भी।"

"तुम्हारा नाम फैज़ल शुक्ला होना चाहिए था। रेस्त्राँ का नाम भी बढ़िया रखा है।"

फैज़ल दिल खोलकर हँसा था।

फैज़ल—"वैसे ग्रुप में तो तुम्हारे नाम के आगे सिद्दीकी, अहमद सब लग चुका है, तुमको भी कम खुजली नहीं है, हर बात का जवाब देना है।"

—"फैज़ल, क्रिकेट क्यूँ छोड़ दिया यार?"

फैज़ल—"भाई, रणजी तक गया पर फिर आगे टीम में नहीं हुआ, एयर इंडिया में नौकरी मिल गई और साथ में ये धन्धा जमा लिया।"

—अबे कोई विश्वास करेगा कि एक मुसलमान गोश्त नहीं बेच रहा?

फैज़ल—"कुछ नया करना था यार और वैसे भी मेरे दादाजी के भाई हिन्दू हैं। मानोगे नहीं पर हमारे घर में तो अंडा अब जाकर बनना शुरू हुआ, वो भी मेरी शादी के बाद। शमा के यहाँ तो ख़तरनाक खाऊ हैं।"

"तुमको डर लगता होगा मुसलमान होकर...पर हम जैसे लोग अगर चुप रहे तो...देश सबका है, मुसलमान नहीं सुधरेंगे, पाकिस्तान भेजो, ये क्या है?"

फैज़ल—"भाई...भाई...तुम्हारे जितना पढ़ा-लिखा नहीं हूँ। तुम तो ये बताओ कि इसमें बिलकुल मीट वाला फील है कि नहीं?

"सच बोलूँ फैज़ल, मुझे लगा था कि बकवास होगा पर खाकर मुझे कोई अन्तर नहीं पता चला।"

विकास—"क्या बोल रहे हो बे? तुमको अन्तर नहीं पता चला? ये ठीक है पर मटन के टेस्ट के आगे यह नकली मीट?"

"अगर ये चल गया तो बढ़िया है, जानवर नहीं मारेंगे। वैसे भी लोग नॉन-वेज छोड़ रहे हैं।"

विकास—"एक बात बताएँ, बस एक महीने के लिए देश में आलू, भिंडी और पालक का दाम 600 रुपए किलो कर दो और मटन-चिकन 80 रुपए किलो, फिर देखता हूँ कितने पंडित, कितने जैन और कितने वेजिटेरियन"

"देखो यार, मैंने भी नान-वेज छोड़ दिया आठ महीने पहले। हो सकता है मेरा जजमेंट ग़लत हो पर ये चीज़ कमाल लगी। मीट वाला ही टेक्स्चर दाँतों में आता है।"

फैज़ल—"पैक कर दें? भाभी और बच्चों के लिए भी ले जाना।"

"नहीं यार दस घंटे बाद है फ्लाइट और फिर तब तक ठंडा हो जाएगा, यहीं लाकर खिलाऊँगा अपने दोस्त की दुकान पर।"

विकास—"फैज़ल हमको तो कभी पैक नहीं करवाए।"

फैज़ल—"तुम बगल में हो यार, जब मन हो आ जाओ भाभी को लेकर, गरम-गरम खाकर जाओ।"

विकास—"मतलब अकेले आऊँगा तो नहीं खिलाओगे? तुम्हारी दुकान है इसलिए बुरा मत मानना पर चिकन और मटन की कोई काट नहीं है। मेरे घर पर तो नानवेज बनता भी नहीं इसलिए जब खाऊँगा तो असली वाला ही खाऊँगा। वैसे वेज बिरयानी का शॉप कम था जो अब ये नकली वेज आ गया।"

फैज़ल—"बिना मुँह में डाले बुराई मत करो यार नई चीज़ है, इसमें सोया, दालें, कटहल, गेहूँ मतलब बहुत सी हेल्दी चीज़ें हैं।"

विकास—"मेरी जान, बस हड्डी की कमी है।"

विकास ने ऐसे मुँह बनाकर बोला कि हम सबकी हँसी निकल गई पर फैज़ल नहीं हँसा।

सुजॉय—"दोस्त की दुकान खुली है, पेल कर खाओ। पैसा देना नहीं है, काहे लड़ रहे हो बे?"

सुजॉय को पता चल जाता था कि कब और कहाँ लड़ाई शुरू हो सकती है, हम सबमें शायद सबसे समझदार वही था। मुझे भी आश्चर्य हुआ था जानकर कि उसने सब-इन्स्पेक्टर की नौकरी कर ली थी और बड़ा ख़ुश था अपनी नौकरी में। मतलब उसके पास उम्र थी कि वो आईपीएस की तैयारी करता पर बहुत जल्दी सरेंडर कर दिया। मैंने पूछा तो बोला, "ख़ुशी है स्वीकार कर लेने में जीवन को, जो मिला है उसके लिए शुक्रगुज़ार हूँ, शायद मैं आईपीएस भी बन जाता पर उस समय घर में कुछ ऐसी ज़रूरतें थीं कि मेरा एक ढंग की नौकरी में होना बहुत ज़रूरी था।" मैंने जब जानने की कोशिश की तो टाल गया—"भाई, बहुत ही दुखभरी है कहानी, तू रो देगा।"

यह बोलकर वह बहुत तेज़ हँसा। सुजॉय हमेशा से ऐसा ही मस्त था। स्कूल में उससे सब दोस्ती रखते थे, दुर्गा पूजा में बंगाली लड़कियों से मिलने

का वही एक ज़रिया था पर सुजॉय बता देता था कि कौन हमारी भाभी है और कौन उसकी बहन, फिर छूट दे देता था।

सुजॉय—"अबे झोंपड़ी के बहुत बड़ा आदमी हो गया है तू। साला सब तेरे से मिलने आ रहे हैं, मैं साला इधर माने कितने साल से पड़ा हूँ पर झोंपड़ी का कोई इकट्ठा नहीं हुआ। विश्वविजय नहीं दिख रहा?"

"बड़े आदमी तुम हो बे, पुलिसवाले हो, डर लगता है, लॉ एंड ऑर्डर का दिखाकर कहीं अन्दर न करवा दो, विश्वविजय ने तुमसे डर के ट्रांसफर ले लिया चंडीगढ़।"

सुजॉय—"भाई पुलिस में हैं, कोई छू नहीं सकता अपने दोस्तों को। चाहे चंडीगढ़ हो या बैंगलोर।"

"भाई, बचपन से सुना है, पुलिसवालों की न दोस्ती भली न दुश्मनी, तुमसे दोस्ती तोड़ नहीं सकते और दुश्मनी लेगा कौन बे!"

इस बात पर सभी हँसे थे पर अनुराग एक कोने में बैठा फ़ोन पर किसी से बातें कर रहा था।

"ये अनुराग इतना चुप क्यूँ बैठा है, याद है कैसे नोट्स छुपाकर पढ़ता था कि कहीं हम लोग न देख लें और क्या फ़ायदा हुआ बे, जिसका सिलेक्शन होना होता है हो जाता है।"

अनुराग फोन पर था पर पता नहीं था कि वह हमारी बातें सुन रहा होगा, मुझे अन्दाज़ा नहीं था कि उसको यह बात इतनी चुभ जाएगी।

अनुराग—"अपना कमाकर खाता हूँ, तुमसे माँगने नहीं आता। नहीं हुआ क्यूँकि आरक्षण था।"

सुजॉय—"कसम से, 28 साल बाद भी वही लौंडे हो। कुछ नहीं बदला, अभी कहो तो साले कट्टा बम लेकर लड़ लें।"

अनुराग—"मैंने लड़ाई की? कौन बोला सिलेक्शन की बात? 28 साल पुरानी बात है...।"

"भाई, ग़लती हो गई। मतलब था कि तुम हमेशा फर्स्ट आते थे। हम लोगों को लगता था कि तुम्हारा तो हो ही जाएगा। नहीं हुआ, इस पर विश्वास करना मुश्किल था।"

अनुराग—“झोंपड़ी के तू बड़ा तुर्रम खाँ बन गया, इंजीनियरिंग, एमबीए सब कर लिया, फिर भी तू चूतिया था और हमेशा चूतिया रहेगा, सुजॉय ओल्ड मौंक मँगा।”

फैज़ल—“यार! यहाँ पीना नहीं हो पाएगा।”

अनुराग—“तुमको कौन बोला पीने को?”

फैज़ल—“अबे रेस्त्राँ को लाइसेंस नहीं है, नया-नया है कोई देख लेगा तो बवाल...।”

अनुराग—“नाटक मत सुना तू अब, तुम लोगों का यही प्रॉब्लम है, हम कहीं भी हलाल खा लेंगे पर तुम को दारू सुनते ही न!”

अनुराग उठकर रेस्त्राँ से बाहर चला गया।

फैज़ल ने उसकी बात पर कोई ध्यान नहीं दिया। शायद वह अपने होटल पर ऐसी बहस में नहीं पड़ना चाहता था।

विकास—“तुम्हारी सिलेक्शन की बात पर उखड़ गया है। क्यूँ कर रहे हो यार? इतने साल बाद किसका हुआ या किसका नहीं क्या फ़र्क़ पड़ता है?”

“यार मैं ऐसे ही बोल रहा था, कोई नीचा नहीं दिखा रहा उसे।”

विकास—“उसको चढ़ जाती है तो बड़बड़ाने लगता है। चलो सामने पब में जाकर बैठा है। वहीं चलते हैं, थोड़ा पी ली जाए वरना बोलोगे दोस्त को सूखा-सूखा प्लेन में बैठा दिया।”

“फैज़ल आओ, तुम जूस पी लेना।”

हम सब फैज़ल के रेस्त्राँ से निकलकर उसी मॉल में स्थित एक पब में आ गए। बैंगलोर में पब जाने की आदत थी पर यहाँ नोएडा में म्यूजिक कुछ ज़्यादा ही तेज़ था और उस पर पंजाबी गाने एक के बाद एक बजे जा रहे थे। बात करने के लिए चिल्लाना पड़े तो बड़ी खीज होती है। ऑफ़िस पार्टी हो तो ठीक भी है, ऐसे भी बॉस को कौन सुनना चाहता है पर दोस्तों से इतने सालों बाद मिले हैं। मुझे अचानक याद आया और मैंने विकास को अपने पास खींचकर कहा।

“भाई याद रखना कि एयरपोर्ट छुड़वाना है, यहाँ नोएडा से रात को टैक्सी नहीं मिलती।’

विकास—“तुम आदमी हो कि पजामा, जबसे मिले हो चौवालीस बार बोल चुके हो। पहुँचा देंगे।’

फैज़ल—"आराम से पियो। हम लोग हैं, तुम्हारी फ्लाइट नहीं छूटेगी।"

"यहाँ इतना शोर है पता भी नहीं चलता कि बात सुनाई पड़ भी रही है कि नहीं!"

इतने तेज़ संगीत से सिर फट रहा था पर बियर ने सँभाल रखा था। नशा हल्का-हल्का सा था और नींद भी हल्की। अचानक अनुराग ने ब्रेक मारा और मैं हड़बड़ाकर उठ गया, मेरा दिमाग़ बार-बार शाम की पार्टी में चला जा रहा था, मुझे हर एक दोस्त अलग-अलग समय पर दिख रहा था।

अनुराग—"मूत लेते हैं बे! बियर पी है तो सू-सू बहुत आ रही है। सो गए क्या?"

"नहीं वो सोच रहा था।"

अनुराग—"ज़्यादा सोचो मत, मूत लो झोंपड़ी के।"

अनुराग हल्का-सा लड़खड़ाता हुआ बाएँ हाथ की दीवार के पास पहुँचा, वैसे तो जगह लग नहीं रही थी पेशाब करने की, पर तब तक अनुराग दीवार के ऊपर धार बना चुका था और मैं धीरे-धीरे चलता उसके बाद पहुँचा, मुझे उस दीवार के पीछे किसी स्टेशन का आभास हुआ।

"यहाँ...ये कोई मेट्रो है क्या?"

उसने कोई जवाब नहीं दिया। मैंने थोड़ी देर उसके जवाब का इन्तज़ार किया फिर मुझे लगा कि सू-सू कर ही लेनी चाहिए। जब तक मैं ख़त्म करता अनुराग ने जनेऊ कान से उतारा और उसे फिर एक मौक़ा मिल गया यह बताने का कि वो कितना ज़मीन से जुड़ा हुआ था।"

अनुराग—"मूतते समय बात नहीं करते बे।"

फिर अनुराग चेन बन्द करने के प्रयास में मेरी तरफ़ ज़्यादा झुक गया और लगभग मेरे कान से सटकर बोला—"हाँ! ये सीलमपुर मेट्रो है और इसी के आगे सब साले मोड़ पे बैठे थे। एनआरसी और सीएए वाले जाम लगा कर।"

अनुराग ने मेरे पास आकर बहुत तेज़ चिल्लाकर बोला था। मुझे फिर से बड़ी तेज़ उलझन हुई और मन किया कि घूमकर उसी पर मूत दूँ। मुझे समझ नहीं आ रहा था कि इतना चिल्लाकर क्यूँ बोल रहा है मुझसे।

"कान में क्यूँ चिल्ला रहे हो बे झोंपड़ी के।"

अनुराग—"तुम जैसों को सुनाना ज़रूरी है जो साले फेसबुक पर गंगा-जमुनी तहज़ीब भौंकते रहते हो।"

—अनुराग बहुत हुआ।

अनुराग—"बहुत हुआ इन सुअरों का, यहीं मूतूँगा सालों पर। ये पूरा एरिया देख रहे हो ये सब मुसलमानों का है। सालों के पास कोई काम नहीं था। बस रोज़ यहाँ इकट्ठा होकर मनमर्ज़ी करवा ली।"

"यही मोड़ था? बहुत देखा था न्यूज में पर आज सामने से देखा।"

अनुराग—"माथा टेक लो।"

"ऐसा करो तुम मेरा सामान दे दो, मैं ओला कर लूँगा।"

अनुराग—"हिम्मत हो तो उतर के दिखा दो, छोड़ूँगा तो मैं ही।"

मुझे पता चल गया था कि अनुराग में बहुत कुछ भरा हुआ है और इस समय उसे छेड़ना छत्ते में हाथ डालना होगा और तरीक़ा था उससे प्यार से बात करना।"

"यहाँ? तुम्हारा घर यहाँ से दूर है?"

अनुराग—"हाँ, पर आना तो पड़ता ही था, रोज़ की रिपोर्ट करने।"

"तुम कोई टीवी चैनल क्यूँ नहीं ज्वाइन करते?"

अनुराग—"हमको इसी में मज़ा आता है, लिखने में, प्रिंट मीडिया...।"

"लिखने का शौक़ तो नहीं था तब।"

अनुराग—"तुम भी तो शाकाहारी नहीं थे तब?"

"यार तुम तो पकड़ कर ही बैठ गए।"

अनुराग—"क्यूँ तुम फैज़ल के सामने इतना क्यूँ चिपक रहे थे? स्कूल में तो टिफिन में अंडा, आमलेट, चिकन सब लाते थे।"

"उस बात को तीस साल हो गए।"

अनुराग—"हाँ तो मेरा इंजीनियरिंग में नहीं हुआ उस बात के भी तो 28 साल हो गए।"

"ग़लती हो गई भाई।"

अनुराग—"किस-किस बात के लिए माफ़ी माँगोगे तुम जैसे लोग? तुम लोगों के चलते ही इनकी इतनी हिम्मत हो गई है कि...।"

"अरे यार नहीं मन करता किसी जानवर को मार कर खाने का तो बस नहीं मन करता।"

अनुराग—"और जो गाय काट कर खाते हैं उनके लिए तुमको बहुत प्यार उमड़ता है।"

"अब ये बात कहाँ से निकाली?

अनुराग—"तुमको बड़ी मिर्ची लग जाती है, जब मैं ग्रुप में कोई वीडियो डालता हूँ।

"वो सही नहीं है, सबकी भावनाओं का ध्यान रखना चाहिए।"

अनुराग—"भावनाएँ? वाह गुरू! जिनका देश है उनकी भावनाओं का क्या?"

"फैज़ल ने कुछ कहा?"

अनुराग—"उसने भी लिखा था कि सुप्रीम कोर्ट का फैसला सहीं नहीं था अयोध्या का।"

उसने नहीं कहा था, "सिर्फ़ एक आर्टिकल शेयर किया था।"

अनुराग—"मतलब कहना तो यही चाह रहा था न।"

"फैज़ल भी हम में से एक ही है। सुना नहीं, उसके दादा जी के भाई आज भी हिन्दू हैं।"

अनुराग—"वही तो कह रहा हूँ, सब कन्वर्टेड हैं पर मानेंगे नहीं, बाबर की औलाद बताते हैं अपने-आपको।"

"यार फैज़ल तो साथ का है, उसको इन सबमें क्यूँ खींच रहे हो?"

अनुराग—"और जब कोई कोशिश करे देश के दुश्मनों को बाहर निकालने की तो तुम और तुम्हारे जैसा खुजलीवाल सब साले लट्ठ लेकर खड़े हो जाते हो।"

अगर इसके आगे बात बढ़ाता तो शायद आज एयरपोर्ट नहीं पहुँच पाता इसलिए मैंने ऐसा मुँह बनाया जैसे कि मैं कुछ हद तक अनुराग से सहमत था। मैं पहले कार में आकर बैठ गया और अनुराग को समझने के लिए उसकी कार का अन्दर से मुआयना करने लगा। बहुत सारे काग़ज़, अख़बार, तौलिया, सिगरेट, दो तीन पानी की बोतल, मतलब बहुत ही बेतरतीब-सा था सब कुछ जैसे किसी ने साफ़ ही नहीं किया हो महीनों से। न जाने कितनी किताबें और पत्रिकाएँ और पुराने अख़बार जिनका रंग भी उड़ चुका था, सब पीछे की सीट पर पड़ी थीं। फिर अनुराग भी कुछ देर तक चुपचाप कार चलाता रहा पर जाने क्यूँ मुझे लगने लगा था कि शायद मैं दूसरे शहर से हूँ इसलिए ज़मीनी हक़ीक़त न पता हो और न चाहते हुए भी मैंने पूछ ही लिया।

"काम तो हुआ है वरना ऐसे ही एमसीडी इलेक्शन नहीं जीत जाता।"

अनुराग—"अबे उल्लू बना रहा है केजरी तुम जैसों को। एक स्कूल नहीं बनवाया है, सब पुराने को चूना पुतवा दिया है और तुमको लगता है वो देश बदल रहा है। जहाँ गरीब थे वहाँ सब पहुँचा दिया और तुम तो जानते ही हो पढ़ा-लिखा और अमीर आदमी लाइन लगाकर वोट डालने जाएगा कि अपना काम देखेगा? उसको सब पता है और उस पर से फोकट की बिजली और फोकट का पानी, बदले में वोट।"

"एनआरसी और सीएए में कमी न होती तो सरकार ऐसे पीछे न हटती।"

अनुराग—"तुम लेफ्टी लोग न, किसी के सगे नहीं हो सकते, भक साले। देश के दुश्मनों के लिए सालों ने महीने भर रास्ता ब्लॉक करके रखा? बच्चे कितना लेट आते थे स्कूल से, मन करता था एक-एक को गोली मार दूँ।"

"तुम तो अख़बार में हो। तुम्हारे हिसाब से सही था या ग़लत?"

अनुराग—"बिलकुल चूतियापा था, सब खुजलीवाल का चढ़ाया हुआ था। टलवा दिया एनआरसी और सीएए। और गद्दार पैदा होंगे अब।"

"खुजलीवाल? मैं अभी हिटलर बोल दूँगा तो भड़क जाओगे।"

अनुराग—"तुम लोग क्या सोचते हो इतने लोगों को बिना किसी सपोर्ट के ही हिम्मत आ जाएगी ऐसे बैठने की? हिटलर क्या मुसोलिनी या इदी अमीन बोल दो। डरते हैं क्या?"

अनुराग की सिगरेट से निकालने वाली चिंगारी उड़कर अन्दर ही आ रही थी और अनुराग बेफ़िक्र कार चला रहा था।

अनुराग—"तुम तो दिल्ली पहले भी आए थे?"

"हाँ, आता रहता हूँ पर पता नहीं था कि तुम सब यहीं हो।"

अनुराग ने गाने का वॉल्यूम बढ़ा दिया और कार को गाने की बीट के साथ लहराने लगा, मुझे उसका नशा साफ़ दिख रहा था। अब मुझे फैज़ल पर चिढ़ आ रही थी, उसने वादा किया था कि वो ख़ुद छोड़ेगा पर ऐन मौक़े पर अनुराग ज़िद कर बैठा और फैज़ल भी मान गया क्यूँकि अनुराग का घर रास्ते में पड़ता था। मुझे कुछ आभास हुआ था पर यह नहीं पता था कि अनुराग ओल्ड मोंक के दो क्वॉर्टर ख़त्म कर चुका था। वो भी विकास ने तब बताया जब मैं और अनुराग निकल चुके थे। मैंने बड़बड़ाते हुए समय चेक किया।

अनुराग—"डर मत, तू किसी भी पार्टी का हो अर्बन नक्सल साले, एयरपोर्ट छोड़ूँगा मैं ही।"

अचानक अनुराग ने यूट्यूब (YouTube) से ढूँढ़कर गाना चला दिया और साथ में तेज़-तेज़ गाने लगा और उसने यह सब कार चलाते हुए किया।

अनुराग—"बैंगलोर से आया मेरा दोस्त, दोस्त को सलाम करो। रात-भर पियो-पियो दिन में फिर से पियो।"

"सच बोल रहे हैं अनुराग, हम तुम्हारे जीजा तो लगते नहीं कि एयरपोर्ट तक जाओगे। तुम आराम से सो जाओ घर जाकर, मुझे बैठा दो ओला में।"

अनुराग वही सुनता था जो उसका मन करता था। मुझे पता था कि व्हाटसऐप ग्रुप जैसी हालत वापस यहाँ नहीं करनी है और वैसे भी अगली बार मैं अनुराग से नहीं मिलूँगा पर अभी वो बात बढ़ाना चाहता है और समझदारी इसी में है कि चुपचाप निकल लूँ।

"बच्चे किस क्लास में हैं?"

अनुराग—"बड़ी वाली आठवीं और छोटी दूसरी में।"

मैं—"6 साल का अन्तर ग़ज़ब, तीन हैं न?"

अनुराग—"अबे अम्माँ पीछे पड़ गईं कि हम लोग सँभाल लेंगे पर एक लड़का तो होना ही चाहिए। तुम तो जानते हो पंडितों के यहाँ कैसा रहता है।"

"तुम पंडितों को पता कैसे चलता है कि इस बार लड़का ही होगा?"

अनुराग—"भक झोंपड़ी के! 2 बार गिराया है तब जाकर हुआ।

मैं—"आंटी ख़ुश?"

अनुराग—"बीना की ज़िन्दगी आसान हो गई वरना लड़का नहीं पैदा किया तो बहुत सुनना पड़ता है। बेचारी ने बहुत झेला लड़के के लिए। बहुत प्यारी बीवी मिली है।"

मेरे चेहरे की समस्या रही होगी कि अनुराग ने पढ़ लिया मेरे चेहरे पर उभरा हुआ व्यंग्य।

अनुराग—"पता है तुम्हारे मन में क्या चल रहा होगा। फैज़ल के एक ही लड़की है, है न?"

फेसबुक पर अनुराग कई बार मुझसे भिड़ चुका था और वो जानता था कि मैं किस तरह सोचता हूँ।

"मतलब...तुम्हारा पर्सनल मुद्दा है पर पॉप्युलेशन तो बढ़ ही रही है।"

अनुराग—"और वो सब जो दर्जन भर पैदा करते हैं? मेरे तीन हो गए तो देश में जनसंख्या बढ़ गई? वो साला फैज़ल...।"

"फैज़ल बेचारे ने सबको बुलाकर फ्री में खाना खिलाया और उसी को गरिया रहे हो।"

अनुराग—"फ्री! तुम लोगों को सब फ्री में चाहिए। उसके पीछे की साज़िश नहीं समझ पाते।"

"अब कौन सी साज़िश?"

अनुराग—फैज़ल अगर इतना ही सच्चा था तो रेस्टोरेंट का नाम 'भोजनमंत्र' क्यूँ रखा?

वाकई में मेरे पास अब कोई जवाब नहीं था पर अनुराग से हारने का मन नहीं था, व्हाटसऐप पर तो न जाने क्या-क्या लिखता रहता है पर आज नहीं जाने दूँगा। फिर ख़याल आया कि जाने देते हैं। इतने साल बाद की यादों को बर्बाद करने का क्या मतलब। लड़ाई हो जाएगी, फिर कभी शायद मिलने का भी न हो। जिस दिन बारहवीं का आख़िरी पेपर था किसी ने अन्दाज़ा भी नहीं लगाया था कि ज़िन्दगी यूँ स्पीड पकड़ेगी कि दुबारा कभी मिलना नहीं हो पाएगा। जैसा हर पेपर में होता था वैसा केमिस्ट्री के आख़िरी पेपर के दिन भी हुआ। सुबह सात से दस एग्ज़ाम दिया फिर सब घर भागे क्यूँकि किसी को एहसास ही नहीं था कि वह आख़िरी दिन दुनिया का वह दरवाज़ा खोलेगा जिसके अन्दर घुसते ही समय प्रकाशवर्ष की गति से चलेगा। अख़बार में रिजल्ट छपा तब तक सब इंजीनियरिंग और डॉक्टरी की तैयारी में लग चुके थे। जिनका चयन हो गया वे आपस में मिले और जिनका नहीं हुआ वे घर से नहीं निकले। फिर कितनी बार हुआ कि शहर वापस गए पर जिनका ख़ानदानी गल्ला था वे धन्धे पर लग गए थे और मिलने से कतराते। जो सिविल की तैयारी में थे उनके अन्दर प्रतिशोध था कि जब कुछ बन जाएँगे तब लाल-नीली बत्ती के साथ ही मिलेंगे।

अनुराग—"हम तुमसे बात किये जा रहे हैं और तुम सोए जा रहे हो आगे बैठकर, हमको भी आँख लग जाएगी।"

"सॉरी यार, वो इतनी बियर एक साथ हो गई और फिर कल से सोया भी नहीं ठीक से, ऑफ़िस का काम था।"

अनुराग—"एक बात बोलें, घर चलकर आराम से सो जाओ। कल शाम की फ्लाइट पकड़ लेना।"

"अबे नहीं भाई, कल ऑफ़िस में प्रेजेंटेशन है। नौकरी चली जाएगी बे।"

अनुराग ऐसे मुस्कुराया जैसे मेरी मजबूरी पर उसको मज़ा आया था। मैंने देखा तो वैसा ही गाना फिर बज रहा था और अनुराग ने अपनी स्पीड और बढ़ा दी थी।

—भाई, कोई जल्दी नहीं है, जितना लेट पहुँचूँ उतना बेहतर है। रात है तुम आराम से...।

अनुराग—झोंपड़ी के तुम हमको मत सिखाओ।

—यार, मैं ये कह रहा था कि तुम भी दिन भर के थके हो, ओला ऊबर करवा दो।

अनुराग ने फिर नहीं सुना। उसके सामने मेरे सारे तर्क ख़त्म हो चुके थे पर मैंने एक और कोशिश की।

—कहीं रास्ते में चाय पीते हैं फिर हम निकल जाएँगे।

अनुराग—पहली बार कोई सही बात बोली है, अभी लो।

और उसने गुड़गाँव जा रहे हाइवे पर अचानक सर्विस रोड की तरफ़ स्टीयरिंग मोड़ दी। उसने जैसे ही कार मोड़ी कि अचानक तेज़ आवाज़ के साथ कोई चीज़ हमसे टकराई। टक्कर इतनी तेज़ थी कि थोड़ी देर के लिए हम दोनों स्तब्ध रह गए। हाइवे था और अनुराग ने अचानक कार मोड़ दी थी। बाएँ हाथ में चल रही बाइक फुल स्पीड में कार से टकराई और फिर फ्लाइओवर की शुरुआत की जगह पर सर्विस रोड और फ्लाइओवर के बीच की दीवार से टकराकर उछली। ढेरों चिनगारियाँ बाइक और सड़क के बीच से निकल रही थीं। बाइक चलानेवाले ने हेलमेट लगा रखा था इसलिए उसका चेहरा नहीं दिख रहा था। वह फ्लाइओवर की साइड न गिरकर सर्विस रोड की तरफ़ गिरा। टक्कर इतनी तेज़ थी कि कार के पीछे का दरवाज़ा अन्दर धँस चुका था पर मेरा लैपटॉप बैग सुरक्षित था। मैं उतरकर भागा तो देखा कि क़िस्मत से हमारे पीछे कोई गाड़ी नहीं थी और सर्विस रोड देर रात के चलते सुनसान पड़ी थी।

बाइक सवार घिसटते हुए सर्विस रोड के किनारे झाड़ियों में फँसा पड़ा था। बाइक का अगला हिस्सा बुरी तरह चकनाचूर हो चुका था फिर भी बाइक का इंडिकेटर जल रहा था। समझ नहीं आ रहा था कि वो ज़िन्दा था या मर चुका था। अनुराग कार से बाहर ही नहीं निकला था। मुझे लगा शायद अनुराग को चोट लगी होगी इसीलिए वह अब तक बाहर नहीं निकला था। अनुराग स्टीयरिंग पकड़े बैठा था और उसके हाथ काँप रहे थे। मैंने जैसे ही उसको छुआ, वह गले को सीने से चिपकाए उसी टोड जैसी आवाज़ में रोने लगा।

अनुराग—"भाई निकल चलते हैं, वरना फँस जाएँगे।"

"अनुराग एक बार देख तो लूँ, वो आदमी शायद ज़िन्दा हो।"

अनुराग—"चूतिए हो झोंपड़ी के? मैंने पी रखी है और तुमने भी। दोनों अन्दर जाएँगे।"

"यार ये तो हिट एंड रन हुआ।"

अनुराग—"अंग्रेज़ी में बोलने से हरियाणा और दिल्ली पुलिस माफ नहीं करती।"

अचानक अनुराग को कुछ सूझा और वह काँपते हुए हाथों और पैरों के साथ कार का दरवाज़ा खोलकर बाहर निकला। अनुराग पागलों की तरह चारों तरफ़ देखने लगा फिर भागकर मेरे पास आया।

अनुराग—"कोई सीसी टीवी नहीं है आस-पास, मैंने चेक कर लिया। इससे पहले कोई आए, निकल लेते हैं।"

अनुराग मुझे कार की तरफ़ धकेलते हुए बोला और ख़ुद अन्दर जाकर ड्राइविंग सीट पर बैठ गया। मैं भागकर झाड़ियों की तरफ़ गया, बाइक सवार घिसटकर सड़क के किनारे तक तो आ गया था पर उसके हेलमेट से ख़ून बहुत बह रहा था। हेलमेट के बाद भी ऐसी चोट? वह पूरी तरह शान्त पड़ा था। अगर मैं उसे हॉस्पिटल ले जाता तो अनुराग का जेल जाना तय था। मैं उस आदमी को जानता तक नहीं था, न ही उसका चेहरा देखा था। ऐसे अनजान आदमी के लिए क्या अपने दोस्त और उसके परिवार को बर्बाद कर देना ठीक होगा? मैं भारी क़दमों से कार में आ बैठा। अनुराग ने तब तक सुजॉय को फोन लगा दिया था। मुझे देखते ही उसने फोन मुझे पकड़ा दिया।

"भाई, एयरपोर्ट के रास्ते में थे, एक बाइक वाले को टक्कर लग गई।"

सुजॉय—"फोन दे बात करता हूँ, समझ जाएगा। जाट होगा, ज़्यादा गर्मी दिखा रहा होगा।"

"नहीं यार उसकी ग़लती नहीं है। वह शायद मर गया है। बहुत तेज़ टक्कर लगी है कार की।"

सुजॉय—"क्या! पागल हो क्या! गाड़ी कौन चला रहा था।"

"अनुराग।"

सुजॉय—"साला कितना पिया था। मना कर रहा था पर बियर के साथ रम भी पी गया, झोंपड़ी का।"

"करना क्या है?"

सुजॉय—"पुलिस तो दोनों को अन्दर लेगी। अगर ब्लड टेस्ट हुआ तो एक बियर ही बहुत और तुम लोग साले नहाए हो दारू में।"

"फिर?"

सुजॉय—"अनुराग को फोन दे, तू तो यहाँ का है भी नहीं।

अनुराग के हाथ अभी भी काँप रहे थे। मैंने फोन देकर सिगरेट जला ली। अनुराग बात करता और सिर हिलाता जा रहा था। अनुराग ने फोन वापस दिया।

"हाँ सुजॉय!

सुजॉय—"सुन भाई, मेरे रहते तुम दोनों को कुछ नहीं होगा। अनुराग को बोल दिया है, तुम लोग यू-टर्न लो, मैं रास्ते में मिलता हूँ। तुरन्त निकलो, फ्लाइट कितने बजे है?"

"बहुत टाइम है।"

अनुराग ने कार आगे बढ़ाई और फ्लाइओवर के नीचे से यू-टर्न लिया। हम दोनों चुप थे और कार में अब कोई गाना भी नहीं बज रहा था। अगर अनुराग बजाने की कोशिश भी करता तो शायद मैं लात मारकर उसका सिस्टम तोड़ देता। मेरे पास कुछ कहने को नहीं था पर इतना ज़्यादा अपराधबोध लग रहा था कि मैं ख़ुद से बड़बड़ाने लगा।

"मेरा मन था कि उस आदमी की मदद करूँ, न जाने किसका बेटा या पति रहा होगा, पर तुम हमेशा के लिए अन्दर जाते।"

अनुराग का चेहरा स्तब्ध था, वह बस गाड़ी चलाने पर ध्यान दे रहा था। उसने एक बार भी मुड़कर नहीं देखा। मुझे लग रहा था मुझे अनुराग को बता देना चाहिए कि मैं क्यों भाग आया, मुझे अपने से ज़्यादा अनुराग और उसके परिवार की चिन्ता थी वरना मैं उस आदमी को हॉस्पिटल ज़रूर लेकर जाता।

"तीनों बच्चों और भाभी का ख़याल आ रहा है, वरना उसको हॉस्पिटल ले जाना बनता था। तुमने ठीक से चेक किया था सीसी टीवी?"

अनुराग—"हाँ।"

"और हुआ तो?"

अनुराग—"तो जो होगा कल देखेंगे।"

गाड़ी चल रही थी और मैं अपने-आपको समझा रहा था कि ऐसे मौक़ों पर दिल नहीं दिमाग़ से काम लेना चाहिए। मैं तो उस आदमी को जानता भी नहीं था जो वहाँ पड़ा मर रहा था या शायद अब तक मर चुका होगा।

और उस हिसाब से जिस दोस्त को जानता था उसके परिवार का जीवन बर्बाद करने का हक़ नहीं था मुझे। मैं अगर उसको अस्पताल लेकर जाता तो निश्चित था कि अनुराग पकड़ा जाता। फिर केस चलता, शायद जेल होती। जेल तब होती जब वो लड़का मरा होता पर अगर अनुराग को कुछ होता भी तो क्या हम सब दोस्त उसके परिवार को अकेला छोड़ देते? नहीं! सब मिलकर उसका ख़र्चा उठाते, उसके बच्चों की पढ़ाई का। पर अगर बाइकवाला आदमी ज़िन्दा रह गया और उसे गाड़ी का नम्बर याद रहा तो? तब तक तो मैं शायद बैंगलोर में रहूँगा और वापस नहीं आना यह दोस्ती-वोस्ती निभाने। अच्छा-ख़ासा ओला से निकल जाता पर यह दोस्ती का राग आज भारी पड़ गया। वैसे भी कोई मैच नहीं रह गया इन लोगों से मेरा। मैं जिस पोस्ट पर हूँ, वहाँ तक इनमें से कोई कभी पहुँच भी नहीं सकता। अनुराग का यही प्रॉब्लम था, वो मेरी सफलता देख नहीं पा रहा था। मैंने मोबाइल निकाला और सारे दोस्तों, जिनसे आज मिला था, को फेसबुक से अनफ्रेंड कर दिया। मुझे ये भी लग रहा था कि कहीं ग्रुप में बात न छिड़ जाए इसलिए व्हाटसऐप ग्रुप भी छोड़ दिया। मैं उस शाम की फ़ोटो भी नहीं रखना चाहता था, पर मेरे मोबाइल से हटाने का क्या फ़ायदा, बाकी लोगों के पास तो होगी ही। फिर भी ये अच्छा है कि मेरी अनुराग के साथ कोई सेल्फी नहीं थी। अनुराग ने अचानक ब्रेक मारा।

"एक एक्सिडेंट कर चुके हो अब एक और मत कर देना।"

अनुराग—"चुप झोंपड़ी के, तेरे ही चक्कर में सब हुआ है। सोचा था तुमको रास्ते में थोड़ी बुद्धि दूँगा लिब्रांडू...।"

"औक़ात में रहकर बात कर अन्धभक्त साला।"

अनुराग—"भक्त किसको बोला बे, बाहर निकल मेरी कार से।"

अनुराग तेज़ी से अपना दरवाज़ा खोलकर बाहर निकला और तब तक मैं भी बाहर आ चुका था। मेरा बिलकुल भी मन नहीं था पर तब तक अनुराग और मैं एक दूसरे का कॉलर पकड़ चुके थे। मैं पहले हाथ नहीं उठाना चाहता था पर अगर उसने शुरू किया तो सोच लिया था कि इस पूरी भसड़ के लिए उसको सबक़ ज़रूर दूँगा। हम थोड़ी देर तक एक दूसरे की आँखों में देखते रहे और फिर ख़ुद ही एक दूसरे से अलग हो गए।

"सुजॉय आएगा कि हमारा चूतिया काट रहा है!"

अनुराग—"झोंपड़ी के तुम्हारी फ्लाइट नहीं छूटेगी बस, तुम साले बहुत सेल्फिश हो।"

"सेल्फिश होता तो अब तक ओला करके एयरपोर्ट निकल गया होता, यहाँ तक आया हूँ क्यूँकि तुम्हारी और बच्चों की चिन्ता है।"

अनुराग—"भाई तुझको जो करना हो कर पर मेरे बच्चों की चिन्ता मत कर, भूखे मर जाएँगे पर तुम जैसे के सामने हाथ नहीं फैलाएँगे।"

इससे पहले कि बात आगे बढ़ती, सुजॉय अपनी बुलेट पर आ गया था। सुजॉय पूरी वर्दी में था।

सुजॉय—"तुम लोग ठीक हो?"

"हाँ यार पर उस आदमी का सोचकर ख़राब लग रहा है, किसी का भाई-बाप होगा।"

सुजॉय—"होगा लेकिन अभी इमोशनल मत हो। अनुराग कार की चाभी दो और तुम ऑटो से घर निकलो। मैकेनिक बुलाया है, वह आएगा और एक हफ़्ते में गाड़ी बनाकर घर पहुँचा देगा। तुम्हारी फ्लाइट कितने बजे है?"

"भाई, ओला बुला रहा हूँ, मैं निकल जाऊँगा पर हो सके तो तुम किसी को इन्फॉर्म कर दो और उस आदमी को हॉस्पिटल पहुँचा दो।"

सुजॉय—"तुम निकलो अब...। तुम साले कम झोंपड़ी वाले नहीं हो। इतनी ही चिन्ता थी तो रुक जाते वहाँ और अनुराग को निकाल देते। बोल देते कि रास्ते से जा रहा था और बाइक वाला गिरा मिला। अभी दिमाग़ मत खाओ मैं सँभाल लूँगा और अब इस बारे में कोई बात नहीं होगी।"

मेरी टैक्सी आ गई और गले मिलने की किसी भी औपचारिकता से दूर सब अपने-अपने रास्ते हो लिए। मेरा रास्ता उसी तरफ़ से जा रहा था जहाँ पर दुर्घटना हुई थी। मैंने बैठते ही कार में ड्राइवर से बोल दिया कि जल्दी नहीं है और अगर वह 60 के ऊपर कार चलाएगा तो मैं उतर जाऊँगा। पंजाबी गानों से दिमाग़ इतना भर चुका था कि मैंने गाना चलाने से ही मना कर दिया था। मैं पूरी यात्रा के दौरान उस तरफ़ देखता रहा जहाँ ऐक्सिडेंट हुआ था। इतना कुछ हो जाएगा एक शाम में विश्वास नहीं हो रहा था। एक बार लगा कि पत्नी को फोन करके सब बता दूँ पर रिस्क था कि ड्राइवर भी सब सुन लेगा और फिर इतनी रात को वह भी घबरा जाएगी। शायद वह मोड़ आकर निकल गया या फिर मैं देख नहीं पाया इसलिए मैंने मान लिया कि किसी ने उस बाइकवाले को अस्पताल पहुँचा दिया। इस बात के एहसास से अच्छा लग रहा था कि शायद वो आदमी अब बच जाएगा।

टर्मिनल-1

एयरपोर्ट पर मैं बहुत तेज़ी से अन्दर चले जाना चाहता था। मैं कहीं और रुकने की सोचना भी नहीं चाहता था। रह-रहकर लग रहा था कि शायद पीछे से कुछ पुलिसवाले दौड़ते हुए आएँगे और पकड़ लेंगे। मुझे लग रहा था कि किसी कोने में छुप जाऊँ। हाँ! लाउंज में जाकर बैठता हूँ, भीड़ से अलग रहना बेहतर होगा। ऐसे समय में लाउंज ऐक्सेस बहुत काम की थी। मैंने वही क्रेडिट कार्ड लिये हैं जिनसे लाउंज मिलता हो। वैसे भी भीड़ के साथ बैठना पसन्द नहीं था और उस पर आज का दिन। बहुत तेज़ भूख लग गई थी और मैं लगभग दौड़ता हुआ लाउंज पहुँचा। सबसे पहले हाथ-मुँह धोया और शीशे में अपने-आपको चेक किया कि कहीं कोई ख़ून तो नहीं लगा है। वह मेरा वहम था फिर भी मैंने पूरे कपड़े बदले। मुझे जाने क्यूँ अभी भी लग रहा था कि जब तक प्लेन उड़ न जाए कुछ भी नहीं कहा जा सकता। वाशरूम से मैं बहुत सँभलकर बाहर निकला। सब मेरी तरफ़ देख रहे थे। मुझे कुछ समझ नहीं आया। मैं नज़रें चुराते हुए एक सीट पर आकर बैठ गया। थोड़ी देर बाद नज़र उठाकर देखा तो सब अपने आप में व्यस्त थे। अब कोई मेरी तरफ़ नहीं देख रहा था। भूख इतनी बढ़ गई थी कि पेट अन्दर से खौल रहा था। मेरे जबड़ों में अजीब-सी कनकनाहट हो रही थी। मैं भागकर बुफे की तरफ़ पहुँचा। फैज़ल के यहाँ जो भी खाया था वो पता नहीं कहाँ चला गया था।

मेरी समस्या यह है कि जब तक मेरे जबड़ों को मेहनत न करनी पड़े, मुझे लगता ही नहीं कि मैंने खाना खाया है। मैं कुछ चबाना चाहता था, जिससे पता चले कि मैंने कुछ खाया है। मैंने 'चिकन विद लेमन इन बटर सॉस' से कुछ ज़्यादा ही प्लेट भर ली थी। जब मैं अपनी सीट की तरफ़ चला तो सब मुझे ऐसे घूरकर देख रहे थे जैसे मैं इतनी रात को खाना खानेवाला अकेला हूँ जबकि और भी कई लोग खा रहे थे। सबको खाता देखकर मुझे लगा कि कहीं 'मटन बिरयानी' ख़त्म न हो जाए इसलिए मैंने एक वेटर को बुलाकर अलग से बिरयानी लाने को बोल दिया। इतनी भूख शायद ही कभी लगी होगी। मैं खाता गया। खाते-खाते एहसास हुआ कि 'प्लांट बेस्ड मीट' का स्वाद कभी भी असली चिकन और मटन के साथ बराबरी नहीं कर सकता। मैंने एक बार मोबाइल खोलकर देखा, कहीं से कुछ नहीं आया था। मैंने फोन एरोप्लेन मोड पर डाल दिया।

तारा

तारा को पता था कि आज भी देर होगी पर वह चाहकर भी मुख्य सेविका को जवाब नहीं दे पाई थी, मन तो करता था कि साढ़े पाँच हज़ार की नौकरी को लात मार दे पर अभी के लिए यह निर्णय कतई सही नहीं होता इसलिए वह चुप रह गई पर एक बात तय थी कि वह पाँच सौ रुपये महीने नहीं देगी, चाहे शोभा दीदी कितना भी बोल लें। शोभा दीदी, मुख्य सेविका हैं और एक औरत होकर इस तरीक़े से बातचीत?

वैसे बाकी दे सकते होंगे क्योंकि उनके घर में पति भी कमाकर लाता है, मैं एक रुपये नहीं देने वाली चाहे कहीं भी ट्रान्स्फर कर दें, और कर ही दें अब, इस शहर से भी पिंड छूटे।

शोभा—"तुमने बोला कैसे कि पैसे नहीं दोगी?"

तारा—"मैंने बोला, मैं दूँगी पर GPay कर दूँगी, आजकल कैश कौन रखता है।"

शोभा—"यही बात सी.डी.पी.ओ. सर के सामने बोल कर दिखाना। पता भी है क्या बोल रही हो? यह पैसे कोई अकाउंट में लेगा?"

तारा—"तो न ले, कोई सरकारी आदेश थोड़े है...।"

शोभा—"ज्ञान पांडे लेकर आए तो लग रह था गऊ है, अब देखो।"

तारा—"ऐसा है शोभा दी, मुख्यमंत्री जी ने बोला है कि हम लोगों की सैलरी आठ हज़ार करनेवाले हैं, जिस दिन हो जाएगी उस दिन दे दूँगी।"

शोभा—"तब तक तेरी नौकरी रहेगी तब न!"

इससे पहले कि बात और आगे बढ़ती शिप्रा, तारा को किनारे खींच लाई।

शिप्रा—क्या कर रही हो दीदी, सबकी नौकरी जाएगी।

शिप्रा, तारा के साथ ही काम करती थी और सेंटर पर तारा की सबसे अच्छी शिप्रा से ही छनती थी।

शिप्रा—"दीदी, आप भी न पाँच सौ रुपयों के लिए? चलो मैं दे दूँगी आपकी तरफ़ से...।"

तारा—"यह सब मत करना वरना मैं बात करना बन्द कर दूँगी, तुम को नहीं रोका देने से...पर मैं नहीं दूँगी, मैं शोभा की तरह चोर नहीं हूँ जो देसी घी के पैकेट से घी निकाल लूँ, सुबह से शाम पैदल पूरा शहर चलती हूँ तब मिलते हैं पचपन सौ, इनको हमारी कमाई से कमीशन चाहिए?"

शिप्रा—"पर दीदी ऐसे मुँह पर बोलोगी तो ये लोग डी.पी.ओ. तक आपकी शिकायत कर देंगे...।"

तारा—"ये क्या करेंगे, मैं ही कर दूँगी! क्या बोलेंगे, कि मैंने पचपन सौ की सैलरी में से 500 रुपये घूस देने से मना कर दिया? तारा को दंडित करें...। आपकी शुभचिन्तक शोभा!"

शिप्रा को हँसी आ गई और फिर तारा भी उसकी हँसी देखकर रुक न पाई।

तारा—"तुमसे बात करने के चक्कर में देर हो गई, रात का खाना भी बनाना है जाकर।"

शिप्रा—"चलो दीदी, मैं रात को कॉल करती हूँ।"

"अच्छा हुआ शिप्रा बीच में आ गई वरना आज तो जमकर निपटाती, मैं चाहूँ तो रिक्शा ले लूँ पर सुबह तो टहलना हो नहीं पाता, इसी बहाने टहलना भी हो जाएगा। अब पीरियड्स होते तो पैदल नहीं जाती पर कुछ नहीं तो 22 रुपये तो बच ही जाते हैं। अब रिहर्सल भी शुरू हो रही है...कितने दिन बाकी ही हैं 'अनन्त चतुर्दशी' को, छुट्टी की बात भी तो करनी है, ज्ञान भैया ने तो बोला भी नहीं कि इस साल कितने पैसे मिलेंगे पर उनसे पूछें कैसे, डर लगता है कहीं ग़ुस्सा न हो जाएँ पर हमेशा ख़ुद ही आगे बढ़कर थमा देते हैं।"

तारा जब भी अकेली होती मन-ही-मन बातों के तार जोड़ती रहती और आज जब लगभग दौड़ते हुए घर पहुँची तो ताला लटका हुआ था, सामान दरवाज़े के पास रखते हुए उसे बहुत खीज हुई पर अपने आप पर नियंत्रण रखते हुए उसने ताला खोला। अपना टिफिन और पर्स अन्दर रखा और एक पॉलीथीन का पैकेट जान-बूझकर अन्दर कमरे में कहीं कोने में घुसेड़ दिया जिससे कि किसी की नज़र न पड़े। रसोई में फ्रिज में पानी की ठंडी बोतल

देखकर तारा को लगा कि वह पूरी बोतल पी जाए पर तारा पी नहीं सकती थी, उसे डॉक्टर ने भी बोला था कि कम-से-कम दो लीटर पानी तो दिन में पीना ही चाहिए पर कई दिन ऐसे निकल जाते जब तारा को प्यास ही नहीं लगती। वह सोचती रहती कि खाना खाकर पानी पी लूँगी पर भूल जाती। शरीर में पानी कम होने का एहसास तब होता जब फील्ड में काम के दौरान अचानक नस खिंच जाती और उस दिन तारा कैसे भी तीन-चार गिलास पानी पी लेती। अचानक पानी पर ध्यान जाने के चलते तारा ने रुककर दो गिलास पानी पूरा पिया और फिर दरवाज़े को उटका कर छत की ओर चल दी। तारा को पता था कि अंगद वहीं मिलेगा। तारा को यह भी पता था कि सुबह से शाम तक क्या हुआ होगा लेकिन जान-बूझकर अनजान बनते हुए वह अंगद के सामने ऐसा नाटक करती कि जैसे उसे अन्दाज़ ही नहीं था कि आज क्या हुआ है। उम्र बढ़ने के साथ अंगद में बग़ावत की मांसपेशियाँ तेज़ी से बढ़ रही थीं, सिर्फ़ तेरह का था पर चेहरे पर बीस का ताव और भाव रखकर चलता था। अंगद छत पर बैठा आसमान की तरफ़ देखते हुए खोया हुआ था, तारा आराम से जाकर उसके बगल में बैठ गई।

तारा—"आज भी भूल गए?"

अंगद चुप रहा जैसे कि वह चाह रहा था कि तारा उसके जवाब न देने से परेशान हो।

तारा—"तब से भूखे बैठे हो?"

अंगद ने सिर हिला दिया।

तारा—"पता है! तुम मम्मी को जान-बूझकर परेशान करते हो।"

अंगद उठ बैठा, सिर्फ़ तारा की इस बात पर विरोध दर्ज कराने के लिए।

तारा—"पूरा खाना बनाकर गई थी। सुबह जल्दी इसलिए उठती हूँ कि तुम्हें घर आकर खाना मिल जाए। अगर चाभी ले गए होते तो अब तक खाना खाकर सो चुके होते, कल से चाभी सोनी आंटी के घर रख दूँगी, तुम वहीं से ले लेना।"

अंगद ने कुछ देर तक घूरकर देखा और फिर अपना बैग उठा लिया।

अंगद—"कल से नहीं भूलूँगा पर सोनी आंटी के घर नहीं जाऊँगा चाभी लेने।"

अंगद बिना रुके छत से नीचे की तरफ़ नीचे चल दिया। तारा को इन सबका इतना अभ्यास हो चुका था कि वह मन-ही-मन मुस्कुराती पर अंगद को

ऐसा दिखाती जैसे वह बहुत ग़ुस्सा हो। तारा भी चल दी पर अचानक रुककर उसने छत के बगल की बड़ी-सी दीवार पर ध्यान से देखा तो एक पहाड़ जैसी परछाईं बनी थी। अंगद की आदत थी घंटों वह कुछ सामान इकट्ठा करता और उनसे कुछ ऐसा बनाता जिससे कि दीवार पर कोई आकृति की परछाईं बने और आज उसने पहाड़ पर झंडा फहराता हुआ बनाया था, तारा ने एक बार सोचा कि उसके बटोरे हुए डिब्बे, कनस्तर इत्यादि को हटा दे पर दीवार पर बनी आकृति देखकर तारा ने सारा सामान वहीं छोड़ दिया।

जब तक तारा नीचे आई अंगद कपड़े बदलने अन्दर चला गया था। तारा ने आगे का कमरा समेटना शुरू कर दिया। वैसे तो तारा भी नहीं चाहती थी कि सोनी से कुछ ज़्यादा बातचीत की जाए पर उसके अलावा कोई था भी नहीं जिसे पड़ोसी कहा जा सके। पड़ोस में काफ़ी लोग थे पर उनको बातें बनाने में बहुत मज़ा आता। अंगद सुबह तारा से पहले निकल जाता था स्कूल के लिए और हमेशा एक चाभी अपने पास ही रखता था क्योंकि तारा का घर लौटने का कोई समय पक्का नहीं था, पर अब अंगद अक्सर चाभी भूल जाया करता और वापस लौटकर छत पर किसी कोने में पड़ा रहता। तारा ने डाँटकर देखा, प्यार से समझाया पर उम्र के साथ उसके सवाल और जवाब दोनों बदल चुके हैं, अब उसकी आँखों में समझ तैरती रहती, वह बहुत कुछ न कहकर सिर्फ़ आँखों से न जाने कितने सवाल तारा की तरफ़ फेंक देता। तारा बहुत से शब्द बटोरती, उनको जोड़ती, सारे सन्धि-समास, अलंकार लगाकर भी एक पूरा वाक्य नहीं बना पाती जो अंगद के किसी सवाल के जवाब कहलाने लायक भी बन सके। तारा घर लौटकर बहाने ढूँढ़ती कि उसका बेटा कुछ बताए स्कूल के बारे में पर अंगद चुप रहता। तारा को बातें करनी थीं और घर आकर सब ऐसा शान्त हो जाता कि तारा को लगता वह वापस अपने काम पर चली जाए। उसे जब कुछ काम नहीं समझ आता तो वह ठीक से रखे बर्तनों को फिर से ठीक से लगाने लगती और अगर वह भी ख़त्म हो जाते तो प्याज की डलिया लेकर बैठ जाती और प्याज की बाहरी परत के छिलके साफ़ करने लगती। तारा के लिए बैठने का मतलब था अपनी ही आवाज़ों को सुनना जो न चाहते हुए भी उसके मन में कौंधती रहती थी। बहुत सी आवाज़ों को रोज़ अनसुना करती थी पर कुछ लोग बाज नहीं आते अपनी मन्दबुद्धि से।

"तारा सब भूलकर आगे बढ़ो।"

ख़ुद रसोई और पति के जाँघिए धोने से आगे कुछ न कर पाई हों पर दूसरों को बताना है आगे बढ़ो, कहाँ आगे बढ़ूँ? पृथ्वी के बाहर?

"भूल जाओ सब...।"

क्या भूल जाऊँ, साँस लेना, प्यार करना, विश्वास करना या भूल जाऊँ अपनी जात। कोई कुछ नहीं भूलता, चाहे कितना भी नाटक कर ले।

"शादी कर लो अब और इस बार ग़लती नहीं करना...।"

"न वह ग़लती थी और न अंगद कोई ग़लती है, सिर्फ़ प्यार में पड़े इनसान को ही बेवक़ूफ़ बनाया जा सकता है, और वैसे भी मुझे चालाकी भरा जीवन नहीं काटना है।"

"केस क्यों नहीं कर देती सुमित के खिलाफ? कोर्ट के चक्कर काटेगा तो पता चलेगा, हर महीने बीस हज़ार का दावा ठोंक दो।"

मेरा बेटा है अंगद और उसको पैदा करना मेरा निर्णय था, अकेले सुमित का नहीं इसलिए वह भाग सकता है अपनी ज़िम्मेदारी से पर मैं नहीं, और जितना कमाती हूँ उससे चल जाता है।'

यूँ ही, वह मन में सवाल पैदा करती फिर जवाब देती और जब थक जाती तो डायरी लिखने बैठ जाती। तारा यह तब करती जब अंगद सो जाता, वह अंगद को बीते कल का हिस्सा नहीं बनाना चाहती थी और इतना ज़्यादा सावधान थी कि अपने मोबाइल फोन में सुमित की फ़ोटो के फोल्डर में भी पासवर्ड लगाकर रखा था। उसने अपनी पूरी कोशिश की थी, अंगद के दिमाग़ में किसी भी प्रकार के विचार न आने देने की पर पड़ोस और मुहल्ले के लोगों का कुछ नहीं कर सकती थी। तारा को सबने बहुत कुछ बोला पर चाहकर भी सुमित के प्रति कभी उसके दिल में घृणा या ग़ुस्सा नहीं आया। ज्ञान भैया के ग्रुप में सभी को यह लगता कि तारा इस उम्मीद में है कि शायद एक दिन सुमित वापस आ जाएगा या सब कुछ पुनर्वत हो जाएगा इसीलिए कभी अपना रोष प्रकट नहीं करती, पर तारा ने जैसे अपना रास्ता खोज लिया था। अंगद को पढ़ाने-लिखाने में, अपनी आँगनबाड़ी की नौकरी में और 'समर्पित थिएटर अकादमी' में नाटक करने में। इस तरह सोचते रहने से तारा को काम का बोझ भी पता नहीं चलता था, और उसका ध्यान तब टूटता जब अंगद सामने खड़ा दिखता।

"मम्मी खाना लगा दूँ?"

तारा ने सुबह की रोटियाँ ख़ुद ले लीं और अंगद के लिए गरम पराठे सेंक दिये। अंगद पहले तो चुपचाप खाता रहा और फिर अचानक बोल पड़ा।

अंगद—"तुम इस साल भी रामलीला करोगी?"

तारा ने सिर हिला दिया और फिर पूरे कमरे में चुप्पी ठहर गई, थोड़ी देर तक दोनों चुपचाप खाना खाते रहे।

अंगद—"तुम्हारे ऊपर नहीं अच्छा लगता वह गन्दा मेकअप और काली गन्दी ड्रेस।"

तारा—"मेरी मर्ज़ी से नहीं होता, ज्ञान भैया बताते हैं कलाकारों को क्या पहनना है।"

अंगद रुक गया खाना खाते-खाते, तो बोल दो उनको कि कोई और रोल दें या फिर तुम नहीं करोगी।

तारा—"ज्ञान भैया जो कहेंगे वह करूँगी, वह बहुत अच्छे डायरेक्टर हैं।"

अंगद उठ गया खाना छोड़कर।

तारा—"खाने के साथ अपना ग़ुस्सा मत दिखाया करो, बाकी सब ठीक है पर यह पसन्द नहीं है हमको।"

अंगद—"मुझे भी नहीं पसन्द है तुम्हारा रामलीला करना, सब बच्चे हँसते हैं मेरे ऊपर। तुम जो गन्दा मुँह बना बनाकर स्टेज पर नाचती हो फिर ख़ून वाली नाक लेकर दौड़ती हो।"

अब तक अंगद की आँखों में ग़ुस्सा था फिर भी तारा चुपचाप खाना खाती रही, अंगद थोड़ी देर खड़ा रहा फिर वापस खाने बैठ गया।

अंगद—"मत किया करो, मम्मी। तुम बहुत सुन्दर हो, रामलीला मत किया करो बाकी जो नाटक करना हो करो।"

तारा बहुत कुछ बोल सकती थी और उसका दिमाग़ हर तरह के जवाब ढूँढ़ने लग गया। तारा बोल देती कि अच्छा-ख़ासा पैसा मिल जाता है हर साल रामलीला में तो शायद अंगद बोल देता कि अब से वह भी पैसे कमाएगा और ऐसी बात वह बचपने में बोल भी चुका था। मना कैसे कर दे? ज्ञान भैया के इतने एहसान हैं कि वह जो बोलें वही कम है, पर बुराई भी क्या है, तारा तो सिर्फ़ एक चरित्र निभा रही थी और अभिनेत्री के तौर पर उसका काम था चरित्र ख़ूबसूरती से निभाए कि दर्शक दीवाने हो जाएँ। दो साल हो गए सुमित को गए पर तारा ने उसके चलते कभी ज्ञान भैया का ग्रुप नहीं छोड़ा।

ज्ञान भैया का ग्रुप था 'समर्पित थिएटर अकादमी', साल भर कोई-न-कोई नाटक होता रहता और दशहरे की रामलीला जैसी ज्ञान भैया की संस्था करती और कोई कर ही नहीं पाता। इस बात को लेकर ज्ञान भैया इतने आश्वस्त थे कि जिस साल उनसे रामलीला नहीं करवाई गई वह सिर्फ़ मुस्कुरा दिये। कभी कोई बहस नहीं की, बस इन्तज़ार किया अगले साल का। जिस साल ज्ञान भैया के अलावा कोई और रामलीला करता तो उसके ख़राब प्रदर्शन को लेकर पूरा शहर थू-थू करता और फिर अगले साल आयोजक सम्पूर्ण याचना के साथ सामने बैठा होता। ज्ञान भैया हर बार पैसा डेढ़ गुना तो बढ़ा ही देते। इतिहास गवाह है कि ज्ञान भैया के अस्तित्व में आने के बाद से आयोजकों ने अब तक छह बार मुँह की खाई पर सुधरने का नाम नहीं लेते। पहली बार तो ज्ञान भैया को बुरा लगा था पर उसके बाद से उनको समझ आ गया था, गुर, पैसों में वृद्धि करवाने का। मज़ेदार बात तो यह थी कि जिस साल ज्ञान भैया रामलीला नहीं करते उस साल सारे कलाकार आयोजकों को बाहर से बुलाने पड़ते क्योंकि स्थानीय कलाकार ज्ञान भैया के साथ किसी और नाटक के मंचन में व्यस्त होते।

तारा बहुत देर तक रसोई समेटती रही, और ज़रूरत से ज़्यादा देर तक क्योंकि वह अंगद से इस बारे में और बात नहीं करना चाहती थी। जब देर होकर भी बहुत देर हो गई तब तारा कमरे में आई, अंगद सो चुका था। अंगद हमेशा मुँह खोल कर सोता और तारा उसको कई बार समझा चुकी थी पर कुछ आदतें अजीब होती हैं जो बच्चे अपने माँ-बाप से ख़ुद ही ले लेते हैं। सुमित ने बताया था कि उसके पापा भी मुँह खोल कर सोते हैं, और अंगद दिखने में बहुत कुछ अपने दादा जी की ही तरह था। जब कुर्सी पर बैठता तो हमेशा एक हाथ अपने सिर के ऊपर टिकाकर हथेली लटका देता और घंटों ऐसे बैठा रहता पर उसके हाथ में दर्द नहीं होता। तारा का मन नहीं कर रहा था सोने का, वह फोन लेकर ऊपर आ गई और मन बहलाने के लिए शिप्रा को फोन लगा दिया।

शिप्रा—"क्या कर रही हैं झाँसी की रानी?"

तारा—"कुछ नहीं, अंगद सो गया तो छत पर आ गई, कपड़े उठाने थे।"

शिप्रा—"आज शोभा दीदी का मुँह देखने लायक था, आपसे जलती है वह।"

तारा—"कैसे?"

शिप्रा—"ढाई किलो मेकअप लगाने के बाद भी वह आपकी तरह कँटीली नहीं दिख सकती।"

तारा—"कँटीली!"

तारा बहुत खुल के हँसी थी।

तारा—"मैं पैसे नहीं दूँगी चाहे जो हो।

शिप्रा—"पर दीदी मैंने दे दिये, आप ग़ुस्सा हैं?

तारा—"ग़लत तो ग़लत है।

शिप्रा—"सॉरी दीदी, इन्होंने कहा दे दो, हर महीने के बँधे पैसे तो आते रहेंगे।

तारा के मन में आया बहुत कुछ बोलने को,पर वह चुप रही। तारा नहीं चाहती थी कि वह ऐसा कुछ बोले कि शिप्रा को बुरा लगे। शिप्रा छह साल छोटी थी, सुल्तानपुर के पास एक गाँव 'सेमरी बाज़ार' से आई थी और पहली बार शहर में रह रही थी। तारा से पहचान हुई तो जैसे उसे बड़ी बहन मिल गई। शिप्रा अपनी सारी बातें तारा को बताती और तारा हर तरीक़े से उसकी मदद करती। शिप्रा के पति ने अनुमति दी थी कि वह यह काम पकड़ ले। उसके हाथ भी कुछ पैसे आ जाते थे और दिन भर ख़ाली बैठने वाली तो थी नहीं, गाँव से आई लड़की। तारा की चुप्पी देखकर शिप्रा ने भी फोन काटने का बहाना ढूँढ़ लिया।

शिप्रा—"अच्छा दीदी रखती हूँ। यह आ गए हैं, खाना लगाना है, कल बात करती हूँ।"

तारा ने कभी नहीं सोचा था कि उसे नौकरी करनी पड़ेगी क्योंकि पढ़ाई में सामान्य स्नातक से ऊपर ऐसा कुछ कभी नहीं किया था कि एक सम्मानित पद या नौकरी का सपना देख सके। ज्ञान भैया ने कहा कि यहाँ पर आवेदन भेज दो तो तारा ने भेज दिया। आँगनबाड़ी का काम था, बच्चों से बातें, उनके साथ खेलकूद और गर्भवती औरतों से उनके स्वास्थ्य की पूछताछ। इन सबमें कभी काम का बोझ महसूस नहीं हुआ। तारा को मज़ा आता कि उसे आँगनबाड़ी कार्यकर्ता का पद मिल गया था और सभी लोग दीदी-दीदी कहकर बुलाते थे। वह हर तरह की बस्ती में जाती,उनको सफ़ाई और स्वास्थ्य के बारे में बताती। यदि कोई गर्भवती महिला हो तो उसे टीके से लेकर पोषण तक की सारी बातें बताना, उसको याद दिलाना कि कैसे अपना ख़याल रखना है और फिर जैसे ही मौक़ा लगता ज्ञान भैया के साथ नुक्कड़ नाटक के माध्यम से गली-गली सन्देश पहुँचाना, उसको बहुत पसन्द आता।

तारा को जैसे नई दिशा मिल गई थी, रोज़ सुबह काम पर जाना, काम से फ़ारिग़ होकर ज्ञान भैया के साथ रिहर्सल करना फिर घर जाकर अंगद को सँभालना। इससे पहले के देखे सपने अब तारा को याद नहीं थे, याद आता था सिर्फ़ वह साथ जो इस उम्र में उसका हक़ था और वह प्यार जिसके लिए उसने अपने घर से बग़ावत की थी। वैसे कहने को आज भी कई लोग दिल हाथ पर रखे तैयार मिलते थे पर तारा को पता था कि वह सुन्दर है और जो हाथों में दिल लेकर घूमने का दावा करते हैं वह असल में दिल नहीं शरीर का कोई और अंग है जिसमें दिल की तरह हड्डी नहीं होती।

तारा रामनगर में रहती थी, शहर के हिसाब से मकान छोटा तो नहीं कहलाएगा पर तारा शहर में रहना भी नहीं चाहती थी क्योंकि आते-जाते कोई-न-कोई पहचान का दिख ही जाता इसलिए नदी पार करके रामनगर में घर सही था। कहने को शहर बनारस लगा पर बनारस से सुरक्षित दूरी पर था, काम के लिए अगर तारा को पुल पार करना भी पड़ता तो कोई ख़ास तकलीफ़ नहीं थी। वैसे नदी के उस पार को वह मायका मानती थी अपना, जहाँ वह जाना नहीं चाहती थी क्योंकि मायका उसने ख़ुद छोड़ा था और नदी पार करने से उसे अपने घर से दूर हो जाने का एहसास मिलता था। तारा बहुत छोटी थी जब उसके पिता उसे रामनगर में रामलीला दिखाने लाए थे, उसके पिता ने बताया था कि कैसे पहले स्टीमर चलती थी और आर-पार जाना बड़ा झंझट का काम था पर अब पुल के बाद रामनगर आना-जाना आम बात थी। तारा को बचपन से लगता था कि नदी के पार लंका थी जहाँ से राम, सीता जी को रावण से बचाकर लाए थे जबकि लंका, बी.एच.यू. के सामने थी।

अगले दिन जब तारा अपने सेंटर पर पहुँची तो लगभग ख़ाली-सा था, कुछ देर इन्तज़ार करने के बाद जब कोई नहीं आया तो तारा ने शिप्रा को फोन लगाया और पता चला कि कल रात ही सबको व्हाट्सएप पर मैसेज आ गया था और फील्ड ड्यूटी लगा दी गई थी। शिप्रा के हिसाब से तारा को भी सन्देश आया होगा पर तारा के पास ऐसी कोई खबर नहीं थी, तारा को किसी ने कुछ नहीं बताया था इसलिए तारा वहीं पर इन्तज़ार करती रही। आज तो आने में देर भी हो गई थी क्योंकि आज तो अंगद के बैग में चाभी और टिफिन दोनों ख़ुद रखकर आई थी।

"वह ज़िद्दी है तो मैं भी हूँ, अब उसकी क़िस्मत में नहीं लिखा था पिता का प्यार तो नहीं मिला, सबकी कुंडली अलग है और इसके लिए पूरा जीवन नहीं रो सकते हैं। मैं क्या सुमित के लिए रोती बैठूँ? घर कहाँ से चलेगा? इतना ही साथ शायद लिखा था सुमित और मेरा और इसके लिए पूरा जीवन नहीं रो सकते हैं।"

दोनों ज्ञान भैया के यहाँ एक नाटक के दौरान मिले थे, वैसे तो उनकी उम्र से आगे का था नाटक पर दोनों की जुगलबन्दी चल निकली। नाटक था 'दूसरा अध्याय'। पहले कलाकार चरित्रों की उम्र के हिसाब से ढूँढ़े गए पर इन सबकी फ़िक्र से दूर सुमित और तारा एक दूसरे के करीब आते गए। रिहर्सल हो न हो दोनों घंटों बातें करते, बनारस के घाटों पर टहलते, विदेशी पर्यटकों के साथ घूमते, ऐसा लग रहा था कि दोनों ने जीने का एक अलग ही रास्ता खोज लिया था। बनारस के हर घाट पर जैसे जीवन का अलग दर्शन लिखा हो, तुलसी घाट हो या मणिकर्णिका या दशाश्वमेध घाट, वहाँ आनेवाला हर कोई घाट पर पैदल पहुँचते-पहुँचते दुनिया के बोझ बनारस की गलियों में छोड़ता हुआ आता और जब हल्के क़दमों से घाट तक आता तो वहाँ से गंगा के विस्तार को देखकर नतमस्तक हो जाता। तारा को तो कभी-कभी डर लगता भी था कि शायद कोई देख न ले क्योंकि वह स्थानीय थी पर सुमित तो साठ किमी दूर भदोही से आया था, उसे कोई चिन्ता नहीं थी। दोनों सूर्य को अपने प्रेम का साक्षी मानकर सूर्य के उदय से सूर्यास्त तक साथ रहते और फिर रात भर यादों में एक दूसरे के साथ।

एक दिन जब ज्ञान भैया ने दोनों को एक दूसरे के साथ किसी नाटक की चन्द पंक्तियों की रिहर्सल करते देखा तो उन्होंने निर्णय लिया कि सुमित और तारा ही 'दूसरा अध्याय' के अभय और नीरजा होंगे। नाटक के शो होते गए और दोनों एक दूसरे के करीब आते गए। तारा, नीरजा की हिचक को जीने की कोशिश में सुमित (अभय) की तरफ़ खिंचतीं चली गई। दोनों की जोड़ी और उनकी प्रतिभा की ख़ूब चर्चा हुई अख़बारों में। वैसे सुमित बनारस आया था बीएचयू में पढ़ाई करने और फिर सिविल की तैयारी करने पर अभिनय के विषाक्त कुत्ते ने काट खाया और फिर इस रेबीज का इलाज तो कहीं भी नहीं था। उधर तारा इसी शहर में पली बढ़ी थी, पर स्नातक करने के दौरान एक दिन कॉलेज में एक नाटक देखा, फिर कुछ रिहर्सल देखी और दिल दे बैठी, रंगमच को।

वैसे भी उस उम्र में एक रूमानियत तारी रहती है, इश्क़ करना होता है पर किस से यह पता नहीं होता और फिर जब होता है तो दीवानगी की हद तक होता है, ऐसा ही इश्क़ हुआ था सुमित और तारा का, दोनों साथ सपने देखते एन.एस.डी. जाने के और फिर वापस आकर बनारस में अपनी नाट्य संस्था खोलने के। तारा ने तो साफ़ बोल दिया था कि उसका चयन होना मुश्किल है क्योंकि सुमित किसी भी हाल में एक बेहतर अभिनेता था। सुमित अब सिविल को तिलांजलि दे चुका था और रंगमंच को अपना जीवन बना लिया था। घर में कालीन का व्यापार था, पैसों की कोई कमी नहीं थी। चूँकि सुमित सबसे छोटा था इसलिए कभी किसी ने उसको टोका नहीं, पता था कि अगर कुछ नहीं हुआ तो व्यापार में लग जाएगा पर सुमित ने घर में भी बोल दिया था कि उसे घर के व्यापार में कोई रुचि नहीं थी। घर पर सभी ने 22 साल के सुमित की बातों को बातों में उड़ा दिया और इसी बात का फ़ायदा उठाते हुए सुमित मनमौजी ज़िन्दगी जीता रहा।

शोभा—"यही हैं तारा जी...।"

तारा हड़बड़ाकर उठी तो देखा शोभा और सी.डी.पी.ओ. सिन्हा साब खड़े थे।

सिन्हा—"हमने सुना आपको काम करने में बहुत तकलीफ़ हो रही है और आपने फील्ड वर्क से मना किया है।"

तारा को पता था कि यह सब क्यों हो रहा है और वह सिन्हा के सामने उस तरीक़े से बात नहीं कर सकती है, जिस तरह से उसने शोभा को जवाब दिया था।

सिन्हा—"शोभा जी आप इनको फाइलें सहेजने का काम दे दीजिए और हम आकर ख़ुद देख लिया करेंगे। अगर इनका मन नहीं लगा तो आगे बात करेंगे डी.पी.ओ. साब से, आप इनकी जगह फील्ड का काम सँभाल लीजिए कुछ दिनों के लिए और स्टोर की ज़िम्मेदारी भी इनको दीजिए।

तारा ने चुपचाप दिया हुआ काम स्वीकार कर लिया क्योंकि यह उसके अधिकार क्षेत्र से बाहर था कि उसे मनचाहा काम मिले। अब रोज़ तारा समय पर पहुँच जाती और बाकी कार्यकर्ती तो अपने अपने क्षेत्र में निकल जातीं पर तारा को ऑफ़िस में ही बैठकर डी.पी.ओ. का सारा काम ख़ुद करना पड़ता, इन सबमें एक अच्छी चीज़ यह हुई थी अब तारा समय से घर पहुँच जाती, पर नुकसान यह था कि अगर फील्ड में रहें तो कार्यकर्ती लोगों को खाने का

पैसा और इधर-उधर आने-जाने का पैसा भी मिल जाता है, तारा तो अक्सर ही पैदल चलकर टेम्पो का दिखा देती और इस तरह काफ़ी पैसे बच जाते, तारा को कभी थकान नहीं लगती क्योंकि साथ की लगभग सभी ऐसे ही पैसे बचाती थीं। एक तकलीफ़ अब ज़रूर थी कि तारा की आज़ादी कम हो गई थी, सिन्हा साब दिन भर आसपास मँडराते रहते और फाइल पर फाइल तारा के सिर पर लदी रहती।

अंगद आज रात फिर छत पर था और दीवार पर आकृति बना रहा था, वह कुछ ईंटों पर बैठ गया और हाथ में एक लम्बी-सी लकड़ी, दीवार पर एक बड़ा-सा सिंहासन और उस पर तलवार लिये राजा बैठा दिख रहा था, अंगद ने अख़बार की एक टोपी ऐसी बनाई जैसे कि राजा का मुकुट हो और कभी बैठकर तो कभी खड़ा होकर छत पर टहलता और दीवार पर बनी अपनी आकृति देखकर ख़ुश होता। जब तारा ऊपर आई तो कोने में थोड़ी देर रुककर देखती रही और अंगद तलवार ऊपर करके बार-बार बोलता, मैं रावण हूँ, लंकेश हूँ मैं।

तारा ने जब ख़ूब जोर से तालियाँ बजाईं तो अंगद अचानक रुक गया।

तारा—"हे लंकाधीश! आपकी माँ ने आपके लिए भोजन तैयार किया है, कृपया ग्रहण करके अपनी माँ को अनुग्रहीत करें।"

अंगद—"माते, आप चलें हम आते।"

अंगद ने तारा को बुलाकर सिंहासन पर बैठा दिया और घुटनों के बल जाकर तलवार रूपी टहनी तारा को पेश की। तारा ने टहनी ली और उसी से अंगद को हाँकते हुए नीचे ले आई।

तारा—"अब नीचे चल वरना खाना ठंडा हो जाएगा।"

दोनों हँसते हुए नीचे आ गए, तारा खाना लगाकर ही आई थी और अंगद भी हाथ धोकर आ गया। दोनों साथ खाना खाने बैठे।

अंगद—"तुमने बात की?"

तारा—"किससे?"

अंगद—"ज्ञान चाचा से, किसी और रोल के लिए।"

तारा—"और कौन सा रोल अंगद? क्यों पीछे पड़े हो।"

अंगद—"वह जो सीता का रोल करती हैं,तुमसे बड़ी हैं और देखने में भी अजीब दिखती हैं तुम क्यों नहीं करती।"

तारा—"तुम नहीं समझोगे, बस।"

अंगद—"मम्मी क्यों नहीं!"

आज तारा खाना छोड़कर उठ गई।

अंगद—"मैं खाना छोड़कर उठूँ तो तुम चिल्लाती हो, और ख़ुद करो तो कुछ नहीं, कल घर ही नहीं लौटूँगा, फिर खाना अकेले।"

तारा से यह सुना नहीं गया और उसकी आँखों में आँसू आ गए।

तारा—"कहाँ जाओगे हमको छोड़कर?"

अंगद—"कहीं भी!"

तारा—"याद नहीं आएगी?"

अंगद—"बिलकुल नहीं, ऐसे रोज़ डाँटोगी तो एक दिन सच में चला जाऊँगा पापा की तरह...।"

तारा धम से बैठ गई। उसकी आँखों से आँसू बहे जा रहे थे। उसे पता था कि अंगद ने ग़लत कुछ नहीं बोला है और इतनी आसानी से वह अपने पापा को भूल भी नहीं सकता। तारा चाहती तो शायद चिल्लाकर उसे चुप करा देती पर तारा ने ख़ुद को चुपकर लिया। अंगद को पता था कि उसने कुछ ग़लत बोल दिया है। उसने चुपचाप सारा खाना समेट दिया और ख़ुद अपनी मम्मी की गोदी में सिर डालकर बैठ गया।

अंगद—"सॉरी मम्मी, मैं हमेशा तुम्हारे साथ रहूँगा और तुम रामलीला करो, मैं कुछ नहीं कहूँगा।"

तारा को एहसास था कि अंगद उसे बहुत प्यार करता है इसलिए उसके सवालों के जवाब कितने भी कड़वे क्यों न हों, तारा को उसे ज़िन्दगी के सभी स्वाद देते रहने चाहिए।

तारा—"तुमने शुक्ल, पांडे, मिश्र, दुबे, द्विवेदी, बाजपेयी...यह सारे सरनेम सुने हैं?"

अंगद—"मेरे टीचर हैं, सोम प्रकाश बाजपेयी।"

तारा—"जिनके ऐसे सरनेम होते हैं वे ब्राह्मण होते हैं और और सिर्फ़ ब्राह्मण ही राम, लक्ष्मण या सीता का रोल कर सकते हैं रामलीला में।"

अंगद—"पर क्यों?"

तारा—"इसलिए क्योंकि पूरा शहर तीनों भगवान के पैर छूता है रामलीला में, इसलिए हम लोग नहीं बन सकते।"

अंगद—"तुम भी तो हमसे पैर छूने को बोलती हो।"

तारा—"सिर्फ़ 'सकट चौथ' के दिन जिस दिन तुम्हारी पूजा करती हूँ...।"

अंगद—"हाँ! पर पैर तो तुम्हारे ही छूता हूँ न।"

तारा—"पर शहर के लोगों को छूने के लिए सरनेम सही होना चाहिए।"

अंगद—"तो मेरा सही नहीं है?"

तारा—"तुम्हारा नाम है अंगद कमल...।"

अंगद—"पर क्यों है? हमारा शुक्ला, बाजपेयी क्यों नहीं है?"

तारा—"क्योंकि तुम अंगद की तरह ज़िद्दी हो और कमल की तरह सुन्दर। "

अंगद—"तो तुम सूपर्णखा का रोल हमेशा करोगी, सीता का कभी नहीं?"

तारा के पास इसके आगे कोई जवाब नहीं था, तारा ने अंगद को अपने पास लिटाया और उसके सिर में हाथ फेरने लगी और धीरे-धीरे गुनगुनाने लगी—

चन्दा है तू, मेरा सूरज है तू
ओ मेरी आँखों का तारा है तू...।

तारा जब भी ऐसे गाते हुए अंगद के सिर में हाथ फेरती, वह तुरन्त सो जाता और तारा चाहती भी यही थी कि अंगद सो जाए। आज तारा का मन था कि डायरी लिखे।

"आज जब अंगद ग़ुस्सा हुआ तो मुझे ज़रा भी ग़ुस्सा नहीं आया, क्योंकि मुझे पता है कि अंगद कम उम्र में बहुत बड़ी लड़ाई लड़ रहा है और उसको इस लड़ाई में झोंकनेवाली मैं हूँ, कोशिश कर रही हूँ कि कुछ पैसे बच जाएँ और फिर किसी और शहर में नौकरी लग जाए तो यह शहर ही छोड़ दूँ, नया शहर होगा नई पहचान बन जाएगी...। अंगद को बता सकती थी, उसका सरनेम शर्मा हो सकता था पर सुमित और मैंने यही तय किया था कि बच्चों को जात-पात से दूर रखेंगे, पर अब मैं सरनेम रखवाऊँगी जो असली में है, अंगद मेरा है और उसका सरनेम मेरा होगा 'रजक', अंगद रजक, पर बेकार पड़ी चीज़ों से दीवार पर आकृतियाँ बनाना...यह आदत कहाँ से आई होगी, सुमित तो कविताएँ लिखता था..."

तारा उठी और अन्दर कमरे से एक और डायरी निकाल लाई और उसके पन्ने पलटने लगी, जब तक सुमित की कविता नहीं निकल आई,

पुई

उस दिन तारा कुछ ज़्यादा ही हँस गई थी सुमित की इस कविता पर और सुमित बुरा मान बैठा था पर आज तारा का मन था कि सुमित साथ बैठकर उसे कविता सुनाए, उसकी पीठ पर हाथ फेरते हुए—

ढेर लगा है
वक़्त, पत्तियों और गोबर का
सीमेंट से दीवार पुती हुई
क्योंकि दीवार पर पड़े
समय के निशान काले थे
मैं बढ़ता चला गया
लम्बे रास्तों पे
अगर कहीं नहीं गया
तो गया क्यों था
कहीं काली, कहीं सफेद
ज़मीन पे रोशनी के निशाँ
मेरी उत्सुकता है, शाम का सूरज
मैंने उसे रात भर नहीं देखा
पर यादों में आकर्षण
तप्त चेहरे पर हँसी-सी
वह आधा क्या है?
जिससे मुझे पूरा होना है।
इतनी जल्दी देर हो गई
और देर विस्मृत करती है
इतनी देर
काफ़ी देर
पर मेरे पन्ने क्यों नहीं पहुँचे
डाकखाना बन्द नहीं हुआ
घर मेरा खोया नहीं
पेड़ दरख़्त बन गए बड़े
जो कट गए वह

अपनी जगह छोड़ गए
सूरज पत्तियों से छनता नहीं
धूप आग-सी फैलती है
पोखर छोटा
कुआँ गहरा होता ही जाता है
मेरी उदासी, उसका सुन्दर होना
आभास है
अन्त से मेरा आरम्भ होता है
गरजते बादल बरसते नहीं
भौंकते कुत्ते काटते नहीं
और सुना
झींगुर झूठ नहीं बोलते
सुना हुआ है सब, पर नया-सा है।

तारा ने कविता कई बार पढ़ी फिर डायरी सँभाल के एक कोने में छिपाकर रख आई। झींगुर सच में झूठ नहीं बोलते, पूरी रात झींगुर बोलते रहे और सुबह हल्की बारिश हुई। वैसे अगस्त महीने में बारिश नहीं होती पर इस बार हुई थी, आज अचानक हुई बारिश ने पूरे शहर को भिगो दिया था। तारा भी सेंटर पहुँचते-पहुँचते भीग गई और आज अन्दाज़ा ही नहीं था बारिश का वरना छाता रख लेती। सेंटर क्या था बस तीन कमरे, एक में सामान रखा था जो गरीब परिवारों में बाँटना होता है और खाना बनाने का सामान। दूसरे में कार्यालय और सेवाकर्मियों के बैठने और खाने-पीने की जगह, और तीसरा कमरा जिसमें कोई भी बड़ा अधिकारी आता तो बैठता। एक के बगल एक तीन कमरे बना दिये गए थे और सामने थोड़ी-सी जगह जिसके आगे सड़क थी। उसी हाते में एक किनारे पर हैंडपम्प और दूसरे कोने में एक गन्दा-सा टॉयलेट, उसको साफ़ करनेवाली भी हफ़्ते में एक ही दिन आती। तारा भागकर स्टोर रूम में चली गई कि अपने-आपको सुखा ले। उस कमरे में जगह बनानी मुश्किल थी पर टॉयलेट इतना गन्दा था कि वहाँ दो ईंटें हैं और ज़मीन पर पानी भरा रहता है, आज के दिन तो क्या ही हाल होगा। तारा अपने आपको पोंछ ही रही थी कि उसे बाइक की आवाज़ सुनाई पड़ी, तारा ने कपड़े व्यवस्थित किये और बाहर

आकर देखा तो सिन्हा अपने कमरे में बैठे हुए थे। तारा ने फाइलें उठाई और सिन्हा की मेज़ पर पहुँचा दी। सिन्हा अपने फोन पर ही नज़र गड़ाए हुए था।

सिन्हा—"अरे आप आ गईं? इतनी बारिश में?"

तारा—"जी! वह छुट्टी लग जाती इसलिए आ गई। सबके बिल लगा दिये हैं और सबकी छुट्टियों का हिसाब भी है इसमें।"

सिन्हा ने बिना नज़र उठाए ही जवाब दिया, रख दीजिए।

तारा फिर भी खड़ी रही, सिन्हा को आख़िरकार अपने मोबाइल से ऊपर देखना ही पड़ा।

सिन्हा—"बोलो।"

तारा—"सर, वह मेरी 14 छुट्टियाँ बाकी हैं साल की 20 में से, मैं सारी छुट्टियाँ दशहरे के आसपास लेना चाहती हूँ।"

सिन्हा—"छुट्टी ले लेना पर यह पाँच सौ का क्या चल रहा है?"

तारा—"जी वह, 5500 मिलते हैं उसमें से 500 देने को शोभा दीदी बोलती हैं।"

सिन्हा—"तुम लोग जो स्टोर से सामान ले जाती हो उसका हिसाब किसी ने माँगा? घी, तेल, आटा, दाल-चावल...बच्चों को कितना मिलता है हमको सब पता है।"

तारा—"पर मैं चोरी नहीं करती।"

सिन्हा—"तारा जी, सेंटर से गया तो हम घर-घर जाकर नहीं देखेंगे किसके घर की दाल में कौन सा घी पड़ा है, आज तुम नहीं दोगी कल को सब सेवाकर्ती मना करने लगेंगी। डी.पी.ओ.साब को नाराज़ नहीं कर सकते, सेंटर ही बन्द हो जाएगा तो फिर शायद तुम लोग भी घर बैठोगी, कैजुअल हो तुम लोग, देख लो और बता देना।

तारा बिना कुछ बोले वहाँ से निकल गई।

"क्या बता दूँ कि मेरी मेहनत के पैसे मैं दूँगी कि नहीं, या फिर मैं चोरी के दाल-चावल और घी अपने अंगद को खिलाऊँगी कि नहीं, कितना बुरा लगता है जब बच्चे बैठे रहते हैं खाने को और हम लोग थोड़ा-थोड़ा देकर भगा देते हैं। उनके लिए खाना आता है जिनके माँ बाप दिन भर मज़दूरी कर रहे हैं, वह हमारे यहाँ छोड़ जाते हैं कि बच्चे खाएँगे कुछ। मैं अपने अंगद की किसी की 'हाय' नहीं लगने दूँगी, कम खा लें वह ठीक है पर अगर

पैसे नहीं दिये तो यह लोग नहीं छोड़ेंगे। ज्ञान भैया से बात करूँगी, नहीं तो कहीं और काम देख लूँगी, बी.एड. का सब बोलते हैं, कर लो तो टीचर की नौकरी आराम से मिल जाएगी पर समय कहाँ से मिले..."

तारा रोज़ सोचती कि ज्ञान भैया से बात करे पर रिहर्सल पर पहुँचते ही सब कुछ इतना भागा दौड़ी में रहता कि तारा को समय ही नहीं मिलता, फिर एक दिन अंगद की ज़िद पर तारा ने अंगद और शिप्रा को भी रिहर्सल देखने बुलाया। तारा तो पूरे टाइम बैक स्टेज सँभालती रही और अंगद पूरे टाइम ज्ञान भैया के पास ही बैठा रहा। शिप्रा अपनी दीदी को इस तरह सबके बीच दौड़ते-भागते देखकर ख़ुश थी वो बस मोबाइल पर दीदी का वीडियो बनाती रही और फ़ोटो खींचती रही। वैसे तो तारा का रोल बहुत बड़ा नहीं है पर सभी कलाकार रोज़ इकट्ठा होते, जो अभिनय नहीं कर रहे वे मंच के पीछे का काम सँभालते। अब तक तो कभी भी तारा ने सीता का अभिनय कर रही ऋतिका पर ध्यान नहीं दिया था पर अब उसे उसकी हर हरकत दिखाई देने लगी थी। ऋतिका ख़राब अभिनेत्री नहीं थी पर अंगद की बात तारा के मन में घूमती रहती और अब तारा दिन भर उसकी तुलना अपने-आपसे करती और ऋतिका के लिए उसके मन में चिढ़ पैदा होती जाती। तारा को उलझन-सी होने लगी जब रिहर्सल देखने आए लोग राम, लक्ष्मण और सीता के पैर छूकर जाते। जब रामलीला शुरू होती तब तो अलग ही दृश्य होता, पूरे दस दिन फलाहार, सुबह से शाम आरती, रामलीला के दौरान लोग रोते जब राम अयोध्या छोड़कर निकलते और शहर के बड़े-बड़े धन्ना सेठ, नेतागण पैरों पर गिरे मिलते, यह सब तारा ने हर साल देखा था पर इस साल सब कुछ ज़्यादा ही चुभ रहा था। रामनगर में रामलीला अनन्त चतुर्दशी के दिन शुरू हो जाती है और इस बार कुछ जल्दी ही आ गई थी तिथि और इसके साथ तारा का दिन बहुत व्यस्त जाने लगा था, आज घर पहुँची तो दरवाज़ा खुला हुआ था और अंगद सो चुका था, तुरन्त रसोई में जाकर देखा तो अंगद खाना खा चुका था, तारा ने लाइट बन्द की और छत पर आकर शिप्रा को फोन लगाया।

शिप्रा—"कहाँ हैं दी? कितने दिन हो गए आपसे मिले, उस दिन रिहर्सल के बाद से तो आप ग़ायब...।"

तारा—"इसीलिए तो फोन किया, जब तक मैं पहुँचती हूँ तुम लोग निकल रही होती हो।"

शिप्रा—"आप थोड़ा और जल्दी आ जाया करो।"

तारा—"तुम लोग तो फील्ड से जल्दी भी निकल सकती हो, मुझे तो अब सिन्हा के निकलने के बाद ही निकलना होता है, वह तो साँप की तरह जैसे कुंडली मारकर बैठ जाता है और फिर रामलीला का शो भी है।"

शिप्रा—"दीदी, पूरा देखने तो नहीं आ पाऊँगी पर जिस दिन आपका होगा बताना।"

तारा—"क्या देखने आओगी हमको? उस दिन देखकर डर जाओगी... अच्छा सुनो फोन इसलिए किया था कि तुम्हारे ख़र्चे का डिटेल नहीं आया है। अगर कल तक नहीं दोगी तो सिन्हा फाइल आगे बढ़ा देगा फिर खाने का और टेम्पो का सब गया।"

शिप्रा—"हाय दीदी, बचा लिया, इस बार बहुत पैदल चली हूँ। टेम्पो का तो बहुत-सा बचाया है, अभी आकर दे जाऊँ?"

तारा—"पागल हो? इतनी रात को? कल थोड़ा रुककर जाना।"

तारा ने फोन काट दिया पर उसका मन नहीं माना आज और उसने फिर से मोबाइल खोल लिया, सुमित की पुरानी फ़ोटो देखने लगी। ढेरों फ़ोटो थीं, अंगद की सुमित के साथ, तारा और अंगद की रामनगर किले की, यह वाली तो संगम की है जब अंगद की पाँचवीं बर्थडे पर इलाहाबाद गए थे संगम नहाने, 13 जनवरी को अंगद का जन्मदिन होता है और 14 को मकर संक्रान्ति पड़ती है, पूरे टाइम अंगद सुमित के कन्धों पर चढ़ा रहा। फ़ोटो देखते-देखते तारा को विश्वास ही नहीं हुआ कि सुमित उन दोनों को छोड़कर जा चुका था, आख़िर ऐसा कैसे कर सकता है। उसको लगा नहीं कि अंगद उसके बिना कैसे रहेगा? मुझे पता है सुमित को बहुत बुरा लगा था जब मेरा 'भारतेन्दु नाट्य अकादमी' में चयन हो गया था और उस दिन उसने पहली बार बोला था—"तुम लोगों के ही तो मजे हैं, रिज़र्वेशन मिल गया है अब सिर्फ़ फॉर्म भर दोगे तो भी हो जाएगा।"

'मैंने उसी दिन फाड़कर फेंक दिया था मेरा भविष्य और कभी गई ही नहीं पर उस दिन तो मैं उसे सँभालने में लगी थी, उसने कभी सोचा ही नहीं कि मैंने अपना भविष्य उसके लिए छोड़ दिया? पहली बार उसने मेरी जाति का एहसास करवाया था, मेरा मन किया था कि मैं चिल्लाकर पूछूँ कि मेरी जाति मेरी प्रतिभा और चरित्र का मापदंड कैसे हो सकती है पर शायद उस समय वह कहना सही नहीं रहता और उसके बाद तो कभी नहीं कह पाई।"

तारा को अफ़सोस था कि उसी दिन उसने सारे सवाल क्यों नहीं पूछ लिए, क्यों दबा गई इतनी बड़ी बात पर प्यार में थी वह सुमित के, उसको कहीं बुरा न लग जाए और शायद डर था कि कहीं आरोप उस पर न आ जाए सब टूट जाने का। वह चुप रही इस उम्मीद से कि बात नहीं बिगड़ेगी पर धीरे-धीरे सब कुछ टूटता ही गया। अंगद अक्सर ज़िद करता सुमित के साथ भदोही जाने की पर सुमित हमेशा टाल जाता, तारा ने कभी ज़िद नहीं की क्योंकि वह चाहती थी कि उसे सुमित का परिवार स्वीकार करे जो वे साफ़ मना कर चुके थे। तारा के घरवालों ने उसे त्याग ही दिया था क्योंकि अंगद को तारा ने शादी के पहले ही अपने जीवन का हिस्सा बना लिया था। बनारस जैसे शहर में तारा के घरवालों ने इस रिश्ते को न सिर्फ़ नकारा बल्कि तारा को भी हमेशा के लिए घर निकाला दे दिया। तारा को बस सुमित चाहिए था और उसके बाद अंगद, ज़िन्दगी अपने आप बस चुकी थी। ज्ञान भैया की मदद से दोनों को घर मिल गया था जहाँ कोई पूछनेवाला नहीं था कि वह लोग कौन हैं और कहाँ से आए हैं, सुमित देखने में अच्छा था, अभिनय का ज्ञान था और हिन्दी-अंग्रेज़ी बहुत ही सहजता से बोलता था, दोनों थिएटर करते और ख़ाली समय में सुमित गाइड बन जाता, इससे सुन्दर और सरल जीवन कोई सोच ही नहीं सकता और वह भी बनारस जैसे शहर में पर दोनों की लड़ाइयाँ भी अद्भुत होतीं। तारा को 'दीना' की टमाटर चाट पसन्द थी तो सुमित को 'काशी' की और इस बात पर लड़ाई करके तारा एक दिन बिना बात किये भी रह सकती थी पर दोनो में सन्धि करवाती 'शिवप्रसाद' की लस्सी जो रामनगर के पुल से पहले, मोड़ पर थी, उस लस्सी की मिठास में दोनों फिर से दोस्त बन जाते। तारा के मन में एक बार बातें शुरू हो जाएँ तो फिर रुकने का नाम ही नहीं लेतीं और पता ही नहीं चलता कितना वक़्त निकल गया। उसका ध्यान तब टूटा जब उसने मेज़ पर सिन्हा साब को खड़ा हुआ पाया।

सिन्हा—"नहीं मन लग रहा?"

तारा—"जी नहीं वह, कल रात बहुत देर हो गई थी इसलिए आज थोड़ा सिर भारी लग रहा है।"

सिन्हा—"पीती-वीती हो क्या? मतलब हमें कोई समस्या नहीं है पर काम के समय सो जाओगी तो नौकरी कैसे होगी।"

तारा—"सॉरी सर, सोई नहीं थी, बस वह थोड़ा...मैंने सारी फाइल कल ही तैयार कर दी थी बस एक दो कार्यकर्ती का हिसाब नहीं आया था तो आज सब आपको दिखानेवाली ही थी।"

सिन्हा—"जो मन है दिखाओ, जब मन हो दिखाओ। सेवा में सदैव तत्पर। स्टोर रूम का ऑडिट करना है हमको एक दिन, तैयार रखना।"

सिन्हा हँसा था शायद क्योंकि हँसने की आवाज़ आई थी पर तारा ने सिर उठाकर देखा नहीं था इसलिए वह पक्का नहीं थी कि सिन्हा हँसा था कि नहीं। उसके बाद तारा ने नज़र उठकर ऊपर नहीं देखा था और न वह देखना चाहती थी। तारा को पता था कि उसने जो विरोध किया था यह सब उसी का परिणाम है। आज सिन्हा जाने क्यों जल्दी निकल गया तो तारा ने भी जल्दी ही निकलकर रामलीला जाने का फैसला किया। वह चाहती थी कि एक बार मुँह दिखा दे फिर जल्दी निकल आएगी क्योंकि उसका रोल सितम्बर के दूसरे शनिवार को ही आना तय हुआ था पर आज जल्दी पहुँची तो ज्ञान भैया बातों का पुलिन्दा लेकर बैठ गए।

ज्ञान—"तारा, आज बहुत जल्दी?"

तारा—"जी भैया, मैंने सोचा एक बार देख लूँगी कि कोई काम हो तो करके जल्दी निकल जाऊँगी, अंगद अकेला होगा।"

ज्ञान—"हाँ ठीक है, वैसे तुम जब भी समय मिले अपना मेकअप वगैरह सब चेककर लेना, वैसे कैसा है अंगद? बहुत बातें करने लगा है..."

ज्ञान भैया जब भी अच्छे मूड में होते छोटी गोल्ड फ्लेक जला लेते और पालथी मारकर बैठ जाते। ज्ञान भैया स्थूलकाय थे पर जाने कैसे पद्मासन लगाकर बड़े आराम से बैठते।

तारा—"आपसे कुछ बोला क्या? उसे मेरा रामलीला करना..."

"ज्ञान भैया को सब कुछ बहुत पहले बता देना चाहिए था पर अंगद ने बोला होगा और जाने कैसे बोला होगा, हो सकता है कि ज्ञान भैया को बुरा लगा होगा, मेरी ही ग़लती है। ज्ञान भैया जब इतना ध्यान रखते हैं तो सब बता देना चाहिए था, वैसे ज्ञान भैया बुरा नहीं मानते ऐसी चीज़ों का।" तारा मन-ही-मन परेशान हो गई और ज्ञान भैया अपनी ही रौ में।

ज्ञान—"उस दिन तो मैं भी चुप हो गया समझ नहीं आया क्या जवाब दूँ...।"

तारा—"क्या बोला?"

ज्ञान—"पूछ रहा था कि सूपर्णखा की नाक क्यों काटी जाती है...?"

तारा—"मैं आपसे बताने ही वाली थी उसे पसन्द नहीं है कि मैं सूपर्णखा बनूँ।"

ज्ञान—"हम्म! मैंने बताया कि सूपर्णखा राक्षसी थी और वह राम और लक्ष्मण से शादी के लिए ज़िद कर रही थी, तो बोलता है पर नाक क्यों काटी?"

मैंने कहा—"जब शादी हो गई है तो अगर कोई दूसरी शादी के लिए बोलेगा तो वह बात ग़लत लगी राम और लक्ष्मण को इसलिए उसको सजा दी।"

तारा को पता था कि अंगद के दिमाग़ में यह बात किस कदर घुसी हुई थी और वह जवाब ढूँढ़कर रहेगा।

तारा—"छोटा है, जाने दीजिए।"

ज्ञान भैया मुस्कुराए जा रहे थे जैसे उन्हें कोई मजेदार कहानी हाथ लग गई हो।"

ज्ञान—"अरे तारा आगे तो सुनो, बोलता है कि पर हो सकता है उसे लगा हो कि जैसे राम जी के पापा ने तीन शादियाँ की थीं तो शायद यह भी कर लेंगे, इसमें नाक क्यों काटी? तारा! मैं तो चुप हो गया, क्या बोलूँ? पर बात लड़के ने पते की पूछी। फिर बोलता है कि आप नाक कटवाना बन्द कर दीजिए तो मम्मी रामलीला करती रहेंगी वरना अगले साल से नहीं करेंगी। मैंने भी बोल दिया ठीक है बेटा अगले साल से नाक नहीं कटवाएँगे।"

ज्ञान भैया यह बोलकर ख़ूब ठठाकर हँसे और सिगरेट के साथ, खाँसते हुए हँसते रहे।

तारा—"पता नहीं भैया, मैं क्या बोलूँ?"

ज्ञान—"नहीं तारा, पर सवाल सही पूछ रहा है?"

तारा—"उसी बात का डर है कि जब यह पूछेगा की सुमित क्यों छोड़कर गया तो क्या बोलूँगी।"

ज्ञान—"सुमित को तो हम भी अपनी ज़िन्दगी का बहुत बड़ा धोखा मानते हैं, उम्मीद ही नहीं थी कि इतना चूतिया निकलेगा। लक्ष्मण बनकर स्टेज पर आता था तो लगता था कोई बड़ा आर्टिस्ट है, पर इस तरह पीठ दिखाई है, कि क्या ही बोलें।"

"मुझे लगा कि और रुकूँगी तो बात और कहीं चली जाएगी और ज्ञान भैया भी बहुत समझदार हैं, मैंने जैसे ही बोला कि चलती हूँ, तुरन्त अपनी सिगरेट जलाने में व्यस्त हो गए। सुमित को जाना था तो बताकर जाता, बोलकर जाता

कि एक सवर्ण परिवार कभी एक नीची जात की बहू और पोता नहीं स्वीकार करेगा, चिट्ठी छोड़कर क्यों गया। क्योंकि पता था कि उसमें हिम्मत नहीं है, और लिखकर दे सकती हूँ कि अगर अंगद की दादी एक बार मिल ली होतीं तो आत्महत्या का नाटक नहीं करतीं। सुमित ने कभी नहीं मिलवाया, उसने दूरी बनाए रखी, जाने किस अनजाने डर से। तुम्हारी माँ ने आत्महत्या की धमकी दी थी तो क्या मैं नहीं दे सकती थी पर मैं धमकी से काम नहीं करती और न डरती हूँ। शोभा ने भी कोशिश की पर मैं नहीं देनेवाली पैसे, दो पैकेट घी के उठा लूँ तो 500 हो गए पर नहीं करनी है चोरी...ऐसा ही होता तो पुलिस में चली जाती, तुम्हारे घर आ जाती, मुझे नहीं पता था कि तुम इतने डरपोक होगे..."

तारा सोचती ही जा रही थी और जब तारा बहुत सोचती तो ज़्यादा ही तेज़ चलने लगती उसके दिमाग़ का शोर शहर के शोर को ढक लेता, कभी-कभी तो तारा बुदबुदाने-सी लगती और शिप्रा कई बार तारा के वीडियो बना लेती मोबाइल पर और बाद में दिखाकर चिढ़ाती। आज तारा घर न जाकर शिप्रा के घर चली गई। तारा का घर कबीरपुर में था, तारा ने पहुँचते ही शिप्रा से चाय बनाने को कहा, शिप्रा को थोड़ा-सा तो आश्चर्य हुआ पर उसे ख़ुशी थी कि उसकी तारा दीदी घर आईं थीं।

शिप्रा—"चाय दीदी।"

तारा—"तुम्हारा घर है, जहाँ कम-से-कम चाय तो मिल जाती है वरना अपने घर में पहुँचते ही ख़ुद किचन में लगना पड़ता है।

शिप्रा को लग रहा था कि तारा कुछ परेशान है पर शिप्रा ने माहौल हल्का ही रखा और तारा पर कोई दबाव नहीं डाला कुछ बताने के लिए। जब तक चाय ख़त्म होती शिप्रा बात करते-करते मटर के पोहे बना लाई, तारा के चेहरे पर ख़ुशी तैर गई।

तारा—"थोड़ा सा अंगद के लिए भी रख देना, बहुत बढ़िया बनाया है। अच्छा यह नई कहानी क्या सुनी मैंने सेंटर पर कि तुम छोड़ रही हो?"

शिप्रा—"हाँ दीदी! मैं वो आपको बतानेवाली थी पर आप रिहर्सल में बिजी थीं इसलिए।"

तारा रुक गई किसी आशंका से पर शिप्रा मुस्कुरा पड़ी और अपने पेट की तरफ़ इशारा किया, तारा ने ख़ुशी से गले लगा लिया।

शिप्रा—"इन्होंने कहा कि अब काम पर मत जाओ और ध्यान दो...।"

तारा—"अभी तो बहुत टाइम है, मैं तो आठवें महीने में भी नुक्क्ड़ नाटक करती थी, पर ध्यान दो तुम, यहाँ अकेले रहती हो, मम्मी को बुला लो।"

शिप्रा—"हाँ दीदी, शायद मैं चली ही जाऊँगी मम्मी के पास।"

तारा—"बिलकुल जाओ, अकेले पैदा करना और पालना मुश्किल होता है और तुम चिन्ता मत करो, तुम्हारे पैसे तो अकाउंट में सीधे आ जाएँगे।

तारा ने बहुत बातें कीं और ढेरों हिदायतें भी दीं पर तारा को अन्दर-ही-अन्दर अच्छा नहीं लग रहा था क्योंकि अगर शिप्रा चली गई तो उससे बात करनेवाली कोई नहीं बचेगी। जिनके साथ तारा बड़ी हुई थीं उनमें से ज़्यादातर तो शादी के बाद शहर से चली गईं और जो थीं वह तारा के बिना शादी के बच्चे होने के धब्बे से अपनी ज़िन्दगी को दाग़दार नहीं करना चाहती थीं।

तारा ने छुट्टी की अर्ज़ी तो बहुत पहले ही डाल दी थी और अंगद को बता दिया था कि वह इस शनिवार रात में बहुत देर से आएगी इसलिए वह दरवाज़ा खुला छोड़कर न सोए। तारा ने शिप्रा को भी बता दिया कि शनिवार को अगर वह चाहे तो आ जाए क्योंकि उस दिन उसका मुख्य अभिनय होगा, अगले दिन तो सिर्फ़ रावण के दरबार में शिकायत करनी है। इस बार तारा के दिमाग़ में इतना कुछ चल रहा था कि वह चाहकर भी हर साल की तरह रिहर्सल में ध्यान नहीं दे पाई थी। तारा को चिन्ता हो रही थी कि कहीं ज्ञान भैया के काम में कुछ कमी न दिखे। तारा ने सोच लिया था कि शनिवार के दिन वह सुबह से हीं ज्ञान भैया और बाकी साथी कलाकारों के साथ रहेगी और अपनी लाइनें भी दुहरा लेगी और अगर कुछ ऊपर-नीचे लगा तो ज्ञान भैया ठीक ही करवा देंगे। अंगद को तो वैसे भी नहीं आना था, रामलीला देखने इसलिए शनिवार को तारा जल्दी उठ गई। अंगद के बैग में चाभी और टिफिन रखा फिर शाम के खाने के लिए छोले और पराठे बना दिये। तारा निकलने ही वाली थी कि सिन्हा का फोन आ गया कि तारा को आज सेंटर आना होगा सिर्फ़ एक घंटे के लिए, कुछ सामान आ रहा है और तारा को सिर्फ़ डिलीवरी लेकर साइन करना होगा। तारा को फिर से बहुत खीज आई पर शिप्रा को बोल नहीं सकती थी, इसलिए उसने निर्णय लिया कि सामान रखवाएगी और फिर सीधे निकल जाएगी। ऐसा ही होता है। जब कोई ज़रूरी काम हो तो कोई-न-कोई अड़ंगा लग ही जाता है, पिछले शनिवार तारा पूरे दिन तैयार बैठी रही तो सामान नहीं आया और आज जब शो है शाम को तो आज ही सब को आना है।

तारा सेंटर के रास्ते में मन-ही-मन अपने संवाद याद करती रही, पहले राम से विवाह की बात करनी है फिर ऋतिका के सामने आते ही लक्ष्मण से। जब लक्ष्मण भी 'न' बोले तो बात करते हुए पेड़ तक जाना है और फिर अचानक दिन के समय सूर्यास्त-सा अँधेरा होगा और उसी बीच में राक्षसी का रूप बदल लेना है। ज्ञान भैया लाइट बहुत बढ़िया करवाते थे, दर्शक हर दृश्य में लाइटिंग से सम्मोहित हो जाते। इस दृश्य में भी जब तक दर्शक बदलती लाइट और भयावह संगीत की तरफ़ ध्यान देते तारा को समय मिल जाता सूपर्णखा का रूप बदल लेने में। उसके बाद तो बस नाक कटी तो चीत्कार के साथ हाथों में कटी नाक और बहता हुआ खून (ख़ून), स्टेज के पीछे से कोई भी लाल रंग से भरा गुब्बारा थमा देता और फिर चारों तरफ़ ख़ून और उसमें तारा की चीख़ और बस हो गया कमाल। तारा जैसे मन-ही-मन पूरा दृश्य कई बार जी चुकी थी और इसी सोच में वह अपने चेहरे की मांसपेशियों के साथ अभ्यास भी कर रही थी जिससे कि वह चिल्लाते समय और भयावह लग सके। बाकी के नाटकों में ज्ञान भैया बहुत ही नैसर्गिक अभिनय पर जोर देते पर रामलीला में दर्शकों का मनोरंजन सर्वोपरि था और उसके लिए ज्ञान भैया कोई कसर नहीं छोड़ते। तारा जब सेंटर पहुँची तो कोई नहीं था, उसने सिन्हा को फोन करके बता दिया कि वह सेंटर पर सामान के टेम्पो का इन्तज़ार कर रही है। तारा ने जाकर देखा तो स्टोर रूम में चीज़ें ऊपर-नीचे थीं और उसी कमरे में सामान रखवाकर ताला लगा देना था। तारा सोचते-सोचते हँसी कि यहाँ सामान लाने की क्या ज़रूरत! जितने चोरी होनेवाले हैं उनको सीधे उन सभी के घर में पहुँचा दिया जाए तो चोरी का झंझट ख़त्म। तारा ने स्टोर रूम की हालत देखकर थोड़ी-सी सफ़ाई कर डाली वरना इतनी बुरी हालत में दालों और अन्न में भी कीड़े लग जाएँ। समय बीता जा रहा था पर टेम्पो नहीं आई थी। तारा ने दो बार फोन लगाया लेकिन सिन्हा ने नहीं उठाया। तारा ने सोच लिया कि अगले आधे घंटे में अगर टेम्पो नहीं आई तो वह चली जाएगी और लंच ख़त्म होते-होते तो पहुँच ही जाएगी और फिर शो तो शाम को ही है, लेकिन मेकअप और रिहर्सल रह गया, जल्दी ही भागना पड़ेगा। तारा के दिमाग़ में इस समय सिर्फ़ आज की शाम का शो था और वह मन-ही-मन मना रही कि अंगद देखने नहीं आए। मन था कि शिप्रा आए पर उसका भरोसा नहीं था क्योंकि उनके पति अगर नहीं बोलेगे तो वह नहीं आएगी। इससे पहले कि तारा कुछ और सोच पाती, टेम्पो आ गई थी,

तारा ने पहले सारा सामान चेक कर लिया वरना उतरने के बाद कोई भी उस पर भी चोरी का आरोप लगा सकता था। सामान उतारने में ही आधे घंटे लग गए और अब तारा का धैर्य जाने लगा था, टेम्पोवाला सामान स्टोर रूम में रखकर निकल गया और तारा ने अन्दर एक बार पूरा सामान फिर से चेक किया, काग़ज़ पर सारे डिटेल लिखे। इतना सब करते-करते तारा को भूख लग गई थी। पहले तो उसने सोचा था कि आज का लंच साथी कलाकारों के साथ करेगी पर अब तो जब तक पहुँचेगी सब खाना खा चुके होंगे। तारा को जब भूख सहन नहीं हुई तो उसने स्टोर रूम में रखे पारले-जी का एक बिस्कुट का पैक निकाला और दो बिस्कुट मुँह में डाल लिए। अब पहुँचते ही सीधे मेकअप में जाना सही रहेगा वरना देर हो जाएगी। पारले-जी के साथ यही ख़ासियत है कोई एक बिस्कुट खा ले तो बिना पैकेट ख़त्म किये नहीं रह सकता और फिर थोड़ा सा पानी और भूख ग़ायब। तारा ने और खाने के लिए बिस्कुट पैकेट से निकाले ही थे कि पीछे से किसी की आहट हुई और तारा ने पलटकर देखा तो सिन्हा मोबाइल पर उसकी फ़ोटो खींच रहा था।

सिन्हा—"सरकारी माल उड़ाया जा रहा है और मैं पाँच सौ नहीं दूँगी?"

सिन्हा ने जान-बूझकर कुछ ज़्यादा ही मटककर यह बात कही। तारा अचकचा गई। वह बिस्कुट का पैक रखने को पलटी कि दो हाथों ने तारा को पीछे से जकड़ लिया। तारा के हाथों से बिस्कुट गिर पड़े। तारा ने पलटने की कोशिश की तो सिन्हा ने तारा को कसकर गले से लगा लिया। तारा ने पूरी कोशिश की अपने-आपको छुड़ाने की पर सिन्हा की ताकत के आगे तारा को मुश्किल हो रही थी और सिन्हा लगातार तारा को चूमने की कोशिश में था। पूरा सेंटर आज वीरान पड़ा था। तारा को ज़रा भी आशंका नहीं थी कि ऐसा कुछ हो सकता है। तारा ने फिर से जोर लगाया और पलटकर सिन्हा को ज़ोर का धक्का दिया। सिन्हा लड़खड़ा गया और तारा ने अपनी साड़ी सँभाली। सिन्हा ने भागकर स्टोररूम को अन्दर से बन्द कर लिया। तारा समझ गई थी सिन्हा को बातों से समझाना बेकार है इसलिए वह अपने लिए कोई हथियार ढूँढ़ने लगी। तब तक सिन्हा ने फिर से कूदकर तारा के सीने को दोनों हाथों से कसकर दबा दिया। तारा का बदन और दिमाग़ झनझना उठे। तारा ने स्टोररूम में रखे बर्तनों में से एक निकालकर सिन्हा पर भरपूर वार किया। वार इतना तेज़ था कि सिन्हा की पकड़ ढीली हुई और वह बिलबिला पड़ा।

सिन्हा—"साली चोरी नहीं करती? यह बिस्कुट तेरे बाप का है? जो माँग रहा हूँ दे दो, मैं पाँच सौ दूँगा इसके।"

तारा के हाथ में चाय बनाने का बर्तन था और वह उसी को ताने खड़ी थी।

तारा—"मैं छोड़ूँगी नहीं, शिकायत करूँगी ऊपर तक, पुलिस में जाऊँगी।"

सिन्हा को अब कुछ समझ में आना बन्द हो चुका था। उसे जो चाहिए था उसके बिना वह माननेवाला नहीं था।

सिन्हा—"शिकायत करेगी ऊपर तक? क्या बोलोगी कि तुमने चोरी नहीं की! शिकायत कर देना पर उसके पहले बच्चे के बाप का पता ज़रूर लगवा लेना...छिनाल साली।"

सिन्हा को जब समझ आ गया कि तारा इतनी आसानी से उसके क़ब्ज़े में नहीं आने वाली तो वह चिढ़ गया और सिन्हा इतना चिढ़ चुका था कि अब उसके दिमाग़ में सिर्फ़ तारा को आहत करना था। सिन्हा ने तारा पर लगातार लात और घूँसों की बौछार कर दी। उसे तारा को सिर्फ़ चोट पहुँचानी थी और वह मारता रहा। तारा को भी जितना मौक़ा मिला उसने सिन्हा को मारा पर सिन्हा के आगे तारा की ताकत कुछ नहीं थी। सिन्हा ने इतने थप्पड़ मारे कि तारा को लगा कि वह बेहोश हो जाएगी। फिर अचानक सिन्हा स्टोररूम से बाहर निकला, बाइक स्टार्ट की और सेंटर से चला गया।

तारा का दिमाग़ सुन्न हो गया था पर उसको यह पता था कि अगर वह नहीं पहुँची तो आज का शो ख़राब हो जाएगा। चिन्ता यह भी थी कि होठों से ख़ून बह रहा था, आँखें सूज आई थीं और इस तरह से स्टेज पर कैसे जाएगी। तारा को अन्दाज़ा हो नहीं था कि सिन्हा के मन में ऐसा कुछ चल रहा था। ऐसा नहीं था कि आज तक किसी ने तारा को ग़लत तरीक़े से छुआ नहीं था पर बलात्कार की कोशिश! तारा का दिमाग़ काम करना बन्द कर चुका था उसे ज्ञान भैया से बात करनी थी कैसे भी, आज रात शो के बाद।

तारा ने अपना मुँह साड़ी के पल्ले से ढक लिया था। दर्द कम ही नहीं हो रहा था। तारा का मन कर रहा था कि ठंडे पानी में मुँह डाल दे पर पर अन्दर के धधकते हुए ग़ुस्से के लिए बर्फ भी काफ़ी नहीं थी। अगर शो न होता तो... तो पता नहीं वह क्या करती। जैसे ही तारा रामलीला के लिए पहुँची उसके साथी कलाकारों को दिख गया उसका ज़्यादा ही सूजा हुआ चेहरा। किसी ने भागकर ज्ञान भैया को खबर कर दी और ज्ञान भैया भागते हुए आए। ज्ञान भैया ने बहुत

से सवाल पूछे थे पर तारा को सुनाई एक-दो ही पड़े थे। तारा ने यही बताने की कोशिश की कि स्टोर रूम में सारा सामान उसके ऊपर गिर पड़ा और उसको चोट लग गई। सभी को पता था यह झूठ है पर दर्शक जमा होने लगे थे और पर्दा किसी भी समय खुल सकता था। फिर भी ज्ञान भैया ने ख़ुद आगे बढ़कर पूछा।

ज्ञान—"तारा, नहीं कर सकती तो मत करो, मैं कुछ इन्तज़ाम करता हूँ।"

पर तारा जैसे न जाने कितने कलाकरों ने घुट्टी पी रखी थी—"द शो मस्ट गो ऑन।"

ज्ञान भैया ने रास्ता सुझाया कि सूपर्णखा सिर पर पल्ला रखकर ही स्टेज पर जाएगी, उसकी चाल-ढाल से उसकी सुन्दरता को दिखाएँगे। तारा ने अपना चेहरा जब शीशे में देखा तो उसे आज किसी मेकअप की ज़रूरत नहीं थी। आँखें काली पड़ गई थीं, होंठ सूज आए थे और नीला-लाल सा रंग पूरे चेहरे पर दिख रहा था जो कि ख़ून जमने के कारण हुआ था।

आज का शो शुरू हो चुका था, राम-लक्ष्मण की कुटिया, लक्ष्मण लकड़ियाँ काटते हुए, राम अपने तीरों की धार देखते हुए और सीता कुटिया के अन्दर खाना बनाते हुए। सूपर्णखा चेहरा ढके, पायलों की झनकार के साथ लक्ष्मण के पास जाती है। बहुत ही मोहक आवाज़ में लक्ष्मण को रिझाने की कोशिश फिर राम के पास प्रणय निवेदन, सीता के बाहर आते ही पुनः लक्ष्मण के पास प्रेमातुर होना। लक्ष्मण का ग़ुस्सा होना, सूपर्णखा का सीता की तरफ़ लपकना और लक्ष्मण का नाक काटना। तारा ने अपने सिर से पल्ला हटा दिया, अब तक सूजन इतनी बढ़ गई थी कि तारा की आँखें बिलकुल ही छुप गई थीं। उस पर से कटे होंठों से ख़ून बह रहा था और तब तक ख़ून के गुब्बारे से और ख़ून तारा ने अपनी नाक के आसपास लगा लिया था। चूँकि तारा को साफ़ दिखाई नहीं दे रहा था, उसने बहुत सारा ख़ून अपने मुँह पर लगा लिया था। इतना वीभत्स चेहरा देखकर दर्शकों को बहुत मज़ा आया। तारा को चिल्लाते हुए, राम-लक्ष्मण को धमकी देते हुए स्टेज पर इधर से उधर जाना था पर तारा को कुछ नहीं दिखाई दे रहा था, वह ग़ुस्से में गिरे-पड़े जा रही थी। आज तारा ने बिना किसी मेकअप के अपना किरदार निभाया था, ऐसी भयावह और प्रभावी सूपर्णखा, ज्ञान भैया ने भी पहली बार देखी थी।

तारा अभी भी पागलों की तरह स्टेज पर ख़ून से लथपथ इधर से उधर भागे जा रही थी और दर्शकों की सीटियाँ और तालियाँ थमने का नाम नहीं ले रही थीं।